器官捐献

法律问题比较研究

主编 申卫星

清华大学出版社
北京

本书封面贴有清华大学出版社防伪标签，无标签者不得销售。
版权所有，侵权必究。举报：010-62782989，beiqinquan@tup.tsinghua.edu.cn。

图书在版编目（CIP）数据

器官捐献法律问题比较研究/申卫星主编. — 北京：清华大学出版社，2024.4
ISBN 978-7-302-59169-6

Ⅰ.①器… Ⅱ.①申… Ⅲ.①器官捐献—法律—对比研究—世界 Ⅳ.① D912.164

中国版本图书馆CIP数据核字（2021）第181723号

责任编辑：孙　宇
封面设计：吴　晋
责任校对：李建庄
责任印制：曹婉颖

出版发行：清华大学出版社
网　　址：https://www.tup.com.cn，https://www.wqxuetang.com
地　　址：北京清华大学学研大厦A座　　邮　　编：100084
社 总 机：010-83470000　　邮　　购：010-62786544
投稿与读者服务：010-62776969，c-service@tup.tsinghua.edu.cn
质量反馈：010-62772015，zhiliang@tup.tsinghua.edu.cn
印 装 者：三河市铭诚印务有限公司
经　　销：全国新华书店
开　　本：185mm×260mm　　印　张：16.5　　字　数：312千字
版　　次：2024年5月第1版　　印　次：2024年5月第1次印刷
定　　价：199.00元

产品编号：089983-01

编 委 会

主　编：申卫星

编　委：申卫星　向旭明
　　　　刘嘉诚　杨琪儿

目 录

第一章　器官的法律构造 ... 1
第一节　器官法律构造引论 ... 1
第二节　器官的法律属性 ... 4
第三节　器官的归属及处置规则 ... 13

第二章　器官捐献与移植行为的法律分析 ... 20
第一节　器官捐献与移植的含义和特点 ... 20
第二节　器官捐献行为的法律分析 ... 23
第三节　器官移植行为的法律分析 ... 32
第四节　器官捐献法律关系 ... 43

第三章　器官捐献与移植的基本原则 ... 59
第一节　基本原则的确定 ... 59
第二节　知情同意原则 ... 62
第三节　优先考虑捐献人利益原则 ... 65
第四节　充分保护无行为能力人、限制行为能力人利益原则 ... 66
第五节　非优先原则 ... 69
第六节　禁止器官买卖原则 ... 70
第七节　器官分配公正透明原则 ... 72

第四章　器官捐献同意模式 ... 76
第一节　器官捐献同意模式类型 ... 76
第二节　告知同意模式 ... 77
第三节　推定同意模式 ... 81
第四节　中国器官捐献告知同意模式 ... 84

第五章　器官捐献的类型 ... 87
第一节　器官捐献的分类 ... 87
第二节　活体器官捐献 ... 90
第三节　遗体器官捐献 ... 96

第六章　世界各国和地区器官移植与捐献考察 ……… 103
第一节　美国 ……… 103
第二节　日本 ……… 118
第三节　中国台湾地区 ……… 123
第四节　澳大利亚 ……… 127
第五节　欧盟概览 ……… 141
第六节　德国 ……… 148
第七节　英国 ……… 154
第八节　荷兰 ……… 159
第九节　西班牙 ……… 161
第十节　土耳其 ……… 173
第十一节　拉丁美洲概览 ……… 179
第十二节　巴西 ……… 182

第七章　我国器官捐献与移植的运行机制 ……… 188
第一节　器官捐献与移植管理机构 ……… 189
第二节　人体器官捐献协调员 ……… 195
第三节　人体器官获取组织 ……… 200
第四节　我国人体器官分配管理 ……… 203
第五节　器官捐献与移植的监督机制 ……… 208

第八章　器官捐献激励制度 ……… 211
第一节　器官捐献激励制度的理论依据 ……… 211
第二节　器官捐献激励制度的现实基础 ……… 215
第三节　我国台湾地区及其他国家器官捐献激励制度经验 ……… 216
第四节　我国器官捐献激励制度设计 ……… 218
第五节　结语 ……… 220

第九章　脑死亡立法问题研究 ……… 221
第一节　死亡的含义 ……… 222
第二节　脑死亡概论 ……… 224
第三节　其他国家的脑死亡立法概况 ……… 229
第四节　对我国脑死亡立法问题的思考 ……… 235
第五节　结语 ……… 240

第十章　器官捐献与移植的法律责任……………………………………………… 241
　　第一节　器官捐献与移植的民事责任 ……………………………………… 241
　　第二节　器官捐献与移植的行政责任 ……………………………………… 244
　　第三节　器官捐献与移植的刑事责任 ……………………………………… 247
后　记……………………………………………………………………………… 253

第一章

器官的法律构造

第一节　器官法律构造引论

从生物学角度上讲，器官主要指多种不同的组织经发育分化并相互结合，具有一定的形态特征和生理功能并在生物体内担任某类独立生理机能的结构单元，生长于各个系统（动物体）或整个个体（植物体）内。人属于哺乳动物，人体器官指人体内由多种组织构成的，能行使一定功能的结构单位。人体内的器官与组织的含义不同，器官是构成系统的基本成分，而组织虽亦是构成器官的基本成分，但组织不一定能行使某种特定的功能。在人体中，器官主要包括具有特定功能的心脏、肺脏、肝脏、肾脏、胰腺等内脏；组织则主要包括角膜、血管、羊膜、皮肤、肌腱、骨组织、瓣膜等。目前我国与器官移植有关的法律法规，如2007年颁布的《人体器官移植条例》，主要调整的对象仅限于人体器官移植，不涉及人体细胞和人体组织移植。2023年新修订的《人体器官捐献与移植条例》增加了捐献的规定，但调整范围仍然承袭2007年《人体器官移植条例》，不包括细胞和角膜、骨髓等人体组织的捐献和移植。

我国的人体器官供需比，远落后于欧美发达国家。据统计，我国的每百万人口器官捐献率（Permillion Population，PMP）由2015年统计的2.01上升至2022年的4.0，但与一些发达国家仍存在差距。目前，国际公认的运转器官捐献体系所需的门槛是每百万人口器官捐献率为10，西班牙该指标达到了47（PMP），美国PMP也有44.5。[①] 可见，我国的人体器官供需缺口仍然巨大，器官供给紧张的局面依旧严峻。在器官供需矛盾尖锐的背景下，器官捐献和移植所涉及的其他问题进一步凸显。

事实上，人体器官捐献和移植所涉及的问题十分宽泛和复杂，并不仅局限在移植技术等医学领域。就人体器官本身而言，特别是在器官的法律属性以及归属和利用方

---

① 参见：《中国人体器官捐献工作通讯》，2023年第10期，第8页。载于IshareForLife微信公众号。

面,更牵涉法律、道德和伦理等问题。从法律角度而言,人体器官不同于民法上的一般物品,它与人体本身密切相关,包含诸多人格利益和伦理道德因素。那么它能否被评价为民法意义上的"物"?人去世之后,遗体器官究竟归谁支配?权利人能否对其进行利用和处置?权利人对器官的利用和处置有无限制?第三人对器官的侵害要承担何种法律责任?诸如此类问题,都需要法律予以正面回应。从伦理道德角度而言,由于器官本身的稀缺性及其所具有的巨大医疗价值,世界范围内的器官买卖、器官"黑市"在部分国家和地区仍有存在。当人身成为了一种"商品",一切都待价而沽。人性因器官买卖而被扭曲,人的尊严将被置于何地?上述法律伦理道德困境,不仅触碰着整个社会的神经,也考验着法律人的智慧。

除了上述诸多具体问题,在器官捐献和移植领域还隐藏着更为深层次的矛盾。在器官捐献和移植过程中,医疗、法律和伦理道德本身所追求的价值和目标不尽相同:医疗所追求的是"治病救人,救死扶伤",法律追求的则是公平正义、自由平等、程序正当等,而伦理道德可能更多要求的是行为人内心的良善。在医疗、法律和伦理道德各自不同的价值追求背景下,分别从上述三者的立场出发,判断某些器官捐献或者移植行为的正当性时,如果没有其他规则、程序、制度等因素规制,很有可能得出相互冲突的结论,进而发生争议、纠纷。

博士获取角膜为人治病是否犯罪[①]

1998年10月,北京人民医院眼科博士高伟峰为第二天的手术做准备时,发现冰箱里储存的角膜因长时间保存已经坏死。如果找不到新的角膜,因被烧碱烫伤而待手术的患者的眼球很快就会腐烂,没有复明的希望。他来到医院太平间取出一具过世不久的女性遗体的眼球并换上异眼(用高级塑料所做)。第二天手术,他将女尸的角膜植入患者眼球。几天后,他利用所取的另一眼角膜使得另外一位患者重见光明。事后,死者家属发现遗体眼球被盗并因此报案,高伟峰则因涉嫌犯罪被公安局取保候审。

高伟峰被公安局立案后,在北京人民医院眼科引起很大震动。情急之下,北京人民医院眼科向政法机关出具了一份关于高伟峰医生获取遗体眼球的说明,恳请不对他的行为追究刑事责任,同时眼科主任黎晓新向全国眼科界知名人士发出紧急求援。1998年10月26日,全国人大代表、著名眼科专家、中华眼库协会会

[①] 参见光明网:《博士获取角膜为人治病是否犯罪》,http://www.gmw.cn/01shsb/1999-05/04/GB/968%5ESH1-434.htm,最后访问日期2016年3月13日。

第一章 器官的法律构造

> 长、山东省医学科学院眼科医院院长谢立信联络眼科界五名人大代表，致函北京市政法机关，认为对高伟峰行为触犯法律定罪欠妥，希望量刑时予以考虑。
>
> 医学界普遍对高伟峰表示同情，法学界大多则认为高伟峰博士的行为虽然不构成犯罪（盗窃遗体罪和侮辱遗体罪），但是仍然具有违法性。因为该行为侵犯了死者家属对遗体的处置权，同时也侵犯了死者家属的精神权益。最终，在1999年3月北京检方做出了不起诉的决定。

在"高伟峰擅取遗体角膜救人案"中，之所以医学界对高伟峰的行为普遍表示同情和理解，而法学界则认为高伟峰的行为具有违法性，关键的原因在于医学界和法学界的人士所采纳的判断标准不同，而判断标准的差异又是源于医疗和法律背后不同的价值观念。实际上，"高伟峰擅取遗体角膜救人案"不仅反映了医疗和法律价值追求的不一致性，还折射出我国器官捐献和移植的相关法律规范缺失的状况。

法律是社会关系的调整器，从根本上而言，一个社会关系的存在及其决定因素，是人类拥有资源的稀缺性，以及由此产生的资源分配的各种规则。器官捐献和移植所涉及的诸多问题，都迫切需要法律规则予以调整和解决。然而，由于之前人体器官捐献和移植的有关法理没有得到妥善梳理，法律规则也很难得到系统构建，由此因器官的获取、利用、分配、移植等所引发的法律问题及纠纷也越发增多。法律的完善既可以有利于法律纠纷的预防和解决，也可以推动我国器官捐献率的提高及移植技术的进一步发展。追本溯源，我们希望用法律这一工具对稀缺的器官资源进行调整与分配，将我国人体器官捐献和移植工作纳入法治的轨道，就有必要以法学的视角重新思考器官的内涵，研究器官的法律构造，以确定器官的法律属性，构建器官的归属及处置规则，建立丰富法理基础，从而完善我国器官捐献和移植法律法规，为器官捐献和移植所引发的问题及纠纷提供解决途径。

器官的法律构造主要包括两个方面：一是器官的法律属性；二是器官的归属及处置规则。所谓器官的法律属性，主要研究器官在法律上的定性问题，简而言之，即在法律上"器官是什么"的问题；所谓器官的归属及处置规则，主要指器官归谁所有及权利人对其进行利用、处置的法律规范。器官的法律属性是构建器官处置规则的依据，若对器官的法律属性有不同的认定，那么其所确立的归属及处置规则也将不尽相同，而器官的归属及处置规则是器官的法律属性在法律规范系统的延伸。确立器官的法律属性，并由此推导、构建器官的归属和处置规则，是构建器官捐献和移植法学理论的基础和关键，也是器官捐献和移植所涉及的其他问题提供法律解决途径的源头和根基。

第二节　器官的法律属性

从目前的法学研究来看，"民法上的物是指存在于人体之外，占有一定空间，能够为人力所支配并且能满足人类某种需要，具有稀缺性的物质对象"[①]。基于尊重人权的基本原则，人只能作为目的，而不能作为手段。因而现代法上的人只能是权利的主体，而不能成为权利的客体。不仅人身不能成为客体，人身上的某一部分包括各种器官在未与人体脱离前，也不能成为客体。在这种理论框架下，民法学者在具体研究器官的法律属性时，一般将器官的存在状态分为三种：存在于活体内的器官（下文简称活体器官），以移植为目的从活体获取客体的器官（下文简称离体器官）和遗体器官（或称尸体器官）。那么，人体器官究竟是属于民法中的物权客体还是人格权客体，便成为首先要回答的根本性问题[②]。目前法学理论界已经达成共识的是，人体器官包括尚未脱离人体的器官和植入人体内的器官，属于人身的组成部分，应该归属人格权范畴，而不应该被视为物，本书亦赞同此观点。但是对离体器官和遗体器官的法律属性学界则一直存有争论，目前主要有"物说""人格权说""器官权说""人格物说"等。以下主要讨论离体器官和遗体器官的法律属性，并对上述学说予以评述，分析比较各种学说的合理性和缺陷，最后阐述本书对器官的法律属性所持的立场。

一、"物说"

针对离体器官，"物说"所持的基本主张是：已经脱离人体的器官能够独立存在，占有一定空间，可以被人力所支配并且能够满足人类的某种需要，且在医疗上具有稀缺性，符合民法学上关于物的定义，因此离体器官与民法学中描述的物并无实质区别。学者史尚宽认为："人身之一部分，自然地由身体分离之时，其部分已非人身，成为外界之物，当然为法律上之物，而得为权利的标的。然其部分最初所有权，属于分离以前所属之人，可依照权利人的意思进行处分。让与尚未分离之身体一部分之契约，如约于分离时交付之，则契约为有效。若约为得请求强制其部分之分离，则反于善良之风俗，应为无效。"[③]李晓霓认为："人体不是物，不能作为权利的客体，但与人身分离的一部分应视为物，在不违背公序良俗的情况下可作为契约标的而有效存

[①] 王利明. 民法[M]. 5版. 北京：中国人民大学出版社，2010：94.

[②] 邵立军. 论脱离人体的器官的法律属性：与"二元区分说"商榷以及对"人身之外"的理解[J]. 法学论坛，2011，26（5）：40.

[③] 史尚宽. 民法总论[M]. 北京：中国政法大学出版社，2000：250.

在。"① 魏振瀛主编的《民法》教材中也认为:"从人体上分离之物体如血液、肾脏、毛发等,应认为可以成为民事权利之客体,亦可为民法上之物。"② 事实上,就离体器官而言,"物说"的立场为我国大部分学者所持,可以认定其为民法中的物,从而成为民事权利的客体。

对于遗体及遗体器官③,"物说"的一个经典解释是,"自然人的权利能力始于出生,终于死亡。自然人死亡后,民事主体资格便不复存在,遗留的人体即肉身,回归为自然物。作为自然物,它是一种客观存在,只是在文明社会里它不像其他自然物那样可以为人们随意处置甚至丢弃,但它的确是一种存在着的、脱离生命不再具有主体资格的物"④。王利明认为:"遗体是没有思维和生命现象的肉体,故遗体不是人身,在符合法律和社会公共秩序的情况下,遗体也可以作为特殊的物,成为物权的客体。"⑤ 并且,遗体作为物,同样具有物质形态,可以独立存在,并具有一定的使用价值,因而应当认为遗体为物。不过,由于遗体本身的特殊性,持"物权说"立场的学者还主张,作为物的遗体应与其他一般物有所区别,尤其要受到习惯法及公序良俗的限制。例如,梁慧星认为:"遗体是物,可以发生继承,继承人对其有所有权,但是该物非常特殊,基于一般社会伦理,该权利的行使应当受到特别大的限制。"⑥ 又如,史尚宽认为:"遗体为物,固无疑义,然除为供学术研究及合法目的之使用外,不得为财产之标的,故原则上应为不融通物也,其法律上之关系,应依法律及习惯定之。死者生前关于其遗骸处分之契约或遗嘱,如不反于公共之秩序或善良风俗,为有效。"⑦ 日本学者我妻荣也认为:"遗体是物,在之上可以成立所有权。所有权的归属按照判例依照继承法归属继承人,然而如果依照习惯法解释归属于死者的丧主(丧主即丧事主持人,一般由与死者的亲属关系最近的人担任)的,丧主对遗体所作出的处理,也要依照关系人全体成员的意思和惯行及公序良俗。"⑧

由上述观点可见,对于已经脱离人体的器官和遗体器官,"物说"虽然承认其为物,

---

① 李晓霓.谈器官捐献的法律问题[J].中国卫生法制,2002,10(6):24.
② 魏振瀛.民法[M].3版.北京:北京大学出版社、高等教育出版社,2007:123.
③ 需要特别说明的是,遗体(或称尸体)与其中的遗体器官为整体与部分的关系,两者的法律属性相同,不可能出现遗体本身被法律评价为"物",而遗体器官被法律评价为"非物"的情形。故而对于遗体的法律属性的认定论述,同样适用于遗体器官。
④ 张良.浅谈对遗体的法律保护[J].中外法学,1994(3):35.
⑤ 王利明.民法总则研究[M].北京:中国人民大学出版社,2003:191.
⑥ 梁慧星.民法总论[M].北京:法律出版社,2001:98.
⑦ 史尚宽.民法总论[M].北京:中国政法大学出版社,2000:251.
⑧ [日]我妻荣.新订民法总则[M].于敏,译.北京:中国法制出版社,2008:190.

但同时又强调它们与民法意义上的普通物有很大的区别，对于在其上所设立的权利内容也应有所限制。

二、"人格权说"

对于离体器官，"人格权说"的一个基本主张是自然人作为一个实在的整体而享有权利能力，具备民事主体资格。人身作为自然人权利能力的物质载体，其完整性应该受到法律的保护。在一定条件下，脱离了人体的活体器官或离体器官仍可视为人身，如果侵犯这些离体器官就构成了对人身的侵权，而非是对人的财产的侵害。特别是在活体器官和组织移植过程中，如果获取活体的器官或者组织是为了移植给患者，获取的器官或者组织是为了事后与享有人身权的主体再次结合，在这种情况下，我们应将已经脱离人体的器官或者组织视为人身的一部分，在他人实施侵权行为并导致上述器官或者组织受到损害时，应承担破坏人身完整性的侵权责任。①

对于遗体器官，"人格权说"认为遗体的权利包含于死者生前对自己身体的权利内容当中，仍然为死者人身权的一部分。死者生前自然享有对其身体的决定权，也当然有权处分自己的遗体，而这两种权利均在人格权范畴的涵射下。虽然自然人死后无法亲自行使其对遗体的权利，但是如果自然人生前有对自己的遗体表达过安排、处置意愿，且该意愿不违背公序良俗和公共利益情况下，则该人格权利应由死者亲属或者继承人代为执行，法律也应该予以充分的尊重。

在我国也有学者曾将上述观点归纳为所谓的"身体权利延伸保护说"。该说认为，"身体作为身体权的客体，在主体死亡后，身体变为遗体，为延续身体法益的客体，对此用身体权的延伸保护予以解释更为恰当，且符合社会一般观念"②。事实上，采取上述学说的学者已经转向了其他学说。目前法学界也很少有学者将遗体器官视为人

---

① 张民安，龚赛红．因侵犯他人人身完整性而承担的侵权责任［J］．中外法学，2002，（2）：706-724.

② 杨立新，王海英，孙博．人身权的延伸法律保护［J］．法学研究，1995，（2）：9．对该观点，仅少数学者表示赞同，参见孟奇勋，杨成亮．论遗体侵害与遗体的法律保护［J］．中南民族大学学报（人文社会科学版），2003，（S1）：3．多数学者提出批评，譬如有学者认为，利益以人的需要为条件，"人一经死亡则不再有感觉，不再有需要，当然也不再有利益可言"，"将遗体理解为人对自身身体的延续利益在逻辑上难以成立"，"也不利于遗体的保护"，所以"遗体就是一种物，一种特殊的物"，参见李安刚．也论遗体的民法保护［J］．当代法学，2001，（8）：3．其他批评意见参见麻昌华．论死者名誉的法律保护——兼与杨立新诸先生商榷［J］．法商研究，1996，（6）：7．丁东兴．论遗体的民法属性及保护［J］．当代法学，2002，（2）：3．以及王利明．人格权法研究［M］．北京：中国人民大学出版社，2012：319.

身之一部分，并认为其仅受人格权法调整，而且将遗体器官完全归属于人格权范畴的观点也与现行法相违背。

三、"器官权说"

在"物说"的基础上，考虑器官与一般"物"的不同，对其性质的确定在"人格权"与"物"之间难以抉择，于是有学者提出了"器官权"这一新概念。"器官权说"认为，对于活体器官，即在人体内依然行使特定功能的器官，在性质上不属于物，属于器官权之客体。自然人身体的组成部分，超出了固有的"物"之属性，从总体上应定为"人格之载体"，主体对其享有的权利就是器官权。主张器官权性质上是身体权的一种类权利，跨越人身权与物权两大领域，兼具人格权与所有权双重属性。[①]"器官权说"仅将器官权的客体限定为未与人体分离的活体器官，而对于已经脱离人体的离体器官和遗体器官，"器官权说"与"物说"立场一致，都认为其属于物的范畴，是物权之客体。不难看出，两种学说的主要区别就在于，"器官权说"对存在人体体内器官的法律属性作出了新的定义，但是此种创设有无必要还有待商榷。主要原因在于，我们不能创设一个法律完全没有规范的新概念，且这样的定性对如何适用法律毫无益处。

四、"人格物说"

"人格物说"的概念原本不存在于民法概念体系中，"人格物说"是针对器官法律属性新衍生的学说。该学说以《最高人民法院关于确定民事侵权精神损害赔偿责任若干问题的解释》第4条中"具有人格象征意义的特定纪念物品"的概念为参照，创设了"人格物"概念，试图打破传统民法中人身与财产的二分格局，并将具有显著人格意义的遗体、遗骨、骨灰、人体组织、器官等纳入"人格物"的范畴中，以解决其法律定性的问题。[②]

"人格物说"认为，已经脱离人体的器官，失去了维护身体完整性的功能，此时物的属性超出了人格属性，但与人体相分离的器官毕竟具有强烈的人格色彩，因此应定性为"人格物"，如此既可避免将其认定为"物"后而可能引发的道德风险和伦理困境，也能够强化对其人格利益的保护；而对于遗体器官，"人格物说"的论证与上述类似，同样认为其在性质上属于物的范畴，但是由于承载了亲属的哀思与感情，包含了显著的人格利益，法律应对其予以特别保护。

---

① 唐雪梅.器官移植法律研究[M].民商法论丛（第20卷）.北京：法律出版社，2001：155-165.

② 冷传莉.论民法中的人格物[M].武汉：武汉大学，2010.

"人格物说"以具有人格利益的特定纪念品的人格权保护为参照，认定已经脱离人体的器官和遗体器官同样属于具有人格利益的特定物品。依据现行法律，相关权利人对具有人格利益的特定物品的侵权行为，是可以主张人格权保护即精神损害赔偿予以救济的。因此就不能只考虑已经脱离人体的器官和遗体器官的物质属性，更应将其纳入人格权法保护的范畴当中。换言之，"人格物说"一方面承认了已经脱离人体的器官和遗体器官的"物"的形式与属性，另一方面又认为其与一般物品不同，包含诸多伦理、道德因素，因此应从物权与人格权两个方面予以保护。

　　从实质上讲，"人格物说"所采纳的是一种"物与非物结合"的观点。对此曾有学者指出，"任何事物的定性都不应当只具有'是'与'不是'两种极端表现，遗体事实上也不是只能表现为'物'与'非物'两种极端的选择，而没有第三条路径可以走……首先承认遗体为物的形式，身体已经物化为遗体，是有体、有形的物的形式。其次，遗体作为物的表现形式，具有特殊性，不是一般的物。其特殊性就在于包含人格利益……物的属性与人格利益结合在一起，就是遗体的基本属性"[①]。本书认为，"人格物说"本质上仍然将离体器官与遗体器官界定为"物"，只不过强调其具有很强的人格属性和伦理性而已。

五、评议与立场

　　对于尚未脱离人体的器官，学界基本能够达成共识，即将其认定为人身之组成部分，属于人格权范畴而不能成为物权的客体。虽然"器官权说"对此进行了看似更为细致的定性，但本书以为所谓"器官权"的创设仅具有概念上的意义，并无实际价值。因此，对于"器官权说"，本书不予采纳。对于尚未脱离人体的器官，将之纳入人格权范畴，完全可以解决相应的法理及实践问题，同时也维护了现有的法律体系框架，有利于法的安定性。

　　对于已经脱离人体的离体器官和遗体器官，"物说"较为科学合理地说明了其法律属性，但并未提出有说服力的理由，于是才有其他学说的提出。对于离体器官，"人格权说"认为在特定条件下，譬如为了器官移植而获取的器官，仍应被视为人身的一部分，受到人格权法所调整。此种观点虽然有利于人身权的保护，"但为了保护身体的完整性，而在一定条件下把脱离人体的离体器官仍视为人身体的一部分，这是对人身权保护的不当扩张。把人身权保护扩张到已脱离人体的器官和组织，这打破了传统的人身权概念及体系，会引起权利范围及界限的混乱"[②]，也有违常理。同时，条件

[①] 杨立新，曹艳春.论遗体的法律属性及处置规则[J].法学家，2005，1（4）：78-79.
[②] 杨立新，曹艳春.脱离人体的器官或组织的法律属性及其支配规则[J].中外法学，2006（1）：51.

第一章 器官的法律构造

限制的做法会导致在器官法律属性的定性方面容易出现混乱，也会在法律适用上带来不可避免的尴尬。

于遗体器官而言，由于"人格权说"片面地关注其所具有的人格利益和伦理因素，忽视其客观物质属性，因而很少被学者采纳，与现行法也严重不符。"人格物说"虽然认识到了离体器官和遗体器官的物质形式与所具有的人格利益，但是在其法律属性的定性上，"人格物说"一方面承认其物质属性，另一方面又对"非物性"表示理解，最终结论实质上就是"物与非物的结合"，这一概念看似避开了人格权与物权在器官法律属性上的争论，但本质上仅是一种折中的论述。这种折中论述其实也不可避免地面临对"物"与"人格"两种学说的批评。

其实，若仅单纯考虑"器官是什么"这一问题，而不考虑"器官之上承载了什么"，见仁见智，均无不可。然而，若从民法教义学体系的整体出发，则不能以活体器官和遗体器官与普通物品存在区别为由而否定它们为物，不能因其具有人格利益就否定它们为物。特别是遗体器官，将其认定为"物与非物的结合"或者是"人格物"的观点，人们不禁要追问，它到底是什么？对此，应从方法论层面加以反思。

在民法教义学上，民法的体系包括外在体系与内在体系，前者由民法的具体概念、制度、规则等组成，而后者系指民法的理念、精神和原理。[①] 对于两者的关系，诚如有学者所言，"民法以有限的体系应对无穷的生活，之所以不致捉襟见肘，其奥妙全在于内部体系、法教义学体系与法条（法典）体系的分离和互济，确保了在法条体系基本安定的同时，又能不停地应对新的案型"[②]。民法教义学体系不仅蕴含着法律人应对以往法律问题的巨大智慧，而且为法律人处理待决难题提供强大的智力支持。其中，民法的外在体系又可以进一步区分为民法外在的概念体系与各种具体制度、规则体系。民法的概念体系是连接生活世界与规范世界的桥梁，欲使生活事实得以进入民法教义学体系的评价视野，首先应借助概念的归列将生活事实纳入其中，之后再经由内部体系、各具体概念、各具体制度的交叉互动性评价，从而与具体规则（即请求权规范基础和辅助性规范）形成涵射关系，以内部体系为基础的价值评价也将融入其中每一环节。由此，民法教义学的思维链条得以展开，待决难题亦将借助体系的力量而

---

① 卡尔·拉伦茨.法学方法论[M].陈爱娥，译.北京：商务印书馆，2003：316. 王泽鉴.民法思维——请求权基础理论体系[M].北京：北京大学出版社，2009：175-177. 黄茂荣.法学方法与现代民法[M].北京：法律出版社，2007：506. Rühters, Fischer, Birk, Rechtstheorie[M]. 7. Auflage, Verlage C. H. Beck, 2013; S. 89-95.

② 汤文平.批准生效合同报批义务之违反、请求权方法与评价法学[J].法学研究，2014，36（1）：21.

得到解决。相反，在处理待决难题之前便将其排除出既有的概念体系，实非明智之举。一旦生活事实无法融入既有的概念体系，则既难以完成法之发现，亦无法利用现有规则体系对其予以评价，更毋宁借由内在体系的价值衡量对具体规则的评价结果予以斧正。若如此，不仅可能有损对待事实评价结果的公正性，对于法的安定性亦将造成极大的破坏。

以此为基础，我们认为，上述各学说之所以不能够妥当解决离体器官和遗体器官的法律属性问题，其症结在于采取一种简单归一的思维路径，试图将与器官有关的客观事实、规范评价和伦理道德因素全部统一于器官的法律性质上。于是，事实判断与规范评价、法律概念与道德规范之间的矛盾便集中体现在器官法律属性的认定之上了，难免左右摇摆，难以决断。然而，作为孤立的概念，"物"何以承担如此重负？这便使得"物说"虽结论合理却难以服众，其他学说又无法对该问题作出正面回答。其实，回答"器官是什么"这一问题的目的仅在于将生活世界中的器官导入规范评价的视野，之后再借助民法教义学体系的整体评价系统将器官所涉及的法律问题予以充分展开，最终确立器官在民法教义学体系中的地位。因此，在概念体系纳入的初始阶段，不宜考虑过多的伦理、道德等价值因素，否则可能存在将器官排除既有概念体系的风险。就具体思维路径而言，应明确区分"器官是什么"与"器官之上承载了什么"这两个不同的问题。前者关注的重点在于器官的客观物质属性，后者则强调器官之上所承载的各种伦理、道德等因素，两者既相互联系又彼此独立，分属不同的民法领域，应置于法教义学思维链条的不同环节予以展开。

明确区分"器官是什么"与"器官之上承载了什么"这两个问题，是判定器官法律属性的逻辑出发点。如前所述，所谓某一生活事实的法律属性，本质上是该生活事实进入法律规范评价体系时所借助的桥梁和渠道。因而在思考器官的法律属性时，首先要关注的是器官本身的客观物质属性，器官之上所蕴含的伦理、道德等因素被暂时抽离出评价视野。待体系纳入的基础性作业完成之后，再将上述因素重新导入，考虑"器官之上承载了什么"，完善器官利用处置以及法律保护的规则建构，从而展现器官相关法律问题的全貌。

总得来说，针对器官的法律属性这一问题，笔者的观点如下：对于存在于人体内的器官而言，由于其在自然人身体之中担负着行使特定功能、维护人体正常运作和健康的作用，是作为民事权利主体的自然人的整个生理系统的组成部分，因此人体中的器官不可被评价为物，属于人格权之身体权范畴。对于离体器官和遗体器官，认为"物说"比较合理。如前所述，回答"器官是什么"这一问题的目的在于从民法教义学体系中选取最为准确、恰当的既有概念作为通道，实现器官由生活世界到规范世界的导入。相应地,与离体器官和遗体器官这两个被评价对象可能存在关联的既有概念,包括权利主体(自然人)、权利客体(物)等。就概念之间的相互关系而言,权利主体与权利客体相对较为抽象,两者相互关联,体现了民法主客体二分的基本理念;而自然人与物则为前述概念的下位概念,是其在民法特定领域的具体化,主要体现了自然人对物的支配关系。在上述既有概念中,本书认为应选取"物"作为离体器官和遗体器官进入规范世界的通道。

首先,离体器官和遗体器官都不是民法中的权利主体,也不是自然人。近现代民法抛弃了以人为客体的野蛮观念,将人确立为权利主体。作为民法上的主体,自然人是肉体的存在,与其他动物的不同之处在于其具有理性和意识[1],能够在法律秩序允许的范围内独立自主地决定自己的事务,这正是作为私法核心理念的私法自治原则的应有之义。换言之,自然人仅能作为一个有意识、有能力的整体而取得民事主体资格,从活体中摘除并脱离人体的器官不是自然人,自不待言。自然人的理性和意识以其生命的存在为基础,一旦生命失去,仅作为物质性存在的遗体便徒具人之形体而丧失其本真。因而,我国《民法典》将自然人民事权利能力的终止确定于自然人死亡之时。[2]自然人死亡后"身体"转化为"遗体",死者法律意义上的人格便随之消失,余下的只是承载生者情感或观念上的"死者人格",体现的是生者对于死者的尊重。固然,法律对此种"死者人格"亦予以保护,但与其说是给死者以生者般的对待,毋宁说是生者就死者而产生的人格利益的尊重。换言之,所谓"死者人格",仅意在指出遗体之上还承载着一定的人格利益,并非将遗体归列为"权利主体"或者"自然人"的确切依据。遗体不是"权利主体",亦不是"自然人",当然,作为其组成部分的遗体器官亦非"权利主体"或者"自然人"。

其次,离体器官和遗体器官为民法中的"权利客体",属于"物"的范畴。在民法教义学体系中,既然它们不是权利主体,便只能成为权利客体。一方面,在绝对权的范畴中主客体关系的核心在于两者之间的支配关系,处于支配地位者为权利主体,被支配者则是权利客体。脱离人体的活体器官和遗体器官不具备理性与意识,不可能对外界事物有所支配,仅能处于被他人支配的地位。另一方面,离体器官和遗体器官符合民法上"物"的定义。它们存在于人体之外,离体器官存在于人体之外无须赘言,遗体器官无论是存在于遗体(已非人体)内,还是已从遗体中摘除,都是存在于人体

---

[1] (日)星野英一. 私法中的人:以民法财产法为中心. 载氏. 现代民法基本问题[M]. 段匡、杨永庄,译. 上海:上海三联书店,2012.

[2]《中华人民共和国民法典》第13条规定:自然人从出生时起到死亡时止,具有民事权利能力,依法享有民事权利,承担民事义务。

之外，它们占有一定的空间，具备物质属性，能够为权利主体所支配和利用，满足器官移植等医疗需要，且具有稀缺性，完全符合"物"之定义，应属于"物"的范畴并受到《民法典》关于"物"的规定的调整。

最后，将离体器官和遗体器官评价为"物"，承认其所有权，并不意味着否认其所蕴含的伦理、道德因素和人格利益，也不意味着对滥用器官所有权的行为坐视不理、听之任之，更不意味着对器官的贬低。在民法教义学体系中，"物"作为法律人描述生活事实的抽象概念，与其在日常生活中的含义并非完全一致。如前所述，将这两类器官评价为民法中的"物"，其目的仅在于借助"物"的概念，能够将离体器官和遗体器官纳入规范评价的视野，为实务中的相关裁判提供理论依据和前提性结论。然后再借助民法教义学体系的力量，将其他问题最终解决，从而应对实务的困境与学说的争论。将这两类器官评价为民法中的"物"，并非不考虑其所承载的"人格利益"，而是将这一考虑置于民法教义学思维链条的第二环节，在确定其"物"的法律属性之后，通过丰富的物品归属和支配规则等予以规制。因此，将其评价为"物"，不仅不会损及其上所承载的"人格利益"，反而由于物权法丰富的规则，能够为对其上所承载的"人格利益"的保护更为系统丰富，也使得以此为依据的司法裁判的理由与结论更加符合生活观念。如此，方能在社会伦理、道德需求与法律命题之间获得一种平衡，使道德追求与法治精神得以兼济。因为即便是普通物之上成立的所有权，也应受到权利滥用原则的限制①，其上所承载的人格利益也受到法律的保护②，更何况器官所有权？固然，通常情况下，所有权意味着权利人就其所有物独断地支配，原则上不受他人干涉。但是，根据具体情形的需要，法律当然可以对器官所有权加以必要的限制，与此相反，若以器官所有权可能被滥用为由而否定器官之上成立所有权，反而将不利于器官问题的妥当处理。例如，就活体器官和离体器官的处置与利用纠纷而言，承认器官捐献人或其近亲属对器官的所有权，将为权利主体对于器官加以处置和利用提供合法的权源，物权法中丰富的规则也将为处理此类纠纷提供恰当的法律依据。在侵权法以绝对权的保护为中心的背景下，确认离体器官和遗体器官所有权无疑为与之相关的纠纷中侵权行为的认定减少了很多不必要的困惑。

否认这两类器官的所有权还可能出于对既有概念的僵化理解：所有权属于财产权

---

① 《民法典》第133条规定："民事主体不得滥用民事权利损害国家利益、社会公共利益或者他人合法权益。"该条对于遗体所有权同样适用。

② 法释〔2001〕7号第4条规定："具有人格象征意义的特定纪念物品，因侵权行为而永久灭失或者毁损，物品所有人以侵权为由，向人民法院起诉请求赔偿精神损害的，人民法院应当依法予以受理。"

范畴，承认其所有权无异于将之认定为财产，这贬低了器官的法律属性，不利于对器官的保护，尤其易引发人们对器官买卖等非法现象的担忧。其实，现代民法早已打破了人格权与财产权泾渭分明的界限，两者相互融合的趋势已经出现。在传统民法中，人格权被认为与主体人格紧密相连，具有人身专属性，不得转让也不具有商业价值。但是随着经济社会的变迁和国民权利意识的觉醒，人格权的商品化早已不是奇谈异说，我国学说对此也予以认可。[①] 我国《民法典》第1018条、第1023条允许肖像权、姓名和声音权的许可使用。与之对应，为了对器官进行更为充分的保护，没有必要将所有权仅限定于财产权的范畴。所有权更多地体现权利主体对权利客体的支配，并不以其标的具有物质财产价值为限。承认在离体器官和遗体器官之上成立所有权，侧重权利主体对权利客体的支配作用，主要是为了确定器官的归属及处置规则，而这些内容会受到禁止权利滥用、公序良俗等原则的限制，并不会造成对这两类器官的贬低，也不会助长器官买卖等非法活动。可以说，承认离体器官和遗体器官之上成立所有权，是现代民法发展的大势所趋。随着现代医学和生物技术的不断发展，将会出现冷冻胚胎、基因遗传物质等一系列新型的"物"，且器官所能发挥的价值也越来越大，必须引起重视。由此可见，民法教义学体系的构建固然以既有概念为基础，但如何阐释既有概念，则不应固守其本来含义。甚至可以说，概念本无确切之意，正是多姿多彩的生活事实不断赋予并扩充其相应的内涵，从而使得既有概念与现实生活得以形成一种稳定和平衡，法的安定性价值和民法教义学体系的开放性特征就此得以实现。承认离体器官和遗体器官的所有权，正是因为社会生活的需要而发展和充实"所有权"概念的一次极富意义的尝试。综上，本书认为离体器官和遗体器官的法律属性为"物"。

第三节 器官的归属及处置规则

一、器官的归属及处置概述

在回答完"器官是什么"这一问题后，接下来需要考虑的就是"器官归谁支配以及如何使用"。诚然，器官之上承载了诸多伦理、道德因素和人格利益。然而，器官的法律属性一旦被确定，器官就正式进入法律规范评价的视野，器官本身及其所承载的伦理、道德因素和人格利益必然会衍生为某种法律权利，围绕该权利再推演出相

[①] 程合红. 商事人格权论：人格权的经济利益内涵及其实现与保护 [M]. 北京：中国人民大学出版社，2002. 王利明. 人格权法研究 [M]. 北京：中国人民大学出版社，2012：222.

应的法律规则和救济途径，进而形成对器官完整的规范评价及法律保护。由此观之，器官的归属及处置规则所要涉及的核心问题应是：于器官之上是否可成立某种法律权利，从而依据此权利确定器官应归谁所有及如何进行合法地利用和处分。然而，由于器官本身的特殊性和所涉及问题的复杂性，关于器官的归属及处置规则法学界尚无共识，相关法理的论述也比较匮乏和薄弱，现行的成文法律法规更是有待完善，这将导致与此有关的实务纠纷得不到妥善处理，争议较大。

器官的归属和利用规则的核心问题是，能否在器官之上建立某种权利，从而推导出相应的法律规则。而器官之上的权利类型，乃是由器官的法律属性所决定的，器官的法律属性实质上是法律对器官现实状态的一种规范评价。目前法学界按照器官的存在状态，将器官分为活体器官、离体器官和遗体器官三大类。本书前述的研究结论是活体器官是自然人身体的一部分，属于人格权范畴；而离体器官和遗体器官属于权利客体，乃是民法意义上的一种特殊的"物"。由此推导，活体器官之上自然存有身体权，而离体器官和遗体器官之上得以成立所有权。在此基础上，需要进一步研究权利的归属、权利的内容、权利的行使有无限制等问题。如此，器官的归属及处置规则得以梳理和确立。综上所述，本书对器官的归属及处置规则的研究思路如图1-1所示。

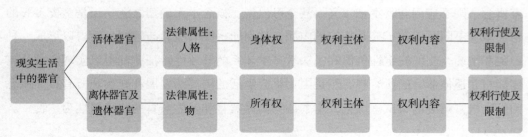

图 1-1　器官归属及处置规则的研究思路

二、活体器官的归属及处置规则

因活体器官本身所具有的生理功能和物质状态，存在于人体内的器官属于民法上的人格权范畴，在活体器官之上得成立身体权。作为一种基本的人格权，身体权乃是一种绝对的排他性的支配权。换言之，身体权只能归属自然人本人享有和支配，任何人不得加以干涉和侵害。

身体权主要包含两项基本权能：一是维护自然人身体的完整性；二是对自然人身体组成部分的支配，如对自然人的肢体、器官、人体组织等进行支配。前者是身体权的消极权能，后者则属于身体权的积极权能。一方面，自然人有权维护自己身体的完整性，之所以称其为身体权的消极权能，主要是因为其设立的目的是在于防止他人对自然人身体的完整性进行侵害。具体来说,"对自然人身体完整性的侵害,包括对完整性形式上的侵害和实质上的侵害。前者如非法搜查身体、侵扰、冒犯性殴打等;后者包括破坏和强制利用身体组织和器官,如强制性地剔除他人毛发、指(趾)甲等身体组成部分,强制他人出让血液、体液、骨髓、器官等身体组成部分"[①]。另一方面,自然人有权支配自己身体的组成部分。不可否认,传统民法理论原本并不承认身体权中包含所谓的积极权能。究其原因,传统的民法理论主要是构建在财产权之上,故而对支配权的理解容易固化在所有权的属性和特征方面,由此产生思维惯性和自然排斥,将身体权视为一种支配权。然而,"随着社会观念的转变和科技、医学的发展,人类对于身体组成部分的支配、利用既有现实的需要,也有现实的可能"[②]。事实上,自然人对身体的支配体现在日常生活、医疗救助等诸多方面,如日常生活中的修剪指甲、理发、美容护肤,以治疗或满足心理、生理正当需要为目的的器官切除手术、整形手术、变性手术、器官移植手术等。据此,民法理论只有承认身体权中的支配权能,才能正确解释现实生活的诸多现象,并适应不断变化发展的现实需要。

需要注意的是,由于自然人具有身体特殊性,自然人对自己身体行使支配权并非不受任何限制。尤其是在自然人对自己的心脏、肾脏、肺脏、胰腺等重要的活体器官支配上,因活体器官担负着维持人体生理功能运转的特定职能,对自然人的生命健康影响较大,根据法律家长主义,国家作为公民权益的保护者,承担着保护公民的生命健康不受他人包括公民自己侵害的义务,国家法律应否定公民对自己所做的严重侵害自身生命健康的行为的合法性。根据尊重人权原则,人只能作为目的,而不能成为工具。活体器官作为人身的组成部分,并非商品,不能以取得其对价为目的而将其获取,并放置于自由市场上流通、交易。同时,活体器官买卖还会引发社会不公,易引发伦理、道德问题,严重侵害社会的善良风俗。据此,世界卫生组织(World Health Organization,WHO)及世界大部分国家和地区的法律普遍对自然人的活体器官支配权设置了诸多限制。

首先,就活体器官支配权的权利主体而言,只有具有完全民事行为能力的人才有权对自己的活体器官进行支配、处分。我国新修订的《人体器官捐献和移植条例》第9条第1款明确规定,"具有完全民事行为能力的公民有权依法自主决定捐献其人体器官"。具有完全民事行为能力的人,能够充分理解器官捐献行为的内容、风险和社会意义,能够独立承担因器官捐献行为所引起的后果。而具有限制民事行为能力的精

[①] 杨立新.中国人格权法立法报告[M].北京:知识产权出版社.2005:292-293.
[②] 韩强.人格权确认与构造的法律依据[J].中国法学,2015(3):145.

神病患者或者未成年人，除非因接受医疗救助，法律上一般不承认其支配、处分自己活体器官的意思表示的效力。即便是未成年人或者精神病患者的监护人，也无权代理其支配、处分活体器官。以未成年人活体器官捐献为例，《WHO人体细胞、组织和器官移植指导原则》第4条明确规定，"除了在国家法律允许范围内的少数变通例外情况，不可出于移植目的从未成年活人身上获取任何细胞、组织或器官"[①]。又如，我国新修订的《人体器官捐献和移植条例》第10条也明确规定，"任何组织或者个人不得获取未满18周岁公民的活体器官用于移植"。而上述条文之所以如此规定，乃是因为未成年人对器官捐献和移植行为的认知能力较差、承受能力较弱，同时未成年人正处生长发育期，出于对未成年人合法权益的特别保护，应严禁未成年人进行活体器官捐献。由此可见，不考虑极其例外的情形，WHO及我国立法者实质上对未成年人活体器官的支配权秉持否定的态度。

其次，就活体器官支配权的权利内容而言，一般来说，除了日常生活支配、使用的需要，除使用牙齿咀嚼食物等外，也仅限于权利主体对自身的活体器官接受医疗处理和因救助他人等社会公益目的而进行器官捐献这两方面。①具有完全民事行为能力的自然人享有对自己的活体器官是否接受医疗处理的决定权，并且自然人也有权随时撤回上述决定，因此医疗机构及医护人员只有取得患者同意时方可对其采取治疗。而为了保障上述支配权的顺利实现，医生也有义务充分告知患者治疗方案、手术过程和风险后果，帮助患者充分认知和理解医疗行为，从而作出相应的决定。②基于器官捐献等社会公益目的，具有完全民事行为能力的自然人有权分离、捐献自己的活体器官，用于救助自己的配偶、直系血亲或者三代以内的旁系血亲。根据尊重人权原则及为了维护社会伦理、道德秩序，法律应禁止自然人以获取对价为目的转让、出卖自己的活体器官。为此，法律规定活体器官捐献仅限于上述亲属之间。法律也不应承认自然人所作出的单纯分离自己活体器官所表示的效力，不应允许权利主体肆意伤害自身。

最后，就活体器官支配权的行使而言，根据我国民法所规定的"禁止权利滥用原则"及"公序良俗原则"之要求，自然人不得滥用自己的器官支配权，违反社会公共秩序和善良风俗。

三、离体器官、遗体器官的归属及处置规则

如本书前述研究之结论，离体器官和遗体器官的法律属性是"物"。既然将其评

---

① WHO人体细胞、组织和器官移植指导原则[J].中华移植杂志：电子版，2010，4（2）：152-155.

价为物，那么推论便是离体器官和遗体器官之上得成立所有权。事实上，为回应对在这两类器官之上成立所有权的疑虑，本书已在前面内容中对这两类器官法律属性的论述予以详细证成。一方面，承认离体器官和遗体器官之上的成立所有权，也要受到权利滥用原则的限制，其上承载的人格利益仍受到法律保护；另一方面，在现代民法中，所有权并不仅限于财产权范畴，承认所有权并非对离体器官和遗体器官的贬低，所有权的核心在于权利主体对权利客体的支配作用，所有权的划归仅是为了界定器官的归属及处置规则，并不会助长器官买卖等非法活动的发生。因而，在这两类器官之上得以成立所有权。

　　已经离体的器官，不问原因，自脱离人体后便能够为权利主体所支配，且以有形之体而存在，同时具有利用价值，因此具备民法意义上的"物"之特征，其所有权归属本人，自不待言。而遗体器官，因本人已经死亡，丧失民事权利主体资格，不可能再成为遗体器官的所有人。根据我国相关法律规范及生活习俗，一般认为，遗体器官所有权应归本人的近亲属所有。我国《民法典》第1006条第3款和新修订的《人体器官捐献和移植条例》第9条第2款都规定，公民生前未表示不同意捐献其人体器官的，该公民死亡后，其配偶、成年子女、父母可以以书面形式共同表示同意捐献该公民人体器官的意愿。需要注意的是，关于遗体器官所有权归属的这一法律规则，虽然该项条文在一定程度上对遗体器官所有权归属这一问题予以了规定，但是仍未覆盖完整。

　　上述规定将有权决定捐献的主体，也就是遗体器官所有权的主体限制在配偶、父母、子女。由此引发的问题是：如果死者既无配偶，也无父母和子女，那么谁还有权捐献死者的器官？我们认为，对上述问题，应依据继承法的有关规则予以处理，将遗体器官的所有权归属范围在一定条件下扩大到整个近亲属。遗体器官作为遗体的组成部分，其所有权归属取决于遗体。诚然，遗体由死者的身体转化而成，与死者生前所有的财产在性质上存在根本的不同，而继承法的任务主要在于解决死者生前个人合法财产的继承问题，故遗体所有权的取得不能直接以继承法规则为依据。但是，遗体和遗产均因自然人死亡而发生，法律最终要解决的问题同样是自然人死亡后遗体或者遗产的归属问题。根据"同样问题同样处理、类似问题类似处理"的基本法理，遗体与遗产的问题应得到相同或类似的处理。因此，在遗体的所有权归属上，可以类推适用继承法规则，作为遗体组成部分的遗体器官，遗体器官的所有权归属也可以类推适用继承法规则。回到近亲属范围方面，根据我国《民法典》第1045条第2款规定，近亲属范围包括配偶、父母、子女、兄弟姐妹、祖父母、外祖父母、孙子女和外孙子女。然而，遗体器官所有权的主体构成若如此庞杂，将极易产生纷争，反而不利于死者的保护。而且，从生活经验来看，亲属对于死者及其遗体的感情，一般会因血缘的亲疏远近而积淀不一，对遗体的重视程度自然不同，对器官捐献决定权应分层次进行。出于对遗体周全保护的考量，参照《人体器官捐献和移植条例》第9条第2款第二分句的规定，将遗体器官所有权归由近亲属中的配偶、父母和成年子女共同共有为宜，对于遗体的处置与利用须经这些共有人的一致同意。

根据《人体器官捐献和移植条例》第9条第2款的有关规定，公民生前未明确作出拒绝捐献器官的意思表示时，其配偶、父母、成年子女有权捐献该公民的遗体器官。就此规定的理解，可以肯定的是，上述条款可以作为成年人遗体器官所有权归属的法律依据。然而，关于未成年人遗体器官所有权的归属问题，能否依据上述条例解决？《人体器官捐献和移植条例》第9条第1款仅承认完全民事行为能力人器官捐献意思表示的效力，而公民的配偶、父母和子女可以成为器官捐献同意权人的前提是公民生前未作出明确的拒绝器官捐献的意思表示，那么作为限制民事行为能力人的未成年人，生前未作出器官捐献表示的意思时，其父母或其他近亲属是否有权捐献其遗体器官呢？本书认为，由于遗体器官的捐献在自然人死亡后才得以发生，而自然人一旦死亡，权利能力自然消失，便无从谈起其是否具有民事行为能力。由此反推，《人体器官捐献和移植条例》第9条第1款规定的"具有完全民事行为能力的公民有权依法决定捐献其人体器官"，所指的应是捐献活体器官的公民应具有完全民事行为能力，并不排除未成年遗体器官捐献的立法意图。同时，遗体器官作为一种"物"，虽然承载着一定的人格利益，但毕竟已与死者生前所具有的人身相分离，而在对于该"物"享有处置权的主体资格的界定方面，没有必要因死者生前是未成年人抑或是成年人而加以区别对待。况且，当未成年人生前未作出拒绝器官捐献的意思表示，未成年人死亡后，父母或其他近亲属捐献其遗体器官，也并没有侵害未成年人的任何利益。故而，未成年人遗体器官捐献在法的评价上应与成年人的遗体器官捐献保持一致，尽管具体的遗体器官所有权人的范围不同。所以，我国《人体器官捐献和移植条例》第9条第2款作为未成年遗体器官捐献的依据，并无不妥。

在确定离体器官和遗体器官之上得成立所有权后，接下来需要研究上述所有权的具体内容。按照《民法典》第240条的规定，所有权一般包含占有、使用、收益和处分四项权能。本书认为，为了避免离体器官和遗体器官所有权人利用器官非法获利，变相买卖，我们不承认离体器官和遗体器官所有权具有收益权能，但应当承认离体器官和遗体器官所有权具有占有、使用、处分等权能，不过上述占有、使用、处分等权能的内容也应严格予以界定。首先，就占有权能而言，占有作为一种事实状态，是基于占有人对占有物现实的支配和控制而产生的。离体器官和遗体器官为民法意义上的"物"，处于所有权人事实上的控制支配状态下，所有权人自然可以对其进行占有。

例如，自然人适格的近亲属可以对自然人的遗体进行占有，并享有占有保护请求权。他人盗取死者遗体或遗体器官的，该自然人的近亲属可以主张占有返还请求权，要求侵害人返还死者遗体或遗体器官。需要注意的是，由于遗体本身蕴含诸多伦理道德因素，基于目前社会风俗习惯，遗体所有权人不能长期占据遗体并置之不理，应及时对遗体进行火化、埋葬，以便让死者"入土为安"。其次，就使用权能而言，离体器官所有权人和遗体器官所有权人可在不违反善良风俗及法律法规的前提下，可以对死者的遗体进行缅怀、祭祀，聊以慰藉。最后，离体器官和遗体器官的所有权人可将器官进行捐献，用于公益性的科学研究和医疗救治，但是不得对离体器官和遗体器官进行出卖、互换等处分。所有权人可以对自然人的遗体或遗体器官进行火化，但不能单纯抛弃遗体和遗体器官，必须对其予以适当的照管和安置。

鉴于离体器官和遗体器官本身的特殊性及其所具有的人格利益，一般认为，对离体器官和遗体器官权利的行使应受到公序良俗的限制。除此之外，由于遗体器官乃是由死者生前身体的组成部分所转化，自然人生前有权支配其身体，自然有权决定其死后遗体的照管、利用与安置。因此，遗体器官的所有权还应受到死者生前意愿的限制。对此，《人体器官捐献和移植条例》对于遗体器官捐赠中死者生前意愿的效力已经予以确认。据此，自然人对其死后是否捐献遗体器官具有决定权，应充分尊重死者的生前意愿。这里有两种可能，一是死者生前明确不同意捐献其本人器官者，任何组织和个人不得捐献[①]；二是，死者生前书面正式表达了器官捐献意愿，其近亲属也应尊重其意愿，不得阻挠。

[①] 就此，我国《民法典》第1006条第3款规定，"自然人生前未表示不同意捐献的，该自然人死亡后，其配偶、成年子女、父母可以共同决定捐献"，从这一规定中可以反推出"生前明确表示不同意捐献任何人不得捐献"的结论来。

第二章

器官捐献与移植行为的法律分析

第一节 器官捐献与移植的含义和特点

所谓器官捐献行为，指适格的公民在遵循自愿原则或者在不违反捐献者意愿的前提下，通过法定程序将自己的器官或者近亲属的器官无偿捐献给器官移植受体或者医学科学事业的行为。就目前的器官捐献实践情况来看，器官捐献具有以下特点：

（1）器官捐献可以是活体捐献，也可以是遗体捐献。按照器官捐献者是否已经死亡，器官捐献可以分为活体器官捐献和遗体器官捐献。活体器官捐献主要指具有完全民事行为能力的公民自愿将自己符合条件的器官或部分器官无偿捐献给特定对象，从而达到挽救生命，改善生存质量的目的。在活体器官捐献中，器官捐献意愿的表达人与器官捐献人为同一人，而"特定对象"主要指捐献人的配偶、直系血亲或三代以内的旁系血亲。依照被获取后器官再生能力的强弱，活体器官捐献又可分为可再生器官捐献和不可再生器官捐献。可再生器官例如肝脏，部分肝脏被切除后，剩余肝细胞再生，体积会增大。这类器官被获取后往往不会危及人的生命，破坏身体的完整性；不可再生器官，例如心脏、肺脏、肾脏等。由于活体器官捐献不仅涉及自然人的身体权，更涉及自然人的生命健康权，而不同类型的器官又对于人的生命健康权影响差异较大，因此在活体器官捐献中，有必要在法律规范的制定上对可再生器官捐献和不可再生器官捐献这两种情况予以区别对待。具有捐献遗体器官权利的人，在不违反死者生前意愿的前提下，将其器官无偿捐献给器官移植受体或者医学科学研究机构的行为称为遗体器官捐献。在遗体器官捐献活动中，捐献意愿的表示可能是捐献者本人生前作出，也可能是其适格的近亲属。因捐献者已经死亡，而其遗体器官作为民法中"物"的形式存续并可类推适用继承法规则。因此，在逝者生前未明确表示拒绝捐献器官的前提下，必须充分考虑其配偶、成年子女、父母的捐献意愿（《民法典第1006条第3款》）。

第二章 器官捐献与移植行为的法律分析

鉴于活体器官捐献会对捐献者健康造成一定的影响,在立法政策上应更多鼓励遗体器官捐献。

(2)器官捐献行为一般是面向不特定受体做出,除非是亲属间的活体器官捐献。按照器官捐献时捐献对象是否被指定,器官捐献可以分为指定对象的器官捐献和不指定对象的器官捐献。前者主要是指器官捐献的对象为器官所有权人所指定的器官移植受体或者医学科学研究机构,器官捐献接受机构应严格按照器官所有权人的指定将器官予以移植给特定对象或用作研究,不得另作他用。后者主要是指器官所有权人并未指定特定的器官捐献对象,器官接受机构可以在符合法定程序的前提下将器官捐献给不特定对象。一般而言,仅活体器官捐献可以指定法律明确规定范围内的受赠对象;遗体器官的捐献不得选择指定受赠对象,以杜绝器官买卖。

(3)按照器官捐献的目的与用途来划分,器官捐献可分为以医疗救治为目的的器官捐献和以科学研究为目的的器官捐献。前者是指捐献的器官主要用于器官移植手术,以挽救器官病变、坏损及终末期器官功能衰竭患者的生命或改善生活质量。后者是指将器官捐献给相关的科学研究机构,用以进行科学研究或教学等。

器官移植行为是指摘除一个个体器官并将其置于同一个体(自体移植)或同种另一个体(异体移植),或不同种个体(异种移植)的相同部位(常位)或不同部位(异位)的行为。[①] 从器官移植行为的构成上看,器官移植行为实质上包括器官获取和器官植入两个行为。所谓器官获取,指具备资质的医疗机构及其医务人员,为了救治器官损坏、病变及功能衰竭的患者,从自愿捐献器官的捐献人身上(活体或遗体)分离器官移植所需器官的行为;而所谓器官植入,指具备资质的医疗机构及其医务人员,以医疗为目的,将合法获取或储存的器官植入患者体内以替换其损坏、病变及功能衰竭的器官的行为。

由上述定义,可将器官移植分为自体移植、同种移植和异种移植三大类。自体移植是指将患者的器官移出体外进行病变切除,再原位移植回患者内体的过程;同种移植是指相同种类的个体之间的器官移植,如人与人之间的器官移植;异种移植则是指不同种类个体之间的器官移植,如将动物的器官移植于人体中。就器官移植的实践来看,由于自体器官移植的器官供体和受体为同一人,法律关系比较简单,并不涉及第三人的身体权和生命健康权,因此法律对自体移植规制得比较少;异种移植由于目前受到医学发展及医疗技术水平的限制,并且人体对动物器官的排异反应剧烈,术后风险巨大,因此在器官移植实务中,异种移植虽已有临床试验,但应用范围有限。但是,

---

① 张云.器官移植的立法思考[J].中国卫生法制,2004,12(4):12.

器官捐献法律问题比较研究

异种移植能够极大地解决器官来源短缺的问题，在克服因同种移植所引发的诸多法律、伦理问题方面也有着显著优势；人与人之间的同种器官移植则最为普遍，目前绝大多数的器官移植均是同种移植，我国目前相关法律规范也仅对同种移植予以规定。若无特别说明，本书所研究的人体器官移植亦指同种器官移植。

> **猪心脏打破异种移植时间纪录　在狒狒体内跳动两年半**[①]
>
> 　　过去10年来，美国马里兰州贝塞斯达市国立卫生研究院（NIH）一直是那些腹腔中跳动着一颗猪心脏的狒狒的家。这些灵长类动物是一项旨在向人体安全移植猪器官的试验的一部分。仅在美国，每天就有22人因人体器官供给短缺而死亡。
>
> 　　2016年4月5日，NIH的研究人员报告说，有5颗移植的猪心脏创造了破纪录的存活数据，其中1颗在狒狒体内健康存活了近3年时间。尽管这一结果尚不足以证明猪器官在人体内的安全性，但它可以被视为长期处于困境的跨物种器官移植（又被称为异种移植）的一个振奋人心的证据。研究人员认为，这是朝着将动物器官移植给人体的最终目标迈出的又一步。
>
> 　　主持这项研究的贝塞斯达市国家心肺和血液研究所心脏移植外科医生Muhammad Mohiuddin表示："人们曾经认为这是一些不靠谱的试验，并且没有任何意义。如今我觉得，我们都意识到人体异种移植事实上是可以实现的。"研究人员在英国《自然·通讯》杂志上报道了这一研究成果。
>
> 　　这是简单地将器官从一个物种移植到另一个物种会立即引发宿主强烈的免疫排斥反应，导致被移植的器官受到排斥，进而衰竭。从事了几十年异种移植研究的波士顿市哈佛医学院移植免疫学家David Sachs指出，在早期的跨物种移植中，"我们都是以分钟计量存活时间"。
>
> 　　猪器官由于大小合适而最有可能成为人体替换组织的候选者。猪血管细胞表面有一种碳水化合物名为α1,3-半乳糖基转移酶（Ggtal），人体会产生抗体抓住这种物质并引发血栓。随着科学家在2001年培育出一种缺乏 *gal* 基因的转基因猪，猪器官开始在狒狒及其他非人灵长类动物体内存活数月的时间。但是这些动物依然需要用药物抑制自身的免疫系统，从而保护外来器官，这也使得它们很容易被感染。
>
> 　　Mohiuddin和他的同事于是尝试用更具有靶向性的药物保护移植器官，同时

[①] 参见新蓝网新闻：《猪心脏打破异种移植时间记录　在狒狒体内跳动两年半》。来源网址：http://n.cztv.com/news/11996109.html，最后访问时间2016年4月9日。

又不会大面积地压制整个免疫系统。Mohiuddin 说，其中最有希望的一种抗体能够通过绑定免疫细胞表面的一种名为 CD40 的受体从而阻断某些免疫细胞之间的通信。在这项新的试验中，研究人员利用抗 CD40 抗体，连同血液稀释药物肝素，在 5 只移植了转基因猪心脏的狒狒体内防止血栓的形成。这些猪缺乏 gal 基因，同时还表达了两种人体蛋白基因——一种有助于调节凝血，另一种则能够抑制可引发血栓的抗体反应的信号分子。

在这项研究中，这些猪心脏并没有替代狒狒的心脏，而是连接到了狒狒的血液循环系统上。结果显示，这些狒狒的平均存活时间为 298 天，其中一只活了 945 天。NIH 的科研人员此前实施过类似的狒狒移植猪心脏试验，这些狒狒的平均存活时间为 180 天，最长存活时间为 500 天。这个研究小组下一步计划直接用猪的心脏替代狒狒的心脏，以了解狒狒仅依靠猪心脏能活多长时间。

研究人员在论文中写道："这里介绍的方法可能有助于将心脏和其他器官的异种移植转化为一个潜在的变革性治疗选择，让成千上万的移植等待者获益。"

综上，器官移植按照捐献者是否已经死亡而分为活体器官移植和遗体器官移植；按照移植对象是否被捐献者指定而分为指定对象的器官移植和不指定对象的器官移植；按照移植客体的范围而分为细胞移植、组织移植和器官移植等。需要说明的是，器官移植包含器官获取和器官植入两个行为，而器官移植的目的仅在于救治器官损坏、病变、功能衰竭的患者，虽然在一定程度上能起到科研教学的效果，但器官移植本身不以科研教学为目的。

第二节　器官捐献行为的法律分析

一、器官捐献行为的法律性质

当我们说某一行为具有法律性质，能够产生法律后果并受法律所调整，能够被评价为法律行为，这种法律行为主要是法律上的行为（Rechtshandlung）。而准确地讲法律行为（Rechtsgeschäft），德国法学家萨维尼给出的经典定义是行为人创设其意欲的法律效果而从事的意思表示行为。"器官捐献行为以意思表示为内容，会引起人身关系或财产关系的变动，属于法律行为。与一般法律行为相同，人体器官捐献行为的生效要件是适格的捐献主体，真实有效的捐献意愿，符合法定程序，不违反法律、公共利益及公序良俗"①。从器官捐献行为的属性上看，有如下的法律性质。

首先，器官捐献行为属于双方法律行为。按照法律行为成立所需的意思表示构成，法律行为可分为单方法律行为和双方法律行为，前者是基于一方当事人的意思表示即可成立的民事法律行为，后者的成立则需要双方当事人的意思表示一致。有的学者认为，器官捐献行为本质上属于捐助行为，一般认为，"捐助行为是一种负担行为，也应是一种单独行为"②。然而，对于器官捐献行为来说，仅有适格的器官捐献主体的单方意思表示还不能成立。根据我国《人体器官捐献和移植条例》第17条、第18条的有关规定③，为了确保器官捐献来源的合法性和健康性，实施器官移植的医疗机构的人体器官移植伦理委员会必须通过法定程序对器官来源和医学状态进行审核，只有通过人体器官移植伦理委员会的审核并予以接受后，器官捐献行为才有可能成立。因此，并非任何作出器官捐献意思的主体都能捐献自己的器官，还需要与器官接受机构达成合意，属于双方法律行为。

其次，器官捐献行为属于实践性法律行为。按照民事法律行为的成立是否以交付实物为条件，双方法律行为又可分为诺成性法律行为和实践性法律行为，前者的成立无须交付标的物，后者的成立则需要交付实物。与一般的民事法律行为不同，器官捐献行为本身承载了诸多伦理道德因素，背负着巨大的医学风险和法律风险。器官捐献和移植，无论对于供体、受体还是其背后的家庭，都属于性命攸关的重大事项，然而捐献器官的意愿又可能因受到各种因素的影响而处于不断变化之中。考虑到上述情形，我国《人体器官捐献和移植条例》第9条第1款第3句规定，"公民对已经表示

---

① 于娇娇.我国人体器官捐献法律问题研究［D］.吉林大学，2013：4.
② 王泽鉴.法律思维与民法实例［M］.北京：中国政法大学出版社，2001：65.
③ 《人体器官捐献和移植条例》第17条规定："获取遗体器官前，负责遗体器官获取的部门应当向其所在医疗机构的人体器官移植伦理委员会提出获取遗体器官审查申请。"《人体器官捐献和移植条例》第18条规定："人体器官移植伦理委员会收到获取遗体器官审查申请后，应当对下列事项进行审查：（1）遗体器官捐献意愿是否真实；（2）有无买卖或者变相买卖遗体器官的情形。经三分之二以上委员同意，人体器官移植伦理委员会方可出具同意获取遗体器官的书面意见。人体器官移植伦理委员会同意获取的，方可获取。"

第二章 器官捐献与移植行为的法律分析

捐献其人体器官的意愿，有权予以撤销"①。这也从侧面表明了国家立法对判定器官捐献行为是否成立或生效的慎重之处。本书认为，器官捐献行为成立的最显著的标志就是行为人实际地将器官捐献给医学科学研究事业。据此，器官捐献行为的成立仅有双方的意思表示一致仍然不够，还需要捐献主体实际地将器官予以交付。需要注意的是，虽然《民法典》第 658 条规定具有社会公益、道德义务性质的赠与或者经过公证的赠与属于诺成法律行为，但是该条款不适用于器官捐赠行为。之所以如此，是因为器官捐献行为的标的物——器官，与一般赠与的标的物——财产，有着显著的区别。活体器官捐献涉及捐献人的重大身体健康利益，而遗体器官捐献则又蕴含着诸多人格利益和伦理道德因素。因此，当社会公益、道德义务的信赖保护与上述利益发生冲突时，不能当然否定捐献人的自主决定权，否则将会严重侵害捐献人的权益，进而引发诸多法律纠纷和社会矛盾。故而，器官捐赠行为即便经过公证，捐献者仍然可以撤销已经形成的意思表示，只有当器官真正获取时捐献法律行为才成立。

最后，器官捐献行为是无偿性法律行为。WHO 颁布的根据《WHO 人体细胞、组织和器官捐献指导原则》中的原则五规定，"细胞、组织和器官仅可自由捐献，不得伴有任何金钱支付或其他货币价值的报酬。购买或提出购买供移植的细胞、组织或器官，或者由活人或者死者近亲出售，都应予以禁止"②。该项指导原则再一次申明了器官捐献和移植的禁止买卖原则。禁止器官买卖，是世界上绝大多数国家通行的做法。《中华人民共和国刑法》规定了组织出卖人体器官罪，我国新修订的《人体器官捐献和移植条例》明确规定器官捐献应坚持自愿、无偿原则，并对买卖器官或者变相买卖器官的行为规定了处罚细则。总而言之，器官捐献从实质上讲，是捐献主体无偿

---

① 也许有的学者会认为，《人体器官捐献和移植条例》第 9 条恰恰证明了器官捐献行为属于诺成性法律行为。因该条规定了行为人享有撤销权，而撤销权的行使以法律行为已经成立为前提，故而只要行为人作出捐献器官的意思表示，并与相对人达成合意，捐献行为就得以成立并生效，因此器官捐献行为属于诺成性法律行为。本书认为，上述条款规定的"有权予以撤销"并不代表行为人享有民法意义上的"撤销权"。民法意义上的"撤销权"的适用一般指意思表示有瑕疵，或因重大误解订立的法律行为，或法律行为显失公平，或以欺诈、胁迫的手段或者乘人之危，在违背真实意思的情况下订立的法律行为。又如我国《民法典》第 658 条的相关规定，赠与人任意撤销权的行使需要的条件包括：赠与尚未履行；不具有社会公益和道德义务的性质；尚未经过公证。然而，按照《人体器官捐献和移植条例》第 9 条之表述，该条例并未给行为人撤销捐献意愿的行为附带任何条件限制。换言之，该条例只是单纯地给予捐助主体人在实际捐献器官前任意反悔的机会，立法者并无意欲为其创设民法上的撤销权。本书坚持认为，器官捐献行为是实践性法律行为。

② WHO 人体细胞、组织和器官移植指导原则 [J]. 中华移植杂志：电子版，2010, 4（2）: 152-155.

地将器官奉献给医学事业，用以救助他人生命或者促进医学科学发展的行为，也是一种崇高的道德表现，应当坚持器官捐献的无偿性。

需要注意的是，器官捐献行为的无偿性主要体现在严禁器官买卖、非法交易方面，但立法不应禁止因器官捐献所产生的合理补偿。例如，《WHO 人体细胞、组织和器官捐献指导原则》中原则五规定，"禁止出售或购买细胞、组织和器官，不排除补偿捐献人产生的合理和可证实的费用，包括收入损失，或者支付获取、处理、保存和提供用于移植的人体细胞、组织或器官的费用"[①]。对于器官捐赠行为而言，因出于禁止器官交易的考虑，多鼓励器官的无偿捐献。为鼓励器官捐献，特别是激活遗体器官的捐献，出于公平和现实的角度，应建立相应的遗体器官捐献激励机制，允许给予捐献者或其近亲属合理的补偿和精神奖励。事实上，这也是美国很多州的现行做法。器官共享联合网络（UNOS）组织中有专家提出了一些新的补偿器官捐献者的建议，如异地捐献器官的差旅费的补偿、捐献者赋税的减免等。本书认为器官捐献激励机制并非允许器官买卖，而是致力于通过权利义务的合理配置以促成器官供体资源不足这一社会问题的合理解决，我国应当建立相应的器官捐献激励机制，具体内容将在第八章予以详述。

由此可见，在坚持器官捐献行为的无偿性方面，应着重防止器官买卖、非法交易，因捐献器官所产生的合理费用应予以相应的补偿，否则将会打击公民自愿捐献器官的热情，对于器官捐献人来说也并不公平。

二、器官捐献行为的法律特征

如前文所述，器官捐献行为本身是一种无偿赠与行为，具有双方法律行为、实践性法律行为、无偿性法律特征。然而，由于器官捐献本身具有特殊性，器官捐献行为又与一般的赠与有着诸多区别。

第一，在捐献客体方面，一般赠与的标的物为行为人所有的财产或财产性权益，而器官捐献行为赠与的是人体器官。虽然本文对离体器官和遗体器官的法律定性采取"物说"，但很显然器官具有很强的人格利益。况且，在活体器官捐献过程中，首先从自然人活体中获取器官，而这一重大过程更涉及自然人的身体健康，故而器官与纯粹作为"财产"的其他物来说，还是有着根本的不同。

第二，在捐献主体方面，较一般的赠与而言，器官捐献行为的双方当事人均具有

---

① WHO 人体细胞、组织和器官移植指导原则［J］.中华移植杂志：电子版，2010，4（2）：152-155.

一定的独特性。对于器官捐献者，各国一般都规定必须为具有完全民事行为能力的自然人，但是完全否认具有限制民事行为能力的未成年人所作出的器官捐献的意思表示效力的做法，本书认为有待商榷。特别是未成年人生前做出的遗体器官捐献，虽然未成年人死后身体器官的处置权归属未成年人的相关近亲属所有，但是如果未成年人生前作出了是否捐献器官的意思表示，立法上能否因未成年人是限制民事行为能力人而对其意思表示的效力直接予以否认？

本书认为，民事行为能力的大小实际上与行为人对行为的表意能力有关，而自然人的年龄和精神状态又对其认知能力和辨识能力有着显著的影响，故而以年龄标准抽象地划定自然人有无民事行为能力或者决定行为能力的大小，是各国民法普遍采纳的法律原则。这种做法虽然确保了民事行为效力认定的统一性和安定性，方便法律规则的适用，但是其缺陷也很明显，"忽视了未成年人理智能力的自然差异，交易相对人的合理信赖有时无法得到保护。以民事行为能力制度为例，它可能为绝大多数未成年人提供了一种恰如其分的关爱或保护，但也可能剥夺了一些理智能力超长者的行为自由，使事实上完全有能力实施一些法律行为的未成年人因法律的强制性规定而不能实施任何法律行为"[1]。由此可见，当适用这种法律规则时，以机械抽象的年龄规则决定未成年人行为能力的做法，会造成无法真实地反映复杂多样的现实情况。具体而言，此类法律规则与事实问题的冲突主要体现在两个方面："一是部分事实上具有表意能力的行为人在法律上只能享有部分民事行为能力；二是具有一定表意能力的人在法律上被评价为无民事行为能力。"事实上，横向来看，未成年人的表意能力受到未成年人个体智力差异、家庭背景、学校教育、知识储备、地理环境等多种因素的影响，同龄人的表意能力有可能差距很大；纵向来看，目前社会正处于知识爆炸、信息膨胀的时代，当代未成年人普遍接受的教育程度更高，获取知识和信息的渠道更为丰富，思想更为开放，因此以 20 世纪八九十年代的年龄标准来认定如今的未成年人行为能力，不免与时代有所脱节。总而言之，由于行为能力和表意能力之间存在法律与事实的鸿沟，因而我们不能完全用行为能力替代对未成年人表意能力的判断。

目前立法对器官捐献的意思表示效力的认定采取的是行为能力标准，而行为能力的划定又主要采取年龄标准，这就导致在立法上直接否认了未成年人生前所作出的器官捐献的意思表示的效力。器官捐献本身是一种与医疗有关的行为，而对其法律效力的认定采用民法上行为能力规则的做法，虽然简单易行，但是"民法的规定是为了适用社会化生产的交易而拟制的秩序，而医疗本身是针对具体的人而实施的行为，两者

---

[1] 朱广新. 民事行为能力类型化的局限性及其克服［J］. 法学评论，2014，32（1）：18.

在性质上有着根本的不同"①。同时，如前文所述，未成年人行为能力制度的构建本身具有局限性，并非所有未成年人都不能理解器官捐献的内容和行为后果。对于能够充分理解器官捐献意义和后果的未成年人，特别是当其生前明确表示拒绝捐献其人体器官时，如果完全忽视其意愿，将捐献此类未成年人遗体器官的权利完全归属于其父母或者近亲属，则无法通过法的强制性和威慑力打消上述监护人为了获取未成年人的器官而故意对其不予救治的动机。

事实上，目前无论是大陆法系的学者还是英美法系的学者，都有相当一部分人认为未成年人的表意能力与其行为能力并不绝对一致，简单化一地以年龄标准认定未成年人法律行为的效力的做法过于粗糙和机械，不利于未成年人自我决定权的保护及实质公平的实现。患者的表意能力指理解同意的内容、效果和意义的能力，无限制于成年人，对于患者的表意能力应根据具体案件认定。例如，"英国上议院通过司法建立了一个 Gillick 测试表示，如果那些 16 周岁以下的未成年人通过 Gillick 测试检验出拥有充分的理解能力和智力（英国立法规定 16 岁以上才有自我决定的权利），那么他就拥有自我决定权，监护人不能对未成年所作出的相关行为进行不正当干预"②。本书认为，这种理解能力测试的方法值得借鉴。但若完全放弃行为能力标准，不仅会对现有法律体系冲击过大，还会引起适用上的混乱。同时由于年龄标准依然能够在很大程度上反映未成年人的意思表示能力，故而本书认为，对于未成年人器官捐献意愿法律效力的认定应在现有的民事行为能力规则基础上，在具体个案中引入表意能力判断测试，综合分析未成年人是否能够充分理解器官捐献的内容、风险、意义及法律后果。如果得出肯定答案，应该充分尊重其捐献意愿，承认其生前做出死后器官捐献意思表示的效力，保障其自主决定权的实现，这种做法既有利于实现实质的公平，也有利于未成年人权益的保护。

而对于器官的受赠人，大致有两种情况：一种是已指定的特定受赠人；另一种是未指定的特定受赠人。在后一种情况下，为了确保受赠人具备必要的中立，本书倾向于由红十字会来代表受赠人与捐献者签订器官捐赠意愿书。指定的特定受赠人一般是指法定的器官受赠人，这仅适用于活体器官捐赠的场合。

通观世界各国立法，多禁止活体器官捐献给非亲属，究其原因，应是为了避免以捐献为名行买卖之实。故活体器官捐献合同的受赠方多是捐献者的近亲属。例如，

---

① 裴绪胜.论未成年患者的知情同意权保护［J］.西部法学评论，2003（3）：52-53.
② 俞洁.未成年人器官捐献知情同意权的法理基础与制度构建［J］.沈阳工业大学学报：社会科学版，2015，8（1）：94.

《WHO 人体细胞、组织和器官移植指导原则》第 3 条第 1 款规定，"活体捐献人一般应与接受人在基因、法律或情感上有关系"①。我国 2007 年颁布的《人体器官移植条例》第 10 条规定，"活体器官的接受人限于活体器官捐献人的配偶、直系血亲或者三代以内旁系血亲，或者有证据证明与活体器官捐献人存在因帮扶等形成亲情关系的人员"。我国原卫生部于 2009 年颁布的《关于规范活体器官移植的若干规定》对活体器官捐献对象进一步做出了限制，其中第 2 条规定，"活体器官捐献人与接受人仅限于以下关系：①配偶：仅限于结婚 3 年以上或者婚后已育有子女的；②直系血亲或者三代以内旁系血亲；③因帮扶等形成亲情关系：仅限于养父母和养子女之间的关系、继父母与继子女之间的关系"。我国《深圳经济特区人体器官捐献移植条例》规定，对于活体器官移植的，"以移植于其直系亲属和三代以内旁系亲属为限，但捐献人体组织的除外"。另外，"捐献的人体器官移植于配偶的，接受人体器官移植的配偶应当与人体器官捐献者生育有子女或者结婚满两年以上"。同时，为了鼓励公民将对自身已确无功能的器官于生前捐赠给他人，我国台湾地区的《人体器官移植条例》专门增加了一项规定："对于活体器官移植范围的限制，不适用于该活体器官对于捐献者已确无功能的情形。"但这只是对可捐献的活体器官的种类的放松。后来该条例的修正案又扩大了活体器官受体的范围，从最初的"以移植于其三代以内之血亲或配偶"扩张至"以移植于其五代以内之血亲或配偶"②。2024 年 5 月 1 日起开始实施的《人体器官捐献和移植条例》在原《人体器官移植条例》基础上进一步限制，将"存在因帮扶等形成亲情关系的人员"排除在外，防止因难界定而在实践中出现违法违规的情况。

从美国的立法来看，器官捐献给非亲属是不禁止的，亲属享有优先权，在亲属范围内无适宜受体的前提下再考虑非亲属作为受体。需要指出的是，美国能够允许活体器官捐给非亲属的原因，是其相对完善的器官移植登记系统、器官分配机制和沟通渠道的畅通。故而，我国若想开展非亲属间的活体器官捐献并非绝对不可，但是相关配套的程序、制度、规章应及时建立并完善起来。

第三，在捐献行为的形式方面，一般赠与既可以通过口头订立，也可以通过书面订立。但是，器官捐献的意思表示不能以口头形式作出，必须通过书面或遗嘱的形式确定下来（《民法典》1006 条第 2 款）才能发生效力。

---

① WHO 人体细胞、组织和器官移植指导原则［J］.中华移植杂志：电子版，2010，4（2）：152-155.

② 参见我国台湾地区《人体器官移植条例》2003 年修订版的第 8 条第 2 款。

器官捐献法律问题比较研究

　　通观各国立法，捐献器官的意思表示一般要求应当以书面形式作出，也有允许口头表示加医师证明（或登记备案）的形式。例如，法国、比利时、西班牙、芬兰、德国、瑞典和希腊等欧洲国家均要求器官供体作出同意捐赠的书面意思表示。这些国家还规定，在有见证人并在专门机构登记备案了记录的情况下，口头意思表示也是被承认的。罗马尼亚、保加利亚、俄罗斯联邦、匈牙利和前民主德国等国家还规定，该意思表示须获得由持有当地卫生部门颁发的执业资格证书的医师的认可[①]。

　　下列国家则有关于捐献者意思表示的形式的其他特殊规定。法国1978年的法令规定，捐献者必须选择一个见证人在他的书面意见上签字作证才能生效，如果要捐献的器官是不可再生性的，则见证人的签字必须是在法庭上进行[②]。西班牙的法律则要求捐献者的书面同意要在由当地负责公共登记机构的官员面前作出。在作出捐赠的意思表示和器官获取必须间隔24小时以上[③]。希腊1983年的法律规定，捐献器官的意愿必须是以公证的方式（notarial form）作出，或者能够得到警署当局对捐献者签字的认可。如果是口头捐赠，则捐献者的口头表示需要在器官获取地的医疗机构所保管的特殊登记簿上登记，并且要有两个见证人在场与捐献者共同在记录上签字[④]。比利时1986年的法律规定，捐献者的书面意见必须由一位已成年的证人签字作证方能生效。除了捐献者本人的同意外，如果捐献者已婚，并且其配偶与其共同生活，则还要获得其配偶的同意。并且，如果捐献者未满21周岁，则其捐赠器官必须得到其监护人（拥有《比利时民法典》授予的同意该未成年人结婚的权利）的同意。如果捐献者未满18周岁，则必须同时得到其配偶和监护人的同意[⑤]。1979年西班牙通过了《器官获取与移植法》，规定只有在得到捐献者或捐献者亲属同意后，方可获取其器官及组织。在土耳其，负责获取器官的医师除应当告知捐献者上述信息外，如果捐献者已婚，则还需要保证其配偶（如果他/她与捐献者共

---

　　① http://www.maths.lancs.ac.uk/~henderr1/EuroTold/Legisearch.

　　② David Price and Austen Grarwood-Gowers: A Synopsis of Transplant Law in Europe relating to Living Donor Transplantation. http://www.maths.lancs.ac.uk/~henderr1/EuroTold/Legisearch.

　　③ David Price and Austen Grarwood-Gowers: A Synopsis of Transplant Law in Europe relating to Living Donor Transplantation. http://www.maths.lancs.ac.uk/~henderr1/EuroTold/Legisearch.

　　④ David Price and Austen Grarwood-Gowers: A Synopsis of Transplant Law in Europe relating to Living Donor Transplantation. http://www.maths.lancs.ac.uk/~henderr1/EuroTold/Legisearch.

　　⑤ David Price and Austen Grarwood-Gowers: A Synopsis of Transplant Law in Europe relating to Living Donor Transplantation. http://www.maths.lancs.ac.uk/~henderr1/EuroTold/Legisearch.

同生活的话）对捐献者的决定也知情并就此作出书面确认①。

我国《深圳经济特区人体器官捐献移植条例》规定生前捐献身后器官的，须以"书面遗嘱或者其他书面形式"的方式作出意思表示，或者有"同意捐献的口头意思表示"，同时须取得不参加器官获取的医师的书面证明。这一点，可资国家立法借鉴。根据新修订的《人体器官捐献和移植条例》第9条第2句的规定，"公民表示捐献其人体器官的意愿，应当采用书面形式，也可以订立遗嘱"，而订立遗嘱的形式就转介到《民法典》的规定，根据《民法典》第1138条的规定，危急情况下可以立口头遗嘱，只是需要有两个以上见证人在场见证即可。

第四，在捐献内容方面，器官捐赠法律行为也呈现诸多特性。首先，器官捐赠行为的捐献者不因故意或重大过失致使赠与器官毁损、灭失而承担损害赔偿责任。器官的质量不是捐献者所能控制的，故器官捐赠行为不适用《民法典》第660条关于"因赠与人故意或者重大过失致使赠与的财产毁损、灭失的，赠与人应当承担损害赔偿责任"的规定。不过，虽然捐献者不必为未履行主合同义务而承担违约责任，但如果捐献者系故意以有悖于公序良俗之方法加损害于他人者，应负损害赔偿责任②，以补偿受赠者由此遭受的机会成本（放弃其他器官、贻误最佳移植时机的成本）。其次，《民法典》第662条关于赠与的财产有瑕疵的责任问题，应不适用于器官捐赠行为。根据医学上的合理性和可能性，立法上应将器官质量判定和检查的义务分配给具有专业知识与临床经验的医院和医师。事实上，器官捐献者本人一般也无法判断拟捐赠的器官究竟有无质量瑕疵。当然，除非捐献者故意隐瞒既往病史，造成器官自身存在质量瑕疵而给患者造成重大损失的，捐献者应当承担损害赔偿责任。最后，我国《民法典》第663条关于赠与人行使撤销权的条件和时限的限制，也不适用于器官捐赠行为。为鼓励器官无偿捐献，除下列情形外，立法上不应对行使器官捐赠撤销权的条件和时限作任何限制：①在符合相关法律法规的条件下，死者生前明确表示捐赠遗体器官的，死者近亲属不得行使撤销权；②器官获取手术后要求撤销捐献合同的，不予准许。

第五，一般赠与行为享有法定撤销权和任意撤销权，并且两种撤销权的行使都存在一定的前提条件。《民法典》第658条对于具有公益、道德义务性质的赠与行为的撤销权的行使作了严格限制，对其赋予了较强的法律约束力。但对于器官捐赠行为而言，虽然在性质上具有社会公益的特性，但当社会利益与捐献者的生命权和健康权这

---

① David Price and Austen Grarwood-Gowers: A Synopsis of Transplant Law in Europe relating to Living Donor Transplantation. http://www.maths.lancs.ac.uk/~henderr1/EuroTold/Legisearch.

② 王泽鉴.民法总则[M].北京：中国政法大学出版社，2001：217.

两个价值目标相冲突时,个体的生命权和健康权理所当然地成为上位阶的价值目标。因此,各国器官捐赠相关法律中多规定捐献者可以随时撤销捐赠器官的意思表示,对于器官捐赠,受赠者不得请求强制执行。但为防止捐献者滥用其撤销权,各国一般都会规定撤销权的行使须以书面的方式作出,并且撤销权须在器官被实际获取之前作出,我国《人体器官捐献和移植条例》也未对器官捐献人的撤销权予以过多限制。

第三节 器官移植行为的法律分析

一、器官移植行为的合法性基础

从法律角度讲,器官移植是以治疗器官损坏、病变及功能衰竭的患者为目的,在遵循患者知情同意权原则的前提下,将合法获取的器官,由具有器官移植手术资格的医疗机构和医务人员按照有关操作规范植入患者体内的医疗行为。由于器官移植手术本身的特点及其医疗风险性,从表面上看,活体器官移植行为无论对于器官捐献者还是器官移植受体者来说,都具有一定的侵害性。就活体器官获取来说,器官获取手术使器官捐献者的身体健康遭受到了侵害,甚至对捐献者的生命产生了一定的威胁;就遗体器官获取来说,器官获取手术破坏了遗体的完整性,具有侵害遗体所有权的表象;而就器官植入行为而言,器官植入同样在表面上对器官移植受体的身体健康、生命安全造成了一定的风险。所以人体器官移植行为必须依法合规进行。

器官移植行为的合法性主要来源于以下四点:

一是目的合法,即器官移植的目的是恢复移植患者的健康,挽救患者生命。

二是内容合法,即器官移植行为本质上是一种能够有效治疗器官损坏、病变及功能衰竭患者的医疗行为。在过去四十年里,器官移植手术已经在世界范围内得到广泛应用,并逐渐成为常规性医疗技术,每年全世界有数万患者的生命借此延长,生活质量得以改善。虽然器官移植手术存在一定的风险,但是它对患者来说仍然是恢复其身体健康,甚至是挽救其生命的有效手段。

三是主体合法,即医疗机构和医务人员若想实施器官移植手术必须具备相应的条件,取得相应的资质,还应向相关卫生主管部门申请办理人体器官移植诊疗科目登记。我国《人体器官捐献和移植条例》第23条规定,"医疗机构从事人体器官移植,应当依照《医疗机构管理条例》的规定,向所在地省、自治区、直辖市人民政府卫生主管部门申请办理人体器官移植诊疗科目登记。医疗机构从事人体器官移植,应当具备下列条件:①有与从事人体器官移植相适应的管理人员、执业医师和其他医务人员;

②有满足人体器官移植所需要的设备、设施和技术能力；③有由医学、法学、伦理学等方面专家组成的人体器官移植伦理委员会，该委员会中从事人体器官移植的医学专家不超过委员人数的1/4；④有完善的人体器官移植质量和控制等管理制度"。

四是程序合法，即整个器官获取、分配、植入的过程，都应符合法定程序和相关条件。首先，在器官获取方面，应充分保障捐献者和（或）捐献者近亲属的知情同意权，确保捐献工作在法定程序下进行。《WHO组织人体细胞、组织和器官移植指导原则》中的指导原则三第2款规定，"活体器官捐献在以下情况下才可接受：捐献人知情并获得其自愿同意，已保证对捐献人的专业照料和完善组织后续步骤，并已审慎执行和监督捐献人选择标准；应以完整和可理解的方式告知活体捐献人，其捐献行为可能存在的危险、捐献益处和后果；捐献人应在法律上有资格和能力权衡这些信息；捐献人应自愿行动，不受任何不正当的影响或强迫"[1]。我国《人体器官捐献和移植条例》同样对捐献人的知情同意、行为能力及捐献对象等方面予以条件限制，同时也对捐献行为是否涉及器官买卖、是否符合伦理标准也进行了相应的规制。其次，在器官分配方面，应遵守公正透明基本原则。《WHO人体细胞、组织和器官移植指导原则》中的指导原则九规定，"器官、细胞和组织的分配应在临床标准和伦理准则的指导下进行，而不是出于钱财或其他考虑。由适当人员组成的委员会规定分配原则，该原则应该公平、对外有正当理由并且透明"。我国《人体器官捐献和移植条例》第22条规定，"申请人体器官移植手术的患者排序，应符合医疗需要，遵循公正、公开、公平的原则"。器官分配属于整个器官捐献移植工作系统的重要环节之一，公正透明的分配原则能够保障捐献者的捐献权利有效实现，为器官移植的患者及时获得器官提供一个正当合法的渠道，同时也可以遏制因器官不合理的分配导致的器官短缺、社会不公的现象；最后，在器官植入方面，实施器官移植手术的医疗机构及相关部门除了应遵守基本的医疗行为规范，尊重移植患者的知情同意权和隐私外，还应充分评估器官植入行为对患者的医疗风险、术后康复等情况，建立长期追踪机制和不良事件处理机制，充分保障器官移植患者的安全和合法权益。

由于器官移植涉及器官供体及受体和他们背后家庭的重大权益，并且包含诸多伦理道德因素，而器官本身又作为一种极具价值的稀缺医疗资源，与一般商品有着显著区别，这就要求不能单纯依靠市场手段配置器官资源、调节器官移植行为，否则将很容易导致非法器官买卖、侵害公民人权、破坏社会善良风俗等现象的发生。因此，必

---

[1] WHO人体细胞、组织和器官移植指导原则[J].中华移植杂志：电子版，2010，4（2）：152-155.

须将器官移植行为纳入法治轨道当中，利用法律规范器官移植工作，确保移植手术目的合法、主体资格合法、内容合法、程序合法，从而构建合理合法的医疗秩序，保障器官捐献者和器官移植受体的正当权益。

二、器官移植行为的法律性质

如前所述，器官移植行为包括器官获取与器官植入两个行为。就器官植入行为的定义来看，器官植入行为是以恢复器官受体身体健康，甚至是挽救其生命为目的，在尊重患者的知情同意权的前提下实施的，客观上对于治疗器官损坏、病变、功能衰竭的患者来说也是必要的、有益的，同时也符合一定的医疗技术标准和医疗质量要求，因此器官植入行为属于一种医疗行为。

需要研究的是，在器官移植过程中，单纯获取捐献人（遗体）器官的行为是否属于医疗行为？事实上，我国相关法律、法规对所谓"医疗"和"医疗行为"并没有给出明确的定义。我国原卫生部1994年颁布的《医疗机构管理条例实施细则》的附则部分，针对所谓的"诊疗活动"给出的定义：通过各种检查，使用药物、器械及手术等方法，对疾病作出判断和消除疾病、缓解病情、减轻痛苦、改善功能、延长生命、帮助患者恢复健康的活动。据此，我国许多学者对所谓医疗行为的定义倾向于以诊疗活动为主的狭义范畴。例如，有学者认为，所谓的医疗行为，"从法律意义上讲，是医方（医疗机构及其医务人员）为了医疗目的依约定或医学治疗之必要而为患者提供医疗技术服务的行为。原则上医疗行为必须具备如下要件：其一，基于医疗目的，即预防、诊断、治疗、减轻苦痛；其二，有患者的充分知情同意，即患者享有接受或者拒绝治疗的自主决定权；其三，具有医学上的必要性及适当性，即从现有的医学知识经验而言，该医疗行为对患者的生命健康是有益的、必要的、恰当的，而且是在医疗上确定的行为；其四，依据医疗的技术基准，即有技术服务上的质量保证"[1]。也有学者认为，"只有以诊疗疾病为目的的行为才能被认为是医疗行为"[2]。还有学者按照医疗行为的目的对医疗行为做了进一步的区分，将医疗行为分为具有诊疗目的性的医疗行为和不具有诊疗目的性的医疗行为，其中对不具有诊疗目的性的医疗行为又区分为实验性医疗行为和非实验性兼具诊疗目的的医疗行为，但是该观点最后得出的结论是：只有具有诊疗目的医疗行为和非实验性兼具诊疗目的医疗行为，才属于真正的医疗行为，这实质上仍是坚持狭义的医疗行为的观点[3]。然而，"随着医疗事业的发展、

---

[1] 余能斌，涂文.论人体器官移植的现代民法理论基础[J].中国法学，2003（6）：62.
[2] 艾尔肯.论医疗行为的判断标准[J].辽宁师范大学学报：社会科学版，2006，29（4）：24.
[3] 柳经纬，李茂年.医患关系法论[M].北京：中信出版社，2002：14-27.

第二章　器官捐献与移植行为的法律分析

医疗技术的提高及医疗领域的拓展，医疗行为本身具有的伤害性、实验性等特点逐渐被人们认识，一些运用新的技术进行非治疗性的医疗行为，如整容整形、变性手术、无痛分娩等大量出现，并在实践中引起了许多的医疗纠纷和事故，不将此纳入医疗行为不利于对患者的保护"①。诚然，目前医学领域不断拓展，人们的医疗需求也趋于多样化，医疗服务的范围也不仅局限在治疗疾病、恢复患者健康的层面。因此，如果仅承认狭义的医疗行为，则无法适应现代社会医疗实践的发展变化，由此引发的医疗事故纠纷也无法得到妥善解决。所以，医疗行为概念的外延有必要进一步拓展，即形成广义的医疗行为说，以期涵盖所有医疗服务行为的类型。我国台湾地区学者蔡振修教授就提出广义的医疗行为的概念，认为医疗行为不应局限于以治疗为目的，并将医疗行为区分为实验性医疗行为、临床性医疗行为、以诊疗为目的的医疗行为和非诊疗目的性的医疗行为②。但是，以突破诊疗目的并将医疗行为类型化的做法，也为广义的医疗行为的界定带来相当大的难度，特别是所谓的"非诊疗目的性的医疗行为"，其范围十分广阔，不得不以列举的方式予以具体说明。况且，如果广义的医疗行为概念涵射范围过大，又会使法律的安定性遭到破坏，也会在实务中给相关法律的适用带来诸多尴尬。为克服广义的医疗行为概念范围过大的问题，有学者又从医疗行为目的、医疗行为主体和医疗行为本身三大要素入手，试图明确界定广义的医疗行为概念的外延。例如，我国学者莫洪宪教授认为，"医疗行为是指取得相关医学资格或以诊疗服务为职业的自然人或单位以人体形态、构造和生理功能的优化、变更或恢复为目的，以适当的现代医学理论和技术手段为准则，对医疗需求者进行具有损伤性的医学过程"③。又如，有学者认为，"医疗行为应当是医务人员或医疗机构应用医学专业知识和技术从事的为特定的自然人进行健康价值创造的各种行为"④。比较上述观点可以发现，学者普遍认可医疗行为的概念应包括相应的主体资格及医疗行为本身的专业性和技术性等特征，而对于医疗行为的目的性，大部分学者又各执一词，不过都认为医疗行为的目的已经不限于预防、治疗疾病、恢复患者健康等传统方面。

根据上述观点，按照目前学界对医疗行为定义和分类的讨论来看，无论是活体器官捐献还是遗体器官捐献，都不属于狭义的医疗行为。对于活体器官捐献而言，器官获取不以治疗捐献者为目的，并且捐献者本身并无疾病，客观上更不会产生恢复患者

---

① 缪锐锋，王爱红.论医疗行为的法律界定［J］.法律与医学杂志，2004,11（1）：28.
② 龚赛红.医疗损害赔偿立法研究［M］.北京：法律出版社，2001：1-2.
③ 莫洪宪，杨文博.医事刑法学中医疗行为概念的新界定［J］.国家检查官学院学报，2011，19（2）：98.
④ 缪锐锋，王爱红.论医疗行为的法律界定［J］.法律与医学杂志，2004，11（1）：29.

身体健康的效果，相反还有可能对活体器官捐献人造成一定程度的医疗风险和身体功能的损害，所以活体器官获取不属于以治疗疾病为目的狭义的医疗行为；对于遗体器官捐献而言，由于被获取器官的自然人已经死亡，医方实施手术的对象实质上是一种具有人格利益的"物"，更无从谈起对其进行治疗。问题是，器官获取行为能否包含在广义的医疗行为概念范围内？根据目前相关的学术观点，首先遗体器官获取行为不应在广义的医疗行为概念范围内。即便不考虑医疗行为的目的性，但是由于其行为对象为遗体，而非自然人或者医疗服务需求者，不符合广义的医疗行为的对象限制，故而很难称之为对"患者"的医疗行为。而活体器官获取，是否可以纳入广义的医疗行为，则要看广义的医疗行为的目的是如何界定的。如果不对医疗行为的目的予以限制，或者如上述莫洪宪教授认为的，医疗行为"以人体形态、构造、生理功能的优化、变更或恢复为目的"，那么将活体器官获取行为视为某种广义的医疗行为的做法，并无不妥。但是如果考虑到被获取患者健康价值创造，似乎又将活体器官获取排除在了医疗行为之外。由此可见，目前学界对广义的医疗行为定义的界定要么因范围过大而模糊不清，要么因认定过于主观而莫衷一是，这些问题都给器官移植中的器官获取行为的法律性质认定带来了很大的难度和困惑。

本书认为，关于广义的医疗行为的界定问题，首先对医疗行为的认定突破诊疗目的限制的做法，符合现代社会医疗实践的发展，也能够反映新兴出现的医疗行为的类型，故而应予采纳；其次，对于医疗行为的主体限定在取得合法资质的医疗机构及其医务人员以及患者或其他有医疗服务需求者，符合医疗行为的主体特点，也应予以认可；再次，医疗行为本身是医师运用医学知识和医学技能所实施的医学过程，对医疗行为本身行为特征的认定能够将医疗行为与其他表面类似行为区别开来，故而对于医疗行为的认定也应考虑到行为本身的特征；最后，根据德国1894年著名的医疗纠纷判例的结论来看，从器官获取行为的合法性角度讲，"医疗行为最为本质的方面乃是患者的意思而非所谓的治疗"[①]。的确，在界定医疗行为时，应将思考重点从医疗行为的目的转移到患者的意思上来。事实上，无论是预防、治疗疾病及人体保健等目的，抑或是医学美容、变性手术、非治疗性堕胎手术，其共性都是为了满足患者的生理或心理需求，符合患者需要医疗服务的意思。患者的自决权应自始至终贯彻于整个医疗行为当中，这也是具有侵害性的医疗行为之所以合法的根本原因。然而，患者自决权的行使也并非毫无限制，医师应在符合法定程序的前提下，充分考虑患者健康及利益衡量等问题，决定是否满足患者的要求。对于患者单纯想要破坏自己身体的行为，或

---

① 刘耘希.人体器官移植相关法律问题研究［M］.重庆：西南大学出版社，2011：8.

第二章 器官捐献与移植行为的法律分析

者医疗行为并无可能创造更优越的利益时,医师当然有权拒绝,即便医师同意,其所实施的行为也不能成为合法的医疗行为。就活体器官捐献来说,从表面上看,捐献人自愿捐献自己的活体器官,允许器官获取行为对自己身体可能造成的医疗风险和功能破坏,但是器官捐献背后有可能挽救器官移植受体的身体健康甚至是生命,实质上又保护了另一正当利益,故而综合来看活体器官获取行为属于合法的医疗行为。综上所述,本书对广义的医疗行为的定义:由具有资格的医疗机构及其医务人员在遵循患者或其他医疗服务需求者的意思及知情同意原则下实施的,符合相应的法定医疗程序的,包含专业现代医学理论和医学技术的医学过程。根据上述本书关于广义的医疗行为的定义,遗体器官获取不属于广义的医疗行为,而活体器官获取则属于广义的医疗行为。

事实上,无论是活体器官获取或是遗体器官获取,还是作为一种狭义的医疗行为的器官植入,在法律性质上均属于医疗服务合同行为。所谓医疗服务合同,或称为医疗合同,指"以医疗服务为目的,在医疗机构与患者之间形成的合同。在我国《民法典》及其他法律法规中,针对这种合同类型均没有专门的规定,因而,通常认为它属于非典型合同"[①]。由上述定义可知,医疗服务合同最基本的特征是医方提供医疗服务,患者支付一定的医疗服务费用。就器官植入行为而言,医疗机构及其医务人员为器官移植受体实施器官移植手术,而器官移植患者则相应地支付一定的手术费用,由此认定器官植入行为适用医疗服务合同,理所应当。但是对于器官获取行为而言,获取的器官由来自于捐献人的无偿捐献,不可能要求被获取器官的患者或者其近亲属支付相应的服务费用。况且,按照本书的观点,遗体器官获取也不属于医疗行为。那么,需要研究的问题是器官获取行为还能否准用医疗服务合同的有关原理?本书认为,器官获取行为准用医疗服务合同并无不妥。首先,如前所述,医疗服务合同最基本的特征是医方提供医疗服务,而患者支付医疗费用,从而在医方和患者之间构建平等的民事法律关系,进而确定双方的权利义务。换言之,医疗服务合同确定的最终目的是给医患关系提供一个最基础的民事法律关系定位,解决双方权利义务分配的问题,为医患纠纷的处理及医疗侵权的救济提供法律规范依据。从这个点来说,即便器官获取行为不是医疗行为,也不符合医疗服务合同有偿性的特征,但是器官获取行为本质上反映的也是某种医患关系,同样涉及医方和患者及其近亲属的权利义务分配、医疗侵权损害赔偿及医患纠纷的法律解决等问题,而将器官获取行为准用医疗服务合同的有关原理、规则,有利于对医患之间民事法律关系的认定,确定医患双方权利义务分配

---

① 韩世远. 医疗服务合同的不完全履行及其救济[J]. 法学研究, 2005, 27(6): 91.

规则，为因器官获取手术而引发侵权行为及纠纷提供法律处理依据。更何况，随着医学科学的发展、社会观念的更新及人们医疗需求越来越多样化，目前许多医疗服务合同也已经突破了以诊疗为目的的限制。例如，整形手术、变性手术、非治疗性堕胎手术等，上述医疗行为均不以治疗患者某些疾病为目的，但是不可否认，它们都应适用医疗服务合同。进而言之，将器官获取行为准用医疗服务合同的做法，既符合器官获取的目的，也不违反医疗服务合同的最终目的。其次，器官移植本身是由一系列相互关联的行为所构成的。按照目前国家法律规定，器官移植手术所需要的器官必须来自公民的自愿捐献，器官获取实际上是公民自愿捐献器官的执行行为，而器官获取的目的则是为了最后器官的植入，以救治器官功能衰竭患者。在整个器官移植过程中，器官获取属于前置行为，器官植入则属于目的行为，获取行为服务于植入行为，可视为某种医疗上的援助。由此可见，器官获取和器官植入这两个行为既具有时间上的连续性，也具有程序上的前后性，既然器官获取可以视为器官植入的援助行为，那么对上述两种行为适用不同法律关系，反而会破坏两者的衔接性，为器官移植实践活动平添法律障碍。相反，将器官获取和器官植入行为统一于整个器官移植法律关系中，适用医疗服务合同，则有利于对整个器官移植程序进行法律疏导，为整个器官移植过程提供统一的法律适用标准，避免在实务过程中仅因法律关系认定的不一致而造成程序上的混乱，影响整个器官移植的效率，甚至是移植患者的生命健康。总得来说，将器官获取准用医疗服务合同的做法，符合器官移植本身程序上的要求。最后，根据法律的安定性、法律规则适用的确定性等要求，目前在没有合适的法律关系定义器官获取行为时，将器官获取行为准用医疗服务合同，能为器官获取提供丰富的确定的规则，弥补此方面的法律漏洞，进而保障器官捐献者和器官移植受体的正当权益，也有利于规范医疗机构及医务人员的行为，维护正常的器官移植医疗秩序。

三、器官移植行为的法律特征

根据本书前述之结论，器官移植行为由器官获取和器官植入两个行为构成。器官植入行为属于医疗行为，应认定为一种医疗服务合同，而器官获取行为则属于一种医疗上的援助行为，也应准用医疗服务合同的有关原理。总体上来看，器官移植行为的法律性质应认定为医疗服务合同行为，故而可以从分析医疗服务合同的特点入手，来探究器官移植行为的法律特征。医疗服务合同与一般合同有所不同，其特征主要体现在以下几个方面。

第一，在合同缔结方面，医疗服务合同主体中的医方具有强制缔约义务。普通的合同遵循私法上的"意思自治"原则，合同主体双方可以自由选择是否订立合同。普

第二章 器官捐献与移植行为的法律分析

通合同的成立需要经过要约和承诺两个阶段，当合同一方当事人以缔结合同为目的，并作出希望与对方缔结合同的意思表示时（要约），另一方当事人可以自由选择是否接受该意思表示，如果予以接受（承诺），并且要约和承诺均具有法律效力，那么此时合同即可宣告成立。而在医疗服务合同中，医方要受到公法上的强制缔约约束，意思自治的空间则被相应地压缩，即医方负有强制缔约义务。一般认为，在医疗服务合同中，患者去医疗机构排队挂号、分诊就诊即为要约，医疗机构没有拒绝即为承诺。通常只要患者完成挂号，并足以推断医疗单位有承诺的事实，尽管医疗单位没有作出明示的承诺也没有实际进行诊治，也应认定医疗机构作出了承诺。医疗行为本身具有一定的道德性和公益性，医疗机构及其医务人员作为医疗服务合同的主体之一，往往扮演着社会公众健康守卫者的角色，他们的工作职责也被社会赋予了崇高的道德使命。正是基于医疗服务的道德性和公益性，作为医疗服务的提供者，医疗机构及其医务人员无法拒绝患者的诊疗要求，也不能对患者进行选择。如依日本医事法、我国台湾地区相关规定，对于患者请求诊疗的要约，医师无正当理由不得拒绝，即使患者要求诊疗的疾病不属于该医师的专业领域，也不能拒绝。医师所负的社会诊疗义务，使其在缔结医疗合同时对缔结自由作了限制[①]。日本和我国台湾地区的医事法对医生的强制缔约义务规定得较为严格，而我国相关法律仅对急危患者的诊疗要求规定了医生不得拒绝的义务。我国《医师法》第27条规定，"对需要紧急救治的患者，医师应当采取紧急措施进行诊治；不得拒绝急救处置"。然而，我国社会普遍对医师救死扶伤的义务仍然抱有极高的期待和要求。因此，即便我国相关法律目前仅规定了医师对急救处置的强制缔约义务，但是基于人道主义原则和社会的善良风俗，医师的缔约自由在其他类型的诊疗行为中也应受到一定的限制。

第二，就合同主体而言，医疗服务合同的主体双方既具有法律地位上的平等性，又具有事实上的不平等性。医疗服务合同的主体可以简要地概括为"医方"和"患方"两者。所谓"医方"，主要是指依照法定程序成立，合法取得相应资质，并提供医疗服务的医疗机构及其医务人员；所谓"患方"，则是指患者本身及其关系密切的近亲属及所在单位等。按照目前的法理表明，医患关系本质上属于民事法律关系，民事主体之间在法律地位上应是平等的。但是在实际生活中，医方和患方两者的实力、地位又有着巨大的不平等性。一方面，医疗服务合同作为一种民事法律关系，调整的是平等主体之间的权利与义务。换言之，医疗服务合同的主体——医方和患者，在民事法律地位上应被平等地对待，双方的权利应平等地受到法律保护；另一方面，医方和患

---

① 艾尔肯. 论医疗合同关系[J]. 河北法学，2006，24（12）：136.

者在事实上又是不平等的。这种不平等性主要体现在两个方面。一是医患双方的信息不对称。由于医疗行为具有高度的专业性，医方往往具备丰富的医学知识和专业的职业技能，对患者所患疾病和治疗方案也比患者有着更多的认识，因而在整个诊疗活动中，医方一直处于相对主动的地位。而患者则因医疗知识的匮乏，对自己所患疾病和治疗方案的不了解，容易处于被动接受的地位。普通患者无法约定具体的诊疗内容，只能期待医师能够依靠职业道德和内心良善实施恰当合理的诊疗行为，而医师则享有疾病调查权、处方权，在对患者的疾病进行何种检查、开具何种处方、采取哪些治疗手段等方面，均有很大的自由裁量的空间。总得来说，医患双方的信息不对称，是造成医患双方在事实上不平等的主要原因。二是医患双方在现实生活中的角色、地位不平等。医师一方面为患者提供相应的疾病和治疗方案信息，另一方面又是患者医疗服务的直接提供者，而患者本身就因受疾病困扰来寻求医师提供医疗服务，身心均遭受一定的压力，对自己的疾病既有恐惧心理，对医师又具有依赖心理，自然处于相对弱势的地位。正如我国著名法学家江平教授所言，"一个生命垂危的患者被一个手拿定式合同的医师挡在门口并问他是否愿意接受合同条件时，患者的回答的肯定性是可想而知的"[①]。饱受病痛折磨的患者作为医疗服务需求方，在面对医疗服务供给者医方时，似乎并没有太多选择。现实生活中，医患双方的角色和地位的差异又加剧了医患关系事实上的不平等。

  第三，就合同内容而言，医疗服务合同的内容具有不确定性、抽象性、手段性等特征。以提供诊疗服务的医疗合同为例，首先，医疗服务合同的主要内容为医方针对患者的身体状况及所患疾病所实施的诊疗行为，而诊疗行为及其效果则具有不确定性。一般而言，所谓诊疗过程，主要指医方先根据患者对自己病情的描述及相关的检查结果，凭借自己所掌握的医学知识和临床经验，对患者所患疾病的类型、成因及治疗方案作出判断，进而采用相关的药物、医疗器械或者手术等方法来缓解患者病痛，消除患者疾病，最终帮助恢复患者身体健康。然而，由于疾病种类、成因及人体生理功能极为复杂，目前的医学科学还没有发展到能够帮助人类彻底理解所有疾病的类型、成因及治疗方法的阶段，同时疾病的形成又受到患者个人的遗传基因、生活方式、生活环境等因素的影响，医师对有相同疾病的不同患者所采取的治疗方法很可能不同，治疗效果也会因患者个体差异而有所不同。目前医学科学还不具备诸如数学般的准确性和可预测性，而人类作为一个复杂的组织系统，其生理构造和运行机制也并非仅能用某些数字或符号就可以描述的，而医师与患者之间的诊疗过程更不是某种公

---

① 江平. 民法学［M］. 北京：中国政法大学出版社，2000：600.

式的推演。换言之，由于受到医学科学本身的特点及目前发展水平、疾病的复杂性和患者个体差异性等因素的影响，医师的诊断结果往往是某种大概率事件，而非确定性事件。医师也很难完全预测到并控制患者的病情发展，最后的治疗效果也很难预料。总得来说，整个诊疗过程总是或多或少地存在着一定的变数和未知。其次，由于作为医疗服务合同的主给付内容的诊疗行为具有不确定性，故而医师很难在诊疗开始之初就能实施明确、具体的诊疗措施，医师只能根据患者的主诉和相应的检查结果实施所谓的适当的诊疗。而目前医学科学对所谓的"适当的诊疗"的判定也无具体的标准，由于患者身体状况及病情的发展往往很难被彻底地预估，医师对于患者的治疗方案也要不断地进行改正，故而对"适当的诊疗"的判定不应只考虑诊疗行为本身，更要对整个诊疗过程进行综合考察和评价。换言之，医患双方在医疗服务合同订立之始无法预设整个诊疗过程，只能随着对患者疾病类型、成因、病情发展认识的深化和扩展而实施所谓的适当的诊疗行为。最后，医疗服务合同中的"诊疗债务"具有手段性，属于一种手段债务，而非结果债务。"关于'手段债务'和'结果债务'，其区分来源于法国法律规定。适用手段债务的场合，债务人并不保证能达某种结果，而其只要尽到一个正常而谨慎从事的人应做到的注意义务即可。适用结果债务的场合，债务人不仅要合理谨慎，更主要的则是要实现其允诺的结果。"[①] 简而言之，对于手段债务的履行，只要求债务人按照合同约定或以适当的注意义务为标准实施一定的行为即可，不要实现某种结果；而对于结果债务，不仅要求债务人实施一定的行为，还要实现某种结果，以达到合同的目的。一般而言，在医疗服务合同中，由于医学本身的局限及其患者个体的差异性，医师所实施的诊疗手段是否能达到完全治愈疾病的结果无法被保证，只能期待医师实施的是恰当的诊疗行为。换言之，医师即便没有治愈患者的疾病，只要实施了恰当的诊疗手段即属于完全履行其诊疗义务。

第四，就具体的权利义务而言，患者的知情同意权应被予以特别尊重，医方应履行相应的告知、尊重义务。如前所述，医疗行为最为本质的体现乃在于尊重患者的意思，充分保障患者的知情同意权的实现。顾名思义，患者的知情同意权可分为患者的知情权与同意权。具体而言，所谓患者的知情权，是指患者有权了解自己所患疾病的类型、成因、诊疗方法、医疗风险、治疗费用等。与此相对，医师则负有对上述信息的告知义务。所谓患者的同意权，是指患者有权决定是否接受医疗行为，而原则上医师在未经患者同意的情况下，不得实施有关的医疗行为。患者的同意权又可称为患者

---

① 苏德托亚.关于《合同法》违约责任归责原则对手段债务的适用性[J].前沿，2012（1）：86.

的自主决定权（自决权、自主权），患者的知情权是患者实施自决权的前提，只有让患者充分理解医疗行为的内容、效果和意义时，患者才有可能作出是否接受该医疗行为的决定。由于医疗行为对人体来说具有一定的侵害性和风险性，医疗服务合同往往牵涉着公民的重大身体权益，加之医疗行为具有严重的信息不对称性，患者所拥有的医疗信息相对匮乏，从保护患者的权益和构建和谐的医患关系角度考虑，患者的知情同意权应被予以特别尊重，这也是医疗服务合同与一般合同的显著区别之一。然而，患者的知情同意权的保障和实现并非毫无边界。首先，就知情同意权行使的对象来看，针对危重患者在紧急状态下的医疗行为可能不成为患者知情同意权的对象。"如患者的生命垂危，若不实施该项医疗行为患者将丧失生命，此时医疗行为的实施不需要患者同意；或患者丧失意识又无其他可代其作出同意的行为人，此时需要抢救患者的生命或实施其他对其有益的医疗行为时，可不经其同意"[1]。其次，就知情同意权行使的主体来看，患者应当具备完全民事行为能力。一般而言，具有完全民事行为能力的成年人能够理解医疗行为的含义、效果和风险，由此可在意识自由的情况下作出符合自己内心真实意思的决定。而诸如未成年人、植物状态、精神患者等限制民事行为能力人或无民事行为能力，一般由其法定代理人或者监护人代其作出是否接受医疗行为的意思表示，但是也应考虑一定的例外情况，即某些限制民事行为能力具有作出是否接受医疗行为的意思表示的能力，此时还是应以本人的意思为准。最后，就患者知情同意权的权能范围来看，患者知情同意权的行使要受到法益衡量原则的限制，不得违反社会公共利益及善良风俗。一方面，对于单纯损害公民身体健康甚至是生命的行为，即便是患者主动提出的，医师也有权予以拒绝。公民的生命健康权至高无上，国家法律不应承认公民对自己重大生命健康随意处置的效力；另一方面，公民对自己身体的自决权不应有损公序良俗。公序良俗是我国民法的基本原则，任何民事主体在民事法律活动中，都不得违背社会公共秩序和善良风俗，民事法律主体在行使民事法律时也应受到公序良俗原则的限制。在器官移植领域，器官捐献和移植本身即是一种高尚的生命救助行为，整个器官捐献和移植的过程亦要受到伦理道德的约束。例如，器官捐献人和器官移植受赠人不得滥用自己的权利，以捐献之名行买卖之实，破坏社会公共利益和伦理秩序。又如，对死者遗体享有所有权的死者近亲属，对死者遗体的捐献也应以公益或者利他为目的，不得随意处置死者的遗体，违反社会公序良俗。

第五，就合同履行而言，医疗服务合同的履行具有一定的风险免责性，并且需要医患双方协力完成。一方面，如前所述，医疗行为本身具有侵害性、不确定性、手段

---

[1] 易琳.论医疗服务合同的法律性质［J］.新疆职业大学学报，2005，13（3）：80.

性等特征，在医疗过程中，医师很难完全预测和控制患者病情的发展趋势，一些医学上的并发症也不可避免，这就决定了医疗服务合同的履行具有一定的风险性。然而，这种医疗风险是被法律所容许的，前提是医方所实施的是适当的诊疗行为并且履行了告知义务。换言之，医方在制订和实施医疗行为的过程中履行了相应的告知义务，并且所实施的也是适当的医疗行为，但是仍然产生了不可避免的医疗风险的话，医方对此不承担相应的侵权责任。另一方面，基于诚实信用原则，虽然一般合同的履行同样需要双方互为协助，但是在医疗服务合同中医方和患者协助关系则更为必要。在诊疗过程中，医方需要基于患者对自己病情症状的描述和相关的医学检查结果来判断患者疾病的类型、成因及相应的诊疗方案。诊疗方案拟订后，同样需要患者遵照医嘱进行相应的治疗，否则整个医疗过程很难顺利进行，医疗服务合同的目的也无法实现。需要注意的是，患者的协助义务在民法理论上属于"不真正义务"，即医方不得强制患方履行该义务，患者违反该义务也不承担赔偿责任，但是要承受相应的权利减损或者利益的丧失。

第四节 器官捐献法律关系

一、器官捐献法律关系主体

人体器官捐献是带有社会公益性质的捐献行为，在遗体器官捐献中，捐献者完全是无条件付出的一方，其捐献行为是无私的，其行为是应受到社会尊重和高度赞扬。同时，这种行为又涉及医院救死扶伤的神圣使命和因得到捐献器官而重获新生的受益人。法律在调整器官捐献行为时，应注重对各方主体利益的分配和平衡，既对捐献者的捐献行为给予充分肯定和表扬，鼓励更多的人认可和支持器官捐献，又要避免因捐献器官而在各方主体之间发生的纠纷，甚至是侵害行为，更好地保障这项公益事业的良性发展。

人体器官捐献不同于一般的民事赠与合同法律关系，因为捐献行为的客体极其特殊：在活体器官捐献中，客体为与人体相分离的人体器官，而捐献者本人仍是法律上的自然人；在遗体器官捐献情形下，客体为自然人死亡后与其身体相分离的遗体器官，但捐献者由于已经死亡，其享有的民事权利已经终止。器官捐献与人格和尊严紧密联系，涉及对具有很强人身属性的器官的处置，且具有很强的公益性质。为了鼓励这种无私和奉献的行为，在器官捐献和移植的法律规范中应特别注意对捐献者利益的保护。

人体器官捐献分为活体器官捐献和遗体器官捐献，其中活体器官捐献要求捐献者与受者有特定的亲属关系，如直系血亲或三代以内旁系血亲或配偶。因此，活体器官捐献的场合，捐献者实际上与接受者是熟知的，体现家庭成员间的互助精神，法律认可此类器官接受者为特定人员的器官捐献形式。在遗体器官捐献，即公民逝世后器官捐献的场合，捐献者生前或死者家属是不能指明特定的器官接受人的，即此种器官捐献在作出捐献的意思表示时，捐献对象是不特定的。遗体器官获取后，实际上是作为"公益资源"由国家器官捐献分配系统集中分配给等待器官移植的患者。鉴于活体器官捐献的受体对象特定，在法律关系方面会与遗体器官捐献有明显的区别。为了行文便利，本章在论述捐献者权利义务时，除非明确规定属于活体器官捐献的，均以遗体器官捐献为基本论述对象。

在器官捐献与移植过程中，主要法律关系可简化如下：①捐献意愿表达阶段，器官捐献者（或其近亲属）向登记机关或医疗机构表达向特定人或不特定人捐献器官的意愿，其中器官捐献者既包括活体器官捐献者又包括生前表示捐献器官者及其近亲属（配偶、成年子女和父母）；②器官获取阶段，医疗机构或其医务人员作为捐献器官的执行辅助者，实施器官获取手术；医疗机构及其医务人员，在器官捐献过程中，离不开医疗机构的参与；③公民逝世后所捐献的器官，按国家器官分配政策和分配系统分配。器官移植阶段，医疗机构与器官移植患者间存在医疗服务合同关系，此阶段的权利义务关系与器官捐献法律关系有明显差异，本章不作详述。

二、器官捐献者的权利义务

法律对遗体器官捐献主体的资格进行限制，规定捐献主体应具备完全民事行为能力。死者本人及其近亲属都有权决定捐献死者的器官，但是并非死者本人及其近亲属在任何情况下都可以行使器官捐献权。对于捐献者的捐献条件，主要是要求其具备相应的行为能力。只有在捐献者已经具备完全民事行为能力的情况下，其能够充分认识捐献器官的行为性质和效力，并且能够独立承担捐献行为所产生的后果，才能在生前决定捐献自己死后的身体器官，死者近亲属也要满足上述条件，才能决定死者的器官捐献。

法律重视对器官捐献者权利的保护，其中捐献者最主要的权利在于知情同意权，从权利结构上可分成两部分，一部分是捐献者的知情权，与其相对应的是医师和捐献组织的告知义务；另一部分是捐献者的自主决定权，与其相对应的医师义务是对患者人格自由的尊重。在本节中，主要从三个方面论述捐献者的权利：在器官捐献和登记阶段，保护捐献者的知情权和自主决定权；在器官获取过程中，注意对活体器官捐献者的人身健康保护和遗体的尊重；器官捐献这一利他的高尚行为受到国家的鼓励和表彰，因此器官捐献者及其家属还享有获得救助和荣誉表彰的权利。

（一）器官捐献者的权利

捐献者作为器官捐献中无偿捐献器官的人，是无偿付出的一方，在活体器官捐献中，捐献者体现对家庭人员的救助和亲情的纽带。捐献器官的行为受到法律保护和社会高度赞扬，器官捐献者的权利义务也应受到充分的保护。捐献者享有的权利主要体现在如下方面。

1. 知情权

"知情权"在美国20世纪五六十年代兴起的"权利运动"中，被广泛地援用并很快成为一个具有国际影响的权利概念。其基本含义是：公民有知悉、获取其应该获得信息的自由与权利[①]。知情权是与捐献者自主决定权紧密联系在一起的，一般统称为知情同意权。对于器官捐献者而言，只有在充分掌握了关于器官捐献的相关信息之后，捐献者才能作出符合自己利益的决定，即真正地自主自愿捐献器官。在器官捐献过程中，强调器官捐献者的知情权，侧重于对器官捐献政策、法规知识、捐献流程、捐献配套制度等信息的一种知悉的权利。

遗体器官捐献人生前表示捐献死后遗体器官，或者死者近亲属共同同意捐献其器官，这涉及对死者的人格尊严及其近亲属的利益进行保护的问题，法律有必要在死者生前或者死后其近亲属作出意思表示之前，使其能够获取器官捐献相关方面的信息，以使其在充分理解捐献行为的意义及后果的基础上，作出是否捐献器官的决定。捐献者及其近亲属获知的信息范围应当包括但不限于以下方面：当前遗体器官捐献的现状，法律规定的器官捐献的程序及注意事项，获取器官后可能产生的后果，获取器官的用途、目的及有无相关的补偿政策等。捐献者的信息知悉权也被各国和地区的器官移植立法所确认。如欧盟各国签订《人权和生物医学公约有关人体器官和组织移植的附加议定书》，其中就规定了捐献者有权预先知悉其捐献器官的目的及将产生的结果和危害，还应被告知法律对捐献者所规定的权利和保护措施。我国台湾地区就明确规定了捐献者的知情权，即"捐赠人有权知悉可能出现的危险，获取、捐献或者治疗的后果及对心理上的影响"。

《人体器官捐献和移植条例》第12条规定，国家加强人体器官捐献宣传教育和知识普及，促进形成有利于人体器官捐献的社会风尚。新闻媒体应当开展人体器官捐献公益宣传。除此之外，我国一些地方性法规也规定了新闻媒体、社会机构的宣传和协助义务，以此来保证器官捐献者的知情权。如《天津市人体器官捐献条例》第5条

[①] 宋小卫.略论我国公民的知情权[J].法律科学：西北政法大学学报，1994（5）：14.

要求,"报刊、广播、电视、网络等媒体,应当结合自身特点开展人体器官捐献公益宣传,促进形成有利于人体器官捐献的社会氛围"。同时,第6条也规定了一些社会组织对器官捐献知识的宣传普及责任,"机关、团体、部队、企业事业单位和居民委员会、村民委员会,应当协助红十字会宣传人体器官捐献的意义,普及人体器官捐献的科学知识,推动人体器官捐献工作的开展"。红十字会是人体器官捐献的登记机构,《湖北省人体器官捐献条例》第16条规定,"登记机构应当主动告知捐献人或者捐献执行人有关人体器官捐献的程序与事项,并向捐献人出具人体器官捐献登记证明"。

在活体器官捐献中,捐献者的知情权范围则更加广泛。活体器官获取从法律性质上属于以利他治疗为目的的医疗行为。对捐献者本人而言,器官的获取不可避免地对其人身造成一定的伤害,而捐献者的知情同意则是阻却器官获取行为违法性的事由。在活体器官获取的医疗操作过程中,与捐献者知情权相对应的是医疗机构和医务人员的说明告知义务。根据我国《人体器官捐献和移植条例》第29条的规定,从事人体器官获取的医疗机构及其医务人员在获取活体器官前,应向活体器官捐献人说明器官获取手术的风险、术后注意事项、可能发生的并发症及预防措施等,并签署知情同意书。

2. 自主决定权

自主决定权即一种免受他人干涉的自己理解并自己作出的决定,以及追求个人目标的能力。自主决定权不仅是医学伦理学原则的体现,也是法理上重要的一项基本人权,还是一项重要的人格权。自主决定权是个人对自身的生命及隐私等有关人身权和财产权的个人独立支配的权利[①]。在器官移植的医学背景下,器官捐献者的自主决定权是指捐献者在法律规定的范围内对自己器官的自主处分的权利。器官捐献者的自主决定权是以尊重自主原则为伦理基础的。尊重自主原则是指尊重一个有自主能力的个体所作的自主选择,承认该个体拥有基于个人价值信念而持有看法、作出选择并采取行动的权利。同时自主权反对由他人将人工具化。凡是对人进行"利用"并使之服从他人支配的情形都会使自主权受到侵害。自主不是无可奈何的活动,而是自觉自愿的活动,是一种排除非理性的冲动,建立在理性基础上的选择。尊重自主原则在医疗过程范畴内进一步特定化的结果,则是导出诚实、守密、知情同意等道德原则[②]。自主原则强调人对自己行为的自主选择和责任的自我担当。在不损害他人、社会利益的条件下,个人的权益、需求、意愿与价值都应当得到充分的尊重,个人是其自己事情的

---

① Beauchamp TL, McCullough LB. Medical ethics [M]. Englewood Cliffs: Prentice Hall, 1984: 42.

② 黄丁全. 医疗法律与生命伦理 [M]. 北京: 法律出版社, 2004: 23.

裁决者，其他人无权干涉。在器官捐献与移植中，医师应当尊重器官捐献者的自主决定权，保证器官捐献者自己做主、理性选择自己身体的处分决策。

在法理上，器官捐献中捐献者自主决定权是在患者自主决定权理论基础上演变而来的，其体现了对捐献者权利的扩大保护，以及提高对医师义务要求的趋势[①]。但是，器官捐献者的自主决定权也会受到限制。①在捐献主体方面，决定捐献人体器官的人必须是具有完全民事行为能力的成年人。民事行为能力主要包括两个方面的内容：从主观方面来说，要求民事主体具有相应的意思表达能力，具备认识能力和判断能力；从客观方面来说，要求民事主体能够以自己的行为取得民事权利，能够对自己的行为承担相应的责任。《民法典》第17条和第18条规定，十八周岁以上，精神和智力状况完全正常的公民是完全民事行为能力人，可以独立进行民事活动。限制民事行为能力人和无民事行为能力人，由于其年龄较小，身体、智力尚未发育成熟，不能或者不能完全认识、判断自己行为的后果，且无力承担起行为所产生的责任，在器官捐献行为中，尚无法认识到捐献器官对自己、对他人、对社会所产生的重大意义，因此，原则上，不能自主决定捐献自己的器官。②器官捐献者的自主决定权，必须建立在当事人意识清楚且意志自由的条件下，才能是有效的承诺。捐献者的自主决定权必须是在明知且自愿的情况下作出的，不得以暴力、欺诈、胁迫或者乘人之危等方式违背捐献者真实意愿。"捐献者如果因精神异常、醉酒、吸毒等影响而心神混乱，所作的承诺，如同意器官捐献的决定，都是无效的。捐献者的自主决定权不能违反善良风俗和公共利益，否则无效。捐献者的捐献决定，除了意识清楚和意志自由以外，必须是理智的。"[②]③在活体器官捐献情形下，器官捐献不能以造成捐献者身体的重大损害为代价。因为捐献制度是在不损害捐献者的前提下有益于受捐献者的，器官捐献的行为实质上是对身体的处分行为，也是对身体完整的自愿限制，但是这种限制首先不得以严重损害公民的个人健康为前提，如果捐献危及权利人自身的健康，这就有悖于捐献制度的本质。同时，由于身体器官具有一定的人格因素，所以对其处分必须符合公序良俗。对非亲属间活体器官捐献的限制，以及对器官买卖的严格禁止，很大程度上是因为这实际上违反了公序良俗。

由于器官捐献与移植关系到人的生命健康安全，对于器官捐献者而言，其自身拥有自主决定权显得尤其重要。捐献者及其家属的决定权体现在两个方面，即同意捐献

---

① 郑立军.器官移植民法基本问题研究：以捐献者自己决定权为视角[M].北京：法律出版社，2012.

② 林东茂.医疗上病患同意或承诺的刑法问题[J].中国检察官，2009（2）：1.

和捐献意愿的撤销。器官捐献是利他行为，对于捐献者提供自己器官的行为更多地应认定为是捐献者在行使权利，而不是履行义务。因此，法律在保障了捐献者知情同意权之后，还应允许其对已经作出的决定进行变更或撤销。在我国澳门地区，为了最大限度地保证捐赠人的权利，允许在器官移植行为实行以前，捐赠人或其法定代理人作出的同意在任何时候得以任何方式自由废除[①]。我国《人体器官捐献和移植条例》第8条第2款规定，"公民享有捐献或不捐献其人体器官的权利；任何组织或者个人不得强迫、欺骗或者利诱他人捐献人体器官"。公民捐献的意思表示只有在自愿、真实的情况下，才能产生预期的效力，如果意思表示有瑕疵，主体是受到欺诈、胁迫或者处于危难中不得已作出的，则不能产生民事行为所预期的效果。对于公民已经表示的捐献其人体器官的意愿，公民有权予以撤销。一般认为，公民对于其捐献器官的意愿行使撤销权是相当自由的，捐献者及其家属可在器官获取前的任何时候撤销捐献器官的意愿。撤销的方式既可以是书面形式，也可以是口头形式或其他形式。在器官移植之后，无论何种情形下都不得撤销捐献，或要求返还器官。

3. 人格尊严受尊重权

公民捐献其人体器官应受到尊重，首先体现在对其隐私的保护上。在遗体器官捐献情况下，无论是捐献者本人还是其近亲属作出捐献器官的意思表示，在获取器官的过程中都应当保证对死者本人及其人体的最大尊重，并保护捐献者的隐私。器官捐献是高尚的行为，但有些捐献者本人生前要求保密，或者其近亲属在捐献死者器官后要求不予公开的，应尊重其要求，不得在宣传报道中泄露相关人信息。从事人体器官移植的医务人员应当对人体器官捐献者、接受者和申请人体器官移植手术的患者的个人资料信息保密，这是对捐献者及其家属的尊重及对患者隐私保障的要求。在遗体器官捐献中遵循"匿名原则"，又称为"互盲原则"，即不可向受体透露遗体器官捐献者及其亲属的个人信息。与此同时，受体对遗体器官捐献的自愿适当补偿仍需要遵循"匿名捐献"原则。

遗体器官的特殊之处，就在于遗体包含了人格利益，包含了人对自己尊严的尊重，对自己后世人格利益的尊重，可以说遗体是人格利益的延伸。法学界对遗体的属性问题素有争论，一般认为物的属性与人格利益结合在一起，就是遗体的基本属性[②]。死者的人格尊严受尊重，体现在对遗体和器官的尊重与利用处置上。公民死亡后，由于

---

① 张锋，任静远. 澳门有关人体器官和组织捐献、获取及移植的法律制度[J]. 法律与医学杂志, 2000.

② 杨立新，曹艳春. 论遗体的法律属性及其处置规则[J]. 法学家, 2005, 1 (4): 76-83.

其丧失民事主体资格不再享有人身权,但是根据丧葬风俗习惯,死者近亲属有权保护捐献者遗体尊严不受侵害。公民逝世后器官捐献就涉及对遗体器官的获取,人们捐献自己的器官大多数是希望死后继续体现其社会价值,如果其遗体得不到正确的对待和"人格"的尊重,势必会引发器官捐献率不高的现象。我国器官捐献法规也十分重视捐献者的权益保障,《天津市人体器官捐献条例》第20条也规定,"医疗机构及相关医务人员应当对捐献者遗体进行符合伦理原则的医学处理,尊重捐献者的尊严"。而《湖北省人体器官捐献条例》则要求"具备临床移植资质的医疗机构及其医务人员,在获取器官前应当举行缅怀仪式"。《人体器官捐献和移植条例》第19条第3款规定:"从事遗体器官移植的医疗机构及其医务人员应当维护捐献人的尊严;对获取器官完毕的遗体,应当进行符合伦理原则的医学处理,除用于移植的器官以外,应当恢复遗体外观。"

对捐献者的尊重还体现在对于获取后人体器官的保存和无效捐献的善后处理上。获取后的器官应妥善保存,对此《深圳经济特区人体器官捐献移植条例》有明确规定,"实施人体器官移植手术的医院应当设置人体器官保存库,妥善保存获取的人体器官。人体器官保存库的设置和管理应当符合有关技术标准和管理规定"。对于获取的人体器官,应妥善保存,确保捐献者的器官最终有效地用于器官移植手术,挽救患者生命。若因保存不善致使器官的移植作用丧失,则辜负了捐献者的良好期望。另外,对于获取的人体器官,若确实因某些原因不适宜移植的,应按照合乎伦理的方式予以处理。对此,《深圳经济特区人体器官捐献移植条例》第15条规定,"获取的人体器官经检查不适宜植入的,可以用于科学研究和教学或者予以焚毁,但应当报市卫生部门备案"。

4. 捐献者有获得合理补偿的权利

人体器官捐献应遵循"无偿"的原则,公民捐献器官不得以营利为目的,禁止以任何理由出卖或者变相出卖器官。买卖或者变相买卖器官的表现形式多种多样,如捐献人和受赠人双方提出器官的对价、接受器官的对价;为器官买卖提供中介服务并收取费用;医务人员在明知器官买卖的情况下,仍然实施器官获取和移植等。

从世界各国或者地区关于器官移植的法律规定来看,大多明确规定了禁止器官买卖原则,供移植的器官都是无偿捐献的,并且器官买卖行为将受到严厉处罚。

但是,捐献者在自愿提供器官的同时,应该获取合理的补偿,与器官捐献无偿的原则并不冲突,因为对捐献者的补偿不是人体器官的对价,合理补偿不是商业化的有偿,而是对捐献者的一种激励或者是对捐献者付出的合理成本的一种补偿。无论是我国还是世界其他国家和地区,都面临着器官移植供体严重不足的状况。世界卫生组织也认识到给予捐献者及其家属合理补偿的必要性,是在坚持器官捐献无偿性和鼓励公民器官捐献之间的一种平衡。《世界卫生组织人体细胞、组织和器官移植指导原则》中第 5 条原则规定,"细胞、组织和器官应仅可自由捐献,不得伴有任何金钱支付或其他货币价值的报酬。购买或提出购买供移植的细胞、组织或器官,或者由活人或者死者近亲出售,都应予以禁止"。根据该原则,禁止出售或购买细胞、组织和器官,不排除补偿捐献人产生的合理和可证实的费用,包括收入损失,或支付获取、处理、保存和提供用于移植的人体细胞、组织或器官的费用。从该指导原则来看,世界卫生组织允许补偿捐献费用,以免打击器官捐献者的积极性。

5. 捐献者及家属有获得救助和荣誉的权利

我国"鼓励公民无偿自愿捐献器官",但如果仅是政策倡导方面的鼓励,而没有任何切实可行的鼓励措施,就很难体现对器官捐献的诚意。国家通过一系列激励机制对器官捐献的高尚行为予以表彰,对于器官捐献者家属提供必要的人道救助。从捐献者及家属权利层面来看,其享有获得紧急救助和荣誉的权利。社会各界对器官捐献的大爱无私行为通过各种形式进行缅怀纪念。

> **重庆市遗体器官捐献者缅怀纪念活动成功举行**[①]
>
> 有这样一群人,他们离开了这个世界,但却以另一种形式延续着生命的价值。他们有一个共同的名字——遗体器官捐献者。以"缅怀逝者·传递爱心"为主题的"2014 年重庆市遗体器官捐献纪念碑落成暨捐献者缅怀纪念仪式"在位于江南殡仪馆的重庆市遗体捐赠纪念园举行。
>
> 2014 年 4 月 4 日上午 10 点,来自重庆市红十字会、市卫生计生委、市民政局、市殡葬事业管理中心、市人体器官捐献定点移植医院、遗体(角膜)接收单位、市人体器官捐献办公室、纪念园所在单位江南殡仪馆、南岸区民政局、遗体(角膜)器官捐献者家属、部分受益者家属、医学院学生、志愿者代表和社会各界的爱心人士约 3000 人,齐聚重庆市遗体捐赠纪念园,献上对逝者的莫念和哀思。他们手捧鲜花,真挚地悼念,缅怀逝者。活动现场,市红十字会还为重庆市遗体器官捐献纪念碑举行了落成仪式。市红十字会副会长冉茂忠在仪式上宣布重庆市遗体器官捐献纪念园正式落成并致辞。
>
> 纪念园庄严而肃穆,以"人道、博爱、奉献"为主题的纪念碑上,一根鲜红

[①] 参见重庆红十字会官网:《重庆市遗体器官捐献者缅怀纪念活动成功举行》,网址 http://www.cqredcross.org.cn/article/201404/2659.html,最后访问时间 2016 年 4 月 3 日。

蜡烛象征着纪念碑上捐献者们无私大爱的奉献精神，燃烧自己、照亮别人。这座遗体器官捐献者纪念碑上，已经镌刻1160余名志愿捐献者的名字，他们当中的每一位都值得我们致以最崇高的敬意。

遗体器官捐献者家属代表和医学院学生代表在仪式上发言。医学院学生在仪式上朗诵了《生命的礼物》讴歌捐献者，展现了捐献崇高而无私的奉献精神，表达了捐献者家属对亲人的思念和人们对捐献者的崇敬与感激之情。仪式上参会人员向捐献纪念碑敬献了花圈和鲜花，整个仪式在《爱的奉献》旋律中庄严肃穆地进行。

重庆市红十字会将每年的4月4日定为遗体器官捐献者缅怀纪念日①。每年清明前夕，新增的捐献者名字就会被镌刻于"重庆市遗体捐献者纪念碑"上，以表达大家对捐献者的尊敬和缅怀之情。

举行逝者缅怀活动，既表达了对捐献者的缅怀之情，也是宣传移风易俗、倡导树立社会主义核心价值观的重要举措。多年来，重庆市红十字会广泛宣传遗体器官捐献的重要意义，广大社会爱心人士积极响应，主动参与到这一爱心活动中来，为促进我区医学研究和事业发展发挥了重要作用。希望所有相信科学和富有爱心的人，都能够摒弃传统观念，正确对待疾病和死亡，在离开人世后，把自己最后的、有价值的东西回报给社会，无私献给需要的人们，为延续生命作出自己最后的贡献。

对人体器官捐献的激励措施主要分为物质激励和精神激励，在经济层面上分为丧葬费的减免和经济困难家属的人道经济救助。如《天津市人体器官捐献条例》中的很多规定均对捐献者及其家属予以保障，第21条规定，"民政部门应当免除捐献者的丧葬费用，并为丧葬事宜提供便利条件"。第23条规定，"市红十字会可以设立人体器官捐献救助基金，按照本市有关规定用于救助经济困难的捐献者家庭。红十字会及相关单位根据需要，应当对家庭经济困难的捐献者亲属给予必要的关怀和帮助"。而《湖北省人体器官捐献条例》也作了类似的规定，"湖北省红十字会设立人体器官捐献救助基金，为生活困难的捐受双方家庭提供必要的人道救助。救助基金通过政府财政拨款、彩票公益金投入以及企业事业单位、社会团体、个人捐赠等途径募集"。

---

① 从新闻检索来看，自2014年设立缅怀器官捐献者的纪念日以来，重庆市每年都举行这样的纪念活动，一直延续到2024年。根据2024年4月4日的新闻报道，遗体器官捐献者已达到6400余名。

除此之外，一些地方性法规也鼓励社会采取多种形式对捐献者予以纪念和缅怀，如《湖北省人体器官捐献条例》规定，"红十字会应当向捐献人亲属颁发人体器官捐献荣誉证书，建立人体器官捐献纪念设施、纪念网站，提供缅怀场所，组织开展悼念活动"。

（二）器官捐献者的义务

法律对于死者器官捐献行为中捐献者的定位，更多的是将其作为权利主体来看待的，对捐献者及其家属的权利予以保障。但是在权利保障的同时，也应该适当规范器官捐献行为。

捐献者及其亲属的义务主要有三项：

第一，如实向医疗机构告知死者生前身体健康状况的义务，该项义务主体包括死者本人及其近亲属。因为死者生前的身体健康状况直接决定着死者器官的质量，决定着死者器官的可利用度，影响之后的器官移植手术的效率及接受移植人的生命健康。因此，捐献者亲属必须如实向实际进行死者器官获取手术和移植手术的医疗机构说明死者生前的病史、遗传史等健康状况。例如，死者近亲属应告知死者死亡的真实原因、死者生前是否患有某种疾病等，以便医疗机构及其工作人员能够更好地对器官获取，特别是对移植手术进行科学的研究预测，保证器官移植手术的效率，同时这也是保障其遗体器官捐献行为不致产生危害社会结果的伦理要求[①]。

第二，提供器官的义务。这是捐献者实现其捐献器官意思表示的方式，在其没有行使或无法行使撤销权的情况下，捐献者的家属应当配合医疗机构获取死者的器官。器官捐献者提供器官的义务表现在对其器官捐献撤销权的限制上，即公民器官捐献撤销权须在其生前行使，如果是死者家属共同同意捐献器官的，若拒绝器官捐献应在器官获取之前作出撤销捐献的意思表示。在器官获取之后，进行移植之前，捐献者家属是无权决定器官的处分的。

第三，作为共同同意死者器官捐献的一方，在死者器官捐献行为的实际获取过程中，死者近亲属负有监督遗体利用情况和妥善处理死者遗体的义务。死者遗体既是死者人格权的延伸，同时也承载着死者家属的感情。获取器官之后，医疗机构应尽量恢复遗体外观，进行符合伦理原则的医学处理。这样做主要体现了死者近亲属对死者的一种缅怀和尊重，是保障死者权利也是保护自己的合法权益。人体器官捐献完成后，死者近亲属应按照丧葬制度对死者进行妥善安葬。

---

① 刘长秋. 浅论死者家属的遗体捐献权及对死者遗体的保护：从遗体的性质和特点谈起[J]. 祁连论丛，2002（2）.

三、医疗机构的权利义务

医疗机构作为器官捐献相对人被纳入器官捐献体系中,与相关主体形成器官捐献法律关系,承担着实际履行器官捐献,即对捐献者的条件进行审查和及时获取死者器官的义务。公民器官捐献的价值,最终体现在器官移植医疗过程中。在器官移植过程中,只有各方尽到了其应尽的民事义务,人体器官移植手术才能得以顺利进行。特别是针对医疗机构应承担的义务,因为在整个器官捐献过程中,医疗机构处于十分重要的地位。

(一)医疗机构的权利

总得来说,医疗机构的权利也主要有三项:

第一,获取死者身体健康状况相关信息的权利。这里的信息,除了在死者生前从其本人处得知及在其死后从其近亲属处知悉外,更多的还是医疗机构主动通过医疗技术和医疗设备来获取,而死者的近亲属不得对医疗机构及其医务人员获取该种信息的行为设置障碍或进行阻拦,而应该积极予以配合,保障医疗机构这种信息知悉权的顺利实现。

第二,获取捐献者器官的权利。在遗体器官捐献情形下,除非捐献者或其家属合法地行使了撤销权,撤销其捐献器官的意思表示,否则医疗机构及其医务人员有权以适当的方式获取死者的器官。死者生前捐献其遗体器官的遗愿应受到尊重,在死者生前同意捐献身后器官而在其死后近亲属不同意的情况下,医疗机构依然有权遵循死者的意愿及死者生前与其达成的、有效的捐献协议实施获取行为。但是在实践中基于对死者及其近亲属的尊重,一般医疗机构都会采取相对缓和的方式,安抚死者近亲属的情绪,并竭力劝说其尊重死者的意愿,并在其家属不再强烈反对的情况下再获取死者的器官。

第三,收取器官移植费用的权利。器官移植属于医疗行为,器官移植手术是一类复杂的手术,涉及医疗护理人员的参与、机器设备的投入、药品及医用耗材的使用等,这些费用最终应由患方承担。医疗机构应收取患者接受医疗服务的各项医疗费用,医疗机构收取费用的标准应依照有关法律、行政法规的规定。

(二)医疗机构的义务

在器官捐献行为中,医疗机构更多地是以义务主体的身份出现。医疗机构的义务主要体现了其作为具有特定医学资源的社会组织对捐献者所承担的保障捐献目的实现的功能。器官捐献的最终目的是实现器官移植以挽救患者,而在器官移植过程中,医疗机构的角色是医疗服务提供者,其承担的义务对象对应的是器官移植患者。器官

器官捐献法律问题比较研究

移植作为独立的医疗行为,权利义务规定与器官捐献行为有较大差异,本章仅论述医疗机构作为器官捐献一方的权利义务。

在器官捐献过程中医疗机构所承担的义务主要体现在以下几方面:

1. 说明告知的义务

现代医疗大多属于组织医疗,特别是器官移植,捐献者在医疗过程中的对象是医疗机构而非医师个人,医疗机构的医务人员则是具体医疗行为的实施者,对捐献者予以说明告知是其职务行为。在器官移植中,为尊重捐献者对于医疗所拥有的自主决定权,任何具有侵入性的医疗行为均须获得捐献者或其家属的同意。参与器官获取或其他侵入性检查或治疗的医师,就其所负责的医疗行为负有向捐献者作出说明的义务。医疗机构的告知义务首先是为了满足捐献者获取相关信息的权利而承担的一项义务,因为捐献者要实现其知情权,必须或者只能通过医疗机构这一具备相关专业知识的权威机构来获取,这就要求医疗机构及其医务人员在捐献者提出捐献器官时积极履行告知义务,解决捐献者对于捐献的各项疑问,并作出明确的解释,保障捐献者知情同意权的真正行使。医疗机构履行告知义务其实是对捐献相关知识的一种普及,尤其是会对死者近亲属产生积极的影响,有助于其获取更多的关于器官捐献的科学知识。几乎所有国家和地区的器官捐献移植立法中都严格规定了医疗机构及其医务人员必须忠诚地履行告知义务。例如,欧盟各国签订的《人权和生物医学公约有关人体器官和组织移植的附加议定书》中就规定,医疗机构及其医务人员在实际获取器官之前,必须告知捐献者关于捐献器官的用途、种类以及捐献者的法律权利等相关知识,并且基于其专业知识向捐献者提供获取器官的危险评估告知书[①]。

我国《上海市遗体捐献条例》中规定的告知义务则主要是由登记机关来行使的,即登记机构应当告知捐献人有关遗体捐献的程序与事项,这主要是对死者器官捐献行政法方面的调整,而对于捐献者与医疗机构之间的民事法律行为并未作明显的规定。在器官移植过程中,医疗机构及其医务人员的说明告知义务要求得更加明确。《医疗机构管理条例实施细则》第62条规定:医疗机构应当尊重患者对自己的病情、诊断、治疗的知情权利。在实施手术、特殊检查、特殊治疗时,应向患者作必要的解释。根据我国《医师法》的相关规定,患者对自己所患疾病的性质、严重程度、治疗情况及预后有知悉或了解的权利。在不损害患者利益和不影响治疗效果的前提下,医疗机构应根据患者的要求提供有关信息。

---

① Additional Protocol to the Convention on Human Rights and Biomedicine, concerning Genetic Testing for Health Purposes Explantory Report.

2. 器官捐献条件的审查义务

从事人体器官移植的医疗机构均设有人体器官移植伦理委员会，一般是由医学、法学、伦理学等各方面专家组成。人体器官移植伦理委员会负责审查获取活体器官或遗体器官是否适当，获取人体器官前，负责人体器官移植的执业医师向所在的医疗机构提出获取人体器官的申请，委员会经过审查，若不同意获取人体器官的，医疗机构不作出获取人体器官的决定，医务人员不得获取人体器官。在遗体器官捐献情形下，人体器官移植伦理委员会审查的范围包括：①人体器官捐献人的捐献意愿是否真实；②有无买卖或者变相买卖人体器官的情形。活体器官捐献情形下，人体器官移植伦理委员会除审查前述两项内容之外，还需要审查活体器官捐献人与接受人之间是否存在法定亲属关系，以及活体器官的配型和接受人的适应证是否符合伦理原则和人体器官移植技术临床应用管理规范。

根据《卫生部关于规范活体器官移植的若干规定》，在活体器官捐献的情形下，医疗机构审查内容主要包括：①查验捐献人与接受人是否符合活体器官捐献的条件，并审查材料的真实性；②评估接受人是否有接受活体器官移植手术的必要性；③评估活体器官捐献人的健康状况是否适合捐献器官；④评估获取器官可能对活体捐献人健康产生的影响，确认不会因捐献活体器官而损害捐献者正常的生理功能；⑤评估接受人因活体器官移植传播疾病的风险。在获取活体器官前，负责的医务人员应向医疗机构人体器官移植伦理委员会提出获取活体器官的申请。

3. 谨慎实施器官获取手术，保证器官捐献目的的实现

根据我国《人体器官捐献和移植条例》第23条医疗机构从事人体器官移植，应当向国务院卫生健康部门提出申请。国务院卫生健康部门审查同意的，通知申请人所在的省、自治区、直辖市人民政府的卫生健康部门申请办理人体器官移植诊疗科目登记。在申请人的职业许可证上注明从事的人体器官移植诊疗科目。在我国，医疗机构从事人体器官移植，应当具备下列条件：①有与从事人体器官移植相适应的管理人员、执业医师和其他医务人员；②有满足人体器官移植所需要的设备、设施和技术能力；③有由医学、法学、伦理学等方面专家组成的人体器官移植伦理委员会，该委员会中从事人体器官移植的医学专家不超过委员人数的1/4；④有完善的人体器官移植质量和控制等管理制度。这些技术准入条件，一方面是为确保器官捐献与移植的有序进行，另一方面也是为了保障器官捐献者及器官移植患者的相关权益。

遗体器官捐献的目的主要是救死扶伤，捐献者自愿贡献出某些身体器官而对其他病患予以帮助。有权实施器官获取手术和履行器官捐献行为的医疗机构必须是经有关卫生主管部门批准，具有符合条件的医疗设备和医师的医疗机构。之所以严格规定医

疗机构的技术准入，也是为了使其能够有能力完成器官捐献的过程，使器官捐献者捐献出的器官得到有效的利用。在切实进行器官获取手术的过程中，医疗机构也要以科学谨慎的态度对待，避免发生因医疗机构的过失而使捐献的器官无法得到有效利用的情况，最大限度地降低医疗手术的风险性，确保器官捐献的目的能够如愿实现。

4. 实施医学检查和评估

器官移植将捐献者的器官通过医疗技术手段植入患者身体，若捐献者的器官携带传染性疾病或存在不适宜于移植的其他情况，将会给器官移植接受者产生伤害。在器官移植历史上，就曾发生过因术前医学检查的疏忽和遗漏导致严重医疗事故的案例。如我国台湾地区艾滋病患者器官捐献案，造成了极大的社会负面影响。

台公布艾滋器官捐献事故调查报告　院方称有出入[①]

综合台湾地区媒体报道，2011年8月23日，一名住在新竹的男子坠楼后生命垂危，家属在不知男子是艾滋病感染者的情况下，联络台大医院器官捐赠小组。器官捐赠协调者和台大医院检验人员仅以电话确认结果，不幸混淆阳性与阴性，检验人员也并未二次确认就进行移植手术。8月25日，台大医院与成大医院分别完成心、肺、肝、肾等共五例移植手术，但至8月26日医院才发现捐献者为艾滋病感染者。此案成为台湾首例艾滋病器官捐赠案。案件发生后，台北市卫生局先前已对台大医院开罚新台币15万元。台湾卫生管理部门负责人邱文达等29日下午召开记者会说明调查报告，他表示，事件的疏失究责将移送台北市卫生局执行，依规定对相关医院开罚50万元，并请台湾大学、教育部门处理；另将相关医师移送惩戒。惩戒包括限制执业范围或停业1个月以上1年以下、废止执业执照或废止医师证书。

为避免类似的事件再次发生，台湾卫生主管部门已要求医院尽快改善缺失，并责成医院采取以下措施：立即改善器官捐献者检验报告的信息沟通标准作业程序；建立并且落实器官捐赠、移植的标准作业流程，同时拟订教育训练计划及内控查核机制；建立并且有效落实重大检验异常结果或危急值警示通报作业；应将各种项目计划之功能性小组全部纳入医院行政管理系统，并应律定督导及负责人员层级等。

[①] 参见新华网：《台公布艾滋器官捐献事故调查报告　院方称有出入》，网址 http://news.jcrb.com/jxsw/201110/t20111008_728704.html，新闻文稿略作删减，最后访问时间2016年3月24日。

台大医院艾滋病器官捐献案的教训是惨痛的,医疗机构及其医务人员在器官捐献过程中应对捐献人进行医学检查。我国《人体器官捐献和移植条例》第31条规定,"医疗机构及其医务人员获取、移植人体器官,应当对人体器官捐献人和获取的人体器官进行医学检查,对接受人接受人体器官移植感染疾病的风险进行评估,并采取措施降低风险"。从该规定来看,医学检查的义务被赋予负责器官移植手术的医疗机构,若因医学检查失误导致器官移植患者遭受损害,器官移植医疗机构应承担法律责任。

5. 尊重捐献者隐私和人格尊严

在医疗机构与捐献者之间,捐献者通常处于弱势,在捐献者或其家属捐献遗体器官之后,这一高尚行为应受到鼓励和表彰,医疗机构也应当对相关的人格尊严给予尊重和保护,其中最重要的就是保护捐献者及其家属的隐私和个人信息。在我国,《民法典》中已经明确将隐私权作为侵权法保护的范畴之一,《医师法》也明确规定了医师在执业活动中应当尊重患者、保护患者的隐私和个人信息。《人体器官捐献和移植条例》第33条规定,"人体器官捐献协调员、医疗机构及其工作人员应当对人体器官捐献人、接受人和申请人体器官移植手术的患者的个人信息依法予以保护"。在第45条中对违反该义务而擅自泄露捐献者个人资料的行为规定了应当承担的相应责任。因此,在器官捐献过程中,未经捐献者同意,医疗机构及其医务人员对于捐献者的个人信息包括捐献过程中的捐献者不愿意为外界所知的细节问题,一律不得公开。

由于医疗机构的医务人员在器官获取和器官移植中履行的均是职务行为,故在此不将作为个人的医务人员作为人体器官捐献的主体来讨论,而将有器官移植资质的医疗机构作为器官捐献与移植的主体来加以阐述其权利义务。规范器官捐献当事人之间的权利义务关系,能够更好地对相关权益进行保护,也可以避免或者减少纠纷的发生,从而促进器官捐献这项崇高事业能够健康地发展。

四、器官移植受体人的权利义务

在器官移植中,法学界对捐献者(供体人)的权利、义务关注较多,而对包括受赠者(受体人)在内的器官移植受益人的权利义务的关注似乎不够。事实上,不但器官移植受益人所承担的一部分与移植有关的义务需要关注,而且器官移植受体人的民事权利及义务也应受到重视。

就器官移植受体人的权利而言,一方面,器官移植受体人在器官捐献和移植中和器官捐献者一样,同样享有生命健康权、自主决定权、知情同意权、隐私权等患者的基本权利。另一方面,器官移植受体人在捐献行为变更或撤销、平等受益等不同情况下权利的特征不同,也需要法律作出相应的回应。首先,如前所述,器官捐献人在其捐献的身体组成部分植入他人体内之前享有随时变更和撤销捐献事项的权利，而此时可以考虑从以下两个方面保护器官移植受体人的权利。①承认活体捐献人撤销捐献行为的绝对性。因自己身体条件的客观限制而事实上不能实施捐献行为的，经授权的医疗机构确证，捐献人可以在任何时候撤销捐献行为，由此给受益人造成的损害，捐献人不负赔偿之责；在受益人未基于捐献人的意思表示进行任何实质性的移植准备之前，应允许捐献人撤销捐献行为；若捐献人恶意撤销捐献行为，致使受益人丧失寻找器官的最佳时机，导致受益人死亡的，受益人家属可以就物质损失和精神损失提起诉讼。②对于遗体器官的捐献，基于同意的捐献体现了对死者的尊重，在撤销捐献可能给受益人造成损害的情况下，法律应考虑保护更大的利益。因此，对于遗体器官捐献，有学者主张可以考虑强制交付。[①] 其次，器官分配必须坚持公平原则，这是受益人平等受益要求的具体体现。关于受益人平等受益的权利，应当坚持公平、公正、公开的基本原则，保证器官分配原则和核心政策的严格执行，根本手段为保证每一器官都进入计算机分配系统，严格执行器官分配系统的分配结果，从以法律形式规定器官计算机分配的强制性、完善器官获取与移植流程。

器官移植受益人除了享有权利外，还承担义务。首先，支付医疗费用的义务。活体器官移植与普通的医患关系相同，属于医疗行为的一种，涉及医疗费用的支付问题。根据民法中的公平原则，受体人是整个活体器官移植活动中唯一的受益者，因而有义务支付关于活体器官移植活动的所有相关费用。供体人作为完全的贡献者，不应支付相关医疗费用[②]。其次，器官移植受益人还承担着如实陈述病情、遵守医嘱等义务，受益人因违反上述义务受到损害的，医疗机构免责。最后，器官移植受益人作为患者，还承担着尊重医务人员人格尊严、不得侵害医务人员人身安全、遵守医疗秩序的义务。

---

① 彭志刚，许晓娟．器官移植受益人的权利保护及其限制［J］．法商研究，2007，24（3）：6．
② 关黛芳．器官移植中的民事法律关系［J］．中国商界，2010（9）：1．

第三章

器官捐献与移植的基本原则

第一节 基本原则的确定

一、基本原则的内涵与思想基础

器官捐献与移植的基本原则是对器官捐献、获取、分配、移植等一系列活动的总体性指导思想,是所有参与器官捐献和移植的主体所应遵守的最基本的行为准则,也是我国器官捐献和移植相关法律规范及各项工作制度制定的基本依据。器官捐献和移植基本原则的确定,旨在为我国开展人体器官捐献和移植工作提供基本的框架,促使我国人体器官捐献和移植事业逐步实现法治化、制度化,从而在全国范围内形成合理合法、公正透明、高效有序的器官捐献和移植运行系统,在不断提高我国人体器官捐献率的同时,切实保障公民的正当权益。

人体器官捐献和移植涉及公民最基本的权益及社会伦理道德秩序,因此在确立人体器官捐献和移植的基本原则时,应首先考虑人权保障及社会伦理道德秩序的维护问题。换言之,人权保障主义和伦理道德思想应是确立人体器官捐献和移植基本原则的两个核心思想。需要说明的是,虽然目前主要从法律角度去阐释人权问题,但不可否认的是,人权保障主义的有关要求与伦理道德基本理论具有一定的重合,因此对于器官捐献和移植的某些基本原则,我们既可从人权主张主义予以阐明,又可从相关的伦理道德思想中寻找到依据。

二、基本原则的确立与人权保障主义

人权保障主义要求尊重人的自主决定权。人有权在自由意志的前提下决定自己的行为,并且有权同意或拒绝他人对自身实施某种行为。人的自主决定权具有三个特性:一是自愿性,自主不是无可奈何的活动,而是自觉自愿的活动;二是目的性,自主是一种排除非理性的冲动，是建立在理性基础上的选择；三是坚定性，自主就是要坚持自己的目的，不因外界干扰而妥协①。尊重和保障自主决定权，一方面承认人享有自主决定权，另一方面对不具有完全自主决定能力的群体予以特殊保护。就承认人享有自主决定权而言，尊重和保障公民的自主决定权就是要遵循主体的真实意愿，为主体进行理性决策提供相应的机会和环境，并排斥他人或组织对主体进行不正当的干预。据此，可以确立器官捐献的首要原则，即知情同意原则。尊重人的思想和行为的自由，是人权保障主义的重要内涵，而知情同意原则便是此种内涵在器官捐献和移植领域的具体体现。在器官捐献的过程中，器官捐献必须征得捐献人本人的同意，并且应能充分认识到捐献人器官捐献的内容、意义及风险后果。器官捐献人应在自由意志的情况下作出是否捐献器官、以何种方式捐献器官、将器官捐献给何人等决定，法律应禁止任何组织或个人强迫、威胁、利诱、欺诈公民捐献器官或不捐献器官。公民是否选择捐献器官乃是公民的个人自由，更涉及公民的人格尊严。确保捐献人充分理解器官捐献的内涵及后果，并且取得捐献人的同意，既是对公民自由的保护，也是对公民人格尊严的保护，知情同意原则的意义也因此得以证成；就保护不具有完全自主决定权的社会群体而言，无民事行为能力和限制民事行为能力人由于不具有完全的同意能力，无法彻底理解行为的内涵、意义和风险后果，很难作出符合自身利益的理性决策，同时容易受到外界因素影响而受到伤害，因此从尊重人的自主决定权角度考虑，对上述社会群体应给予特别的保护。由此，可以确定器官捐献和移植的另一个基本原则，即充分保护无民事行为能力人和限制民事行为能力人利益的原则。

人权保障主义要求保护人的生命健康权。我国《民法典》第1002条和第1004条规定，自然人享有生命权，自然人享有健康权。所谓生命健康权，指公民对自己的生命安全、身体组织、器官的完整和生理功能及心理精神状态的健康所享有的权利，是公民最基本、最重要的人权。生命健康权一般可分为生命权和健康权，前者主要指公民享有维护自己的生命安全，不受违法威胁、侵害的权利；后者主要指公民享有维持自己身体组织、器官的完整性和生理功能正常运转及心理状态健康稳定的权利。器官捐献和移植涉及公民重大的生命健康权，活体器官获取手术与器官移植手术对捐献人和移植受者的生命健康均存在一定的破坏性及医疗风险。特别是活体器官获取，捐献人出于人道主义精神和高尚的道德情操，将自己的活体器官予以捐献，同时承受着器官获取手术对身体的侵害及可能产生的医疗风险，因此对于活体器官捐献人的生命健

---

① 黄丁全.医疗法律与生命伦理［M］.北京：法律出版社，2007：30-31；转引自熊永明.论自我决定权在器官移植中的行使边界［J］.法学杂志，2009（1）：77.

康利益法律应给予优先考虑。换言之，在器官捐献和移植的基本原则中，应确立优先保护供体利益原则，该原则的确立既是对器官捐献者道德情操的肯定，也是对活体器官捐献者生命健康权的特别保护。而对于器官移植受体来说，虽然器官移植手术目前对于器官功能衰竭患者来说仍属于最为有效的治疗方式，但是器官移植手术同样具有创伤性大，术后容易出现感染、并发症等特点，并且患者术后需要长期服用免疫抑制药物，容易罹患移植术后新发肿瘤、糖尿病、高脂血症、心脑血管疾病等并发症。故而，从保护移植受体生命健康权角度出发，如果有其他更为可行的诊疗方案能够治疗患者疾病，不应优先采用器官移植手术这一治疗方法，由此可以确立器官捐献和移植另一基本原则，即非优先原则。

三、基本原则的确立与生命伦理"四原则"

由于器官捐献和移植不仅涉及医学问题，更涉及诸多伦理道德因素，因此器官捐献和移植基本原则的确立也应以目前社会主流的伦理道德思想为依托。1989年美国生命伦理学界代表人物彼彻姆（Tom L. Beauchamp）和查瑞斯（James F. Children）在其出版的《生物医学伦理学原则》中提出了著名的生命伦理学"四原则"，即自主原则、不伤害原则、行善原则和公正原则。"'四原则'被认为是规范伦理学的代表。规则、权利与德行在生命伦理中虽然也被认为是道德思考的重要因素，但是四个原则被认为是提供了最抽象、最普遍的规范。"[1] 正是基于"四原则"的普适性和抽象性，生命伦理学的基本理论和观点大多均以"四原则"为逻辑起点予以展开和演绎。"四原则说"也被世人广泛采纳和接受，并用以调整和规制生命伦理问题。本书认为，上述生命伦理学的有关思想可以作为确立器官捐献和移植基本原则的基本依据与参考。

根据生命伦理学"四原则"中行善原则的基本要求，医疗机构及其医务人员应做有利于促进患者健康及社会公共利益之事，即所谓的"施行或促进善事"。器官捐献行为本身是一种高尚的人道救助行为，而器官移植行为的目的也是为了挽救患者的生命健康，器官捐献和移植的过程中应当坚持器官捐献和移植的公益性、救助性、道德性。人的身体并非商品，即便是遗体也蕴含死者生前的人格利益，寄托着家属缅怀纪念之情，遗体与一般商品也有着根本的不同。况且，器官商品化会造成医疗秩序的严重混乱，加剧社会的不平等及剥削，破坏社会善良风俗，严重挑战人类生命无价的价值观念，亵渎人的尊严。更为糟糕的是，将器官作为商品而赋予其相当的经济利益的做法，会刺激不法犯罪集团为了牟取暴利而采取极端手段强摘、盗摘公民器官，侵害

---

[1] 李元，沈铭贤. 生命伦理学基本原则的讨论 [J]. 生命科学，2012（11）：1233.

公民健康、残害公民生命。因此，在器官捐献和移植领域，世界各国和地区普遍确立了禁止器官买卖原则，以维护器官捐献和移植的伦理道德性，防止因器官买卖诱发诸多社会问题和伦理问题。

根据生命伦理学"四原则"中公正原则的基本要求，"公正原则要求公正合理地分配健康权益和负担，公平合理地对待患者和有关人员"①。众所周知，目前我国医疗资源的分布在城乡之间、东西部之间差异巨大，医疗资源的分配不合理，老百姓看病难、看病贵的问题尚未得到彻底解决。而器官作为稀缺的医疗资源，更是面临着分配不公、不透明等挑战。因我国人体器官捐献和移植工作运行不久，相关的分配体系、标准和制度仍有待不断完善，这其中公正透明的器官分配原则必须予以重视和贯彻，否则将会导致器官分配不公平，政府部门公信力受损，激化社会矛盾等现象的发生，进而破坏我国医疗的正常秩序和社会稳定。总得来说，公正透明的分配原则既符合社会普遍的正义观念，也符合生命伦理的基本原则，同时也是构建合理规范的人体器官捐献和移植系统与维持社会秩序的必然要求，应当在器官捐献和移植的基本原则中予以确立。

第二节　知情同意原则

知情同意原则是衡量和判断人体器官捐献行为合法性的首要价值尺度，体现了对器官捐献者的尊重和保护，也符合人类基本的价值观念，是生命伦理学四原则的"自主原则"在器官捐献领域的具体化。器官捐献必须获得当事人本人的同意，这一点已经基本成为各国的共识。《WHO人体细胞、组织、器官移植指导原则》第1条便规定，"如果（a）已得到符合法律规定的任何同意意见，以及（b）没有理由相信死者生前反对这种获取，那么细胞、组织、器官可以从死者或者活体身上获取用于移植"。事实上，知情同意原则除了在WHO颁布的规范性法律文件中予以体现以外，在世界上大部分国家和地区的器官移植立法中同样被确立下来。然而，尽管大部分国家和地区对知情同意原则表示了认可，但在知情同意模式的选择上却存在一定的差别。一般而言，知情同意包括法定同意、知情同意和推定同意三种模式，本书在此部分将针对不同的同意模式予以展开和讨论。

法定同意，捐献身后器官被视为一项法定义务，这一原则只在极少数国家和地区中推行，主要是出现在人口较少、供需矛盾极其尖锐的情况下，为了控制较高的病死

---

① 孙福川．论生命伦理学基本原则的解构与重建［J］．生命科学与伦理，2002，（1）：71．

率，个别国家遂采取此原则。由于该原则现在极少被适用，且违反普遍承认的人权原则，因此本书对其不予采纳和进一步讨论。

知情同意，又称为"明示同意"，对于活体器官捐献，需要本人了解器官获取手术的过程、风险及可能的后果等信息后作出同意的意思表示。对于遗体器官，应当根据死者生前的捐献意愿进行。死者生前未明确表示捐献，也未明确表示拒绝捐献的，须征得死者近亲属的同意方能进行器官获取。换言之，当事人不愿捐献器官无须特别说明。事实上，根据我国《人体器官捐献和移植条例》的有关规定[1]，除捐献者有权了解关于手术的一切情况，有权自主决定是否捐献自身器官之外，知情同意还意味着：①若无明示的意思表示，任何人不得代为意思表示或为其获取器官；②捐献者作出决定后有权以书面形式随时撤销捐献器官的意思表示，对于器官捐献受赠者或第三人不得请求强制执行。这表明，任何以暴力、胁迫、欺骗或其他违背供体真实意思表示而获取的行为都是非法的。

推定同意是指如果生前没有登记不捐献器官，则被认为死后愿意捐献遗体器官，即如果想保全遗体，则需要生前到相关机构进行不捐献的登记，表明自己退出捐献者队列的意图。从理论上讲，只要当事人没有登记不捐献，其近亲属就不得反对。但是在大多数实行推定同意的国家和地区，一般还是要征得亲属的同意。因为没有他们的配合，器官获取的成本会很高，在实践中也会因受到亲属的反对而难以展开。例如，在美国的宾夕法尼亚州和马里兰州，已经允许捐献者的家庭成员介入捐献过程，即捐献者生前未登记不捐献，要获取其身后器官也应当征得死者近亲属的同意[2]。

知情同意与推定同意原则，孰优孰劣？推定同意原则的支持者认为，如果辅以对公众的教育及高效的拒绝捐献信息登记及传递机制，则推定同意原则能够极大地增加器官的捐赠，同时还能尊重个人的"选择退出"（opt-out）权。美国 UNOS 组织曾在 1991 年 1 月进行了一项针对 801 名美国公众进行的电话调查，旨在了解公众对推定同意原则接受程度。结果表明接近 60% 的人明确反对推定同意原则。反对者的理

---

[1] 我国《人体器官捐献和移植条例》第 8 条规定第 1 款规定，"人体器官捐献应当遵循自愿、无偿原则。公民有捐献或者不捐献其人体器官的权利；任何组织或者个人不得强迫、欺骗或者利诱他人捐献人体器官"。第 9 条规定，"具有完全民事行为能力的公民有权依法自主决定捐献其人体器官。公民捐献其人体器官的意愿，应当采用书面形式，也可以订立遗嘱。公民对已经表示捐献其人体器官的意愿，有权予以撤销。公民生前表示不同意捐献其遗体器官的，任何组织或者个人不得捐献、获取该公民的遗体器官；公民生前未表示不同意捐献其遗体器官的，该公民死亡后，其配偶、成年子女、父母可以以书面形式共同决定捐献，决定捐献应当采用书面形式"。

[2] J. Michael Dennis：An Evaluation of The Ethics of Presumed Consent, United Network for Organ Sharing Ethics Committee. http://www.unos.org.

由主要集中在：①由于很多人并不知道或者由于其他原因并没有到登记机关登记，则推定同意可能会导致很多并不想捐献器官的人最后不得不违心捐献；②由于信息登记和发布机制不健全，有可能出现登记不成功或者登记后未能及时通知器官获取机构而造成器官被误摘的情况①。因此，推定同意在某种程度上带有强迫的意味，而且在表面上看来是对个人"选择退出"权的尊重，实际上则是对个人"选择进入"（opt-in）权的蔑视。

针对推定同意原则存在的弊端，美国UNOS组织考虑以"必要回应"原则取而代之。"必要回应"原则主要是指，同意是不能被推定的，每一个人，不管他是否愿意捐献器官，都应当到统一的捐献登记机关去进行登记，在专门的登记卡上标明自己是否愿意捐献遗体器官、捐献哪个或者哪些遗体器官，或者不愿意捐献器官，并说明是否授权给自己的近亲属或者委托代理人行使撤销权①。在"必要回应"原则下，器官捐献信息中心（全国性的专门负责收集器官捐献信息的机构）要求所有的成年人在专门的登记卡上说明自己对身后器官捐献与否的意思表示。也就是说，不仅是愿意捐献器官的成年人，还有不愿意捐献器官的成年人也都要到登记机关进行登记。这样，就对个人的选择退出和进入的权利都兼顾到了。并且他们有权授权给自己的近亲属或者其他代理人决定是否捐献器官。个人的捐献意愿表中所填内容具有法律效力。器官获取组织在得到信息中心的捐献信息，在捐献者死亡宣告之后，即可凭其事前的捐献意愿登记表决定是否获取器官。当然，在获取器官时，这张表格将被展示给死者近亲属以取得他们的配合。

比较"必要回应"原则与"知情同意"原则就可以发现，前者多设置了一道登记程序。此种做法，一方面能够明确所有潜在的适格供体是否具有捐献的意思，但另一方面却对各种配套制度，如登记制度、信息传递与反馈制度等提出了不小的挑战，而且增加了捐赠的成本。"必要回应"有一个潜在的假设，即社会中每一个适格的潜在器官供体都知道应当去登记机关登记自己的捐献与否的意思表示。而他们如何得知？又怎样能保证每一个知道的人最终能够到登记机关进行登记？如果有人确实不知，没有进行登记的，由谁来对其进行通知和提示？如未能通知到，如何判断当事人的真实意思？这些问题不解决，就等于给每一个潜在捐献者增加了一项负担。

本书以为，在推定同意捐献的情况下，表面上看来是赋予公民一项权利，实际上，捐献遗体成了公民的一项普遍义务，公民若想保持遗体的完整性，则一定要生前作出

---

① J. Michael Dennis: An Evaluation of the Ethics Of Presumed Consent, United Network for Organ Sharing Ethics Committee. http://www.unos.org.

拒绝捐献的意思表示。所以，推定同意原则注重的是社会利益，并加重了社会成员的义务负担。一国是否适宜推行推定同意原则，应当根据一国社会发展状况，包括文化传统、民族习惯、经济发展水平及社会道德伦理观念和配套制度完善程度等因素进行判断。至少从实施的阻力来看，中国不适合推行"必要回应"原则，而较为适宜采纳"知情同意"原则。事实上，根据上述我国《人体器官捐献和移植条例》的有关规定，我国立法所采纳的正是"知情同意"模式。但是，以知情同意为特征的利他型捐献体系是否能够有效增加器官的供给，许多学者提出了质疑，并以一些国家的数据进行了分析。本书以为，知情同意原则如辅以适当的激励机制，是可以有效地推动器官捐献数量的增加的。而对于人体器官捐献激励机制正当性论证及具体措施等问题，本书将在第八章中予以重点介绍，在此不再赘述。

第三节 优先考虑捐献人利益原则

优先考虑捐献人利益原则的含义是，在进行器官移植时，应当以捐献人（即器官的捐献者）的身体健康和生命安全为优先考虑的因素。这既是捐献人自愿捐献身体器官行为所折射出来的对社会和人类的责任感与道德情操的肯定，也是平衡受赠者和捐献人之间在器官移植中的利益得失的需要，更是尊重捐献者基本人权的体现。

在一些国家的立法中，活体器官捐献只能以捐献人的生命和健康不因此受到损伤为前提。土耳其1979年5月29日第2238号法令的第8部分中规定，如果获取器官会引发供体的死亡或者危及供体的健康，则禁止器官或组织的获取[①]。西班牙皇家法令第426号（1980年2月22日）规定，"器官的获取必须与保证供体的生命这一目标相协调，保证器官获取不会影响供体的组织功能的正常运转［Reg 2（b）］"，并且"供体在获取器官时的健康状况应当与相应的医学要求相一致"。挪威1973年的法律中也有类似的规定："手术必须是在对供体健康和生命没有直接影响的情况下进行。"瑞典于1975年颁布的《移植法》也规定，"考虑到手术的性质或供体的健康状况，如果有理由怀疑手术会严重危及供体的健康甚至危及其生命，则器官或者其他生物组织不得被获取"[①]。

丹麦1990年的《器官移植法》［section13（3）］也有类似规定[②]。塞浦路斯1987年的法令规定，"除了由器官获取本身带来的伤害外，如果对捐献者的健康和

---

① David Price and Austen Grarwood-Gowers: A Synopsis of Transplant Law in Europe relating to Living Donor Transplantation. http://www.maths.lancs.ac.uk/~henderr1/EuroTold/Legisearch.

② http://www.maths.lancs.ac.uk/~henderr1/EuroTold/Legisearch.

生命有任何严重的或表面的危险,则器官获取是被禁止的"[①]。俄罗斯联邦立法规定,活体器官捐献者只能在经过专门的医学专家委员会鉴定,认为他的健康不会因器官的获取而受到实质性影响后才能捐献。比利时1986年的法律规定,从18岁以下的未成年人身上获取不可再生性器官,必须保证获取不会严重影响捐献者的健康[②]。我国深圳地区制定的《深圳经济特区人体器官捐献移植条例》第7条规定,生前捐献人体器官的,应不危害其生命安全。换言之,如果捐献会给捐献者的健康带来严重的危害,则器官的捐献应是被禁止的。

第四节 充分保护无行为能力人、限制行为能力人利益原则

在器官移植领域,无民事行为能力人和限制民事行为能力人是两类特殊的社会群体,应当特别注重保护其利益。《WHO人体细胞、组织和器官移植指导原则》第4项规定,"除了在国家法律允许范围内的少数变通例外的情况,不可出于移植目的从未成年人活人身上获取任何细胞、组织、器官。应当制订保护未成年人的具体措施,在任何可能情况下都应在捐献前获得未成年人的同意。对于未成年人适用的内容也同样适用于没有法定能力者"[②]。而综观各国法律,多从以下两个方面对上述人群进行特殊的保护:一是对他们捐献器官的范围作严格限制,仅在某些国家和地区允许其捐献骨髓等可再生性器官(比利时除外),有的国家甚至完全禁止他们捐献任何器官;二是对他们捐献器官的程序作了严格的规定,如必须征得父母、监护人或履行同等职责的人的同意,以及要获得中立机构的肯定性评估报告后方可捐献器官等。

欧洲各国在这个问题上的态度有较为明显的差异,但是总体上看还是对未成年人捐献器官持"有限度的允许"态度。一个极端是,一些国家简单地规定禁止从未成年人身体获取器官,如罗马尼亚1978年6月颁布的法律第一百三十三部分作了这样的规定。西班牙1979年第30号法令和1980年的皇家律令分别在第四部分4(a)

---

① David Price and Austen Grarwood-Gowers: A Synopsis of Transplant Law in Europe relating to Living Donor Transplantation. http://www.maths.lancs.ac.uk/~henderr1/EuroTold/Legisearch.

② 杨立新.中国人格权法立法报名[M].北京:知识产权出版社,2005:292-293.转引自姚岗.试论人体器官权与器官捐献激励原则[D].中国政法大学,2015(3):145.

和 Reg 2（a）中作了简单的规定，捐献者必须是法定的成年人①。希腊 1983 年的法令 section 5（a）中有一个类似的一揽子条款，规定禁止未成年人的器官捐献，但是例外情况是，作为兄弟姐妹的供体和受体之间在生物组织上完全配型，并且得到了其法定监护人的同意，则可以允许未成年人捐献骨髓。俄罗斯也作了同样的规定。前民主德国则简单地规定，"捐献者必须已成年"［section 7（2）］。葡萄牙 1993 年的法律则规定，任何未成年人及无行为能力的成年人对不可再生性器官的捐献都是被禁止的②。

多数国家的具体条款都是有限度地允许未成年人捐献器官，但同时也规定了严格的限制条件。如土耳其 1979 年的法律规定，"……但是，从未满 18 周岁的未成年人身上获取器官是非法的，除非他已经在有至少两名见证人在场和没有任何外来压力的情况下签署了一个器官捐献的文件，或者他生前在至少有两名证人在场见证的情况下口头表示捐献器官，并随后签署一个声明且得到一位医师的背书［section 5 & 6］"①。在 section 7（c）中规定，医师对于由于智力或精神上的原因而无法自己作出决定的捐献者，应当拒绝其捐献①。斯堪的纳维亚国家则普遍是对未成年人器官捐献持比较支持的态度。丹麦的规定似乎是最为宽松的，只要求 18 岁以下的未成年人表示出同意，并获得了父母等监护人的允许［section 13（2）］①。挪威 1973 年的法律规定，在得到监护人、行使家长职权、负责照顾未成年人的人及健康服务协会的理事会同意的情况下，未成年人可以与成年人同样的方式作出捐赠器官的意思表示。另外，未成年人必须清楚地理解医师提供给他的有关器官捐献手术性质和后果的信息①。而芬兰 1985 年第 355 号法律对未成年人捐献器官的规定则是最为严格的：只有至少年满 18 周岁的公民方可捐献不可再生性器官。未满 18 周岁的公民只能捐献可再生性器官，并且必须得到其父母或监护人、信托人的书面同意和国家卫生局理事会的允许且该未成年人本人不反对。但是对于捐献者意思表示的效力要考虑未成年人自身的心智和年龄水平。必须有一位少儿心理学专家或儿科专家出具一份鉴定报告，在活体捐献手术进行之前与捐献申请一同交给国家卫生局（section 2）①。这一规定与葡萄牙 1993 年的法律不谋而合。葡萄牙规定父母可以同意未成年人捐献可再生性器官，但该未成年人必须能够理解和表达自己的意愿，同时捐献必须有未成年人本人的同意。比利时 1986 年 6 月 13 日的法律禁止任何医疗机构和医师从未满 18 周岁的未成年活体上获

---

① http://www.maths.lancs.ac.uk/~henderr1/EuroTold/Legisearch.

② David Price and Austen Grarwood-Gowers: A Synopsis of Transplant Law in Europe relating to Living Donor Transplantation. http://www.maths.lancs.ac.uk/~henderr1/EuroTold/Legisearch.

取不可再生性器官或组织，但如果是为了给自己的兄弟姐妹进行器官移植，并且获得以下各方的同意后允许其捐献可再生性器官：①如果捐献者已满15岁，则须其本人同意；②如捐献者有共同生活的配偶，则须征得其同意；③捐献者的婚姻须经其监护人同意的，捐献器官时须征得他们的同意。①

法国的相关立法也部分地考虑到了捐献人和受赠者之间的亲缘关系。1976年的法律第一部分这样规定："如果供体是未成年人，那么他/她必须是受体的兄弟或姐妹，如果是，则还必须得到其法定监护人的同意，并且还要有一个至少由3名专家（包括2名医师，其中1名须能够证明自己拥有20年从医经验）组成的委员会的许可。这个委员会应当对获取手术带来的所有可预见的后果，包括身体上的和心理上的，进行检测并出具自己的意见书。如果能够获得未成年人本人的意见，则如其本人在作出同意获取器官后如果又拒绝，则无论何种情况都应当尊重其意愿"①。

英国的1989年的《人体器官移植法案》规定，从活体上获取器官或组织将是一种犯罪，除非受体与供体之间存在遗传关系②。但是，在该法案下又产生了一个机构——非遗传性器官移植管理局，它被赋予对符合某些条件则可以在遗传上无关的人之间进行器官移植的准许权。因此，英国并不禁止遗传上不相关的人之间的器官移植，但可以肯定的是，英国的法律对于遗传相关人群间的器官移植的限制要少得多。

而精神病患者作为另一个相对特殊的群体，法律是否允许精神病患者作为器官的供体？有无必要区分不同程度的精神病患者？综观各国立法例，在这个问题上几乎没有直接针对精神病患者作为供体的规定。但从上面提到的立法情况来看，各国对未成年人捐献器官的总的原则是，父母可以同意未成年人捐献可再生性器官，但该未成年人必须能够理解和表达他/她自己的意愿，同时捐献必须经未成年人本人的同意。由此可以推知，本人同意是捐赠的先决条件，如果本人没有意思表示能力，则父母或监护人不得单方为其设定任何器官捐赠的负担。所以，由于精神病患者不具有意思能力或意思能力处于不稳定的状态，为保护其人格利益不受侵犯，法律应当禁止任何人，包括其父母或监护人在内，代替精神病患者本人作出捐赠任何器官的意思表示。至于是否有必要区分病情的程度，如果精神病患者在神志清醒时作出捐献器官的意思表示，而待器官真正获取时又处于发病期的，应当不允许获取他的器官，因为此时他无法行使撤销权，若获取其器官很可能违背其真意；如果是在发病期间作出捐献的意思

---

① David Price and Austen Grarwood-Gowers: A Synopsis of Transplant Law in Europe relating to Living Donor Transplantation. http://www.maths.lancs.ac.uk/~henderr1/EuroTold/Legisearch.

② 译自英国1989年《人体器官移植法案》（Human Organ Transplants Act 1989）。

表示，该意思表示当然无效。因此，无论何种类型和程度的精神病患者，由于其意思表示能力上的欠缺或不稳定性，原则上都应当禁止其捐献器官。

第五节　非优先原则

施行器官移植手术的目的，是恢复患者的器官功能或挽救生命。就目前的医学发展水平而言，器官移植手术的费用比较高，部分器官的移植效果还不够稳定。根据诊疗上的最优化原则，也称为最佳方案原则，是指以最小的代价获得最大效果的诊疗决策，要求疗效最好，安全无害，痛苦最小，耗费最少，施行器官移植手术必须坚持非优先原则[1]。该原则要求必须根据确实的医学知识，考虑当地医学科技的发展水平，优先考虑其他更为可行的医疗方法。只有在没有符合最优化原则的其他治疗手段的情况下，才考虑进行器官移植。我国《深圳经济特区人体器官捐献移植条例》第4条规定，"……人体器官移植应当依据公认的医学原理，符合国家医学科技的发展水平，并应当优先考虑其他更为适当的医疗方法……"

前民主德国在1975年颁布的关于器官移植的法令的前言部分，规定"只有在通过其他治疗形式不能达到令人满意的保护患者的生命和促进健康的效果或效果极其有限时，才能考虑进行器官移植"。这个规定在统一后的新德国全境都适用[2]。俄罗斯联邦于1992年11月22日新颁布的《人体器官组织移植法》也作了同德国相类似的规定。1978年6月罗马尼亚也颁布了一部法律，规定"只有在没有其他治疗途径来恢复患者健康和生命质量时才能进行人体组织和器官的移植"[3]。

一旦确定需要器官移植手术，非优先原则还指，就遗体器官捐献与活体器官捐献相比而言，则应当优先考虑遗体器官移植，换言之，活体器官处于非优先考虑的地位。例如，比利时于1986年6月13日颁布的法律规定，"如果从活体获取器官或组织将影响供体的生命安全，或者该器官是不可再生的，则获取是被禁止的，除非受体生命处于危险状态，并且从遗体上获取的器官进行移植不能获得同样令人满意的手术效果"（Reg.6）[4]。前民主德国1975年7月4日颁布的关于器官移植的法令，规定活

---

[1] 黄清华. 我国人体器官捐赠移植立法问题研究［J］. 法律与医学杂志，2000，7（4）：11.

[2] http://www.maths.lancs.ac.uk/~henderr1/EuroTold/Legisearch.

[3] David Price and Austen Grarwood-Gowers: A Synopsis of Transplant Law in Europe relating to Living Donor Transplantation. http://www.maths.lancs.ac.uk/~henderr1/EuroTold/Legisearch.

[4] David Price and Austen Grarwood-Gowers: A Synopsis of Transplant Law in Europe relating to Living Donor Transplantation. http://www.maths.lancs.ac.uk/~henderr1/EuroTold/Legisearch.

体器官捐献只能用于"没有遗体器官可供使用"的情形[section 1（3）]和"推知活体器官更可能有助于恢复患者健康和挽救生命"的情形[section 6]①。我国台湾地区的《人体器官移植条例施行细则》第2条亦规定，"医院、医师施行器官移植手术，应优先考虑以遗体捐赠之器官为之"②。

第六节 禁止器官买卖原则

　　随着对器官移植需求的不断增长，供体器官短缺已经成为世界性的问题。人体器官的供需矛盾导致国际器官黑市交易的增长，社会伦理秩序及善良风俗同样遭受严重的破坏。鉴于此，为了遏制器官交易的犯罪行为及维护社会伦理秩序，世界上绝大多数国家在法律上明文禁止任何形式的人体器官和组织的交易。

　　我国香港特别行政区制定的《1999年人体器官移植（修订）条例》规定，任何人买卖器官均属违法，首次定罪可判罚5万港元及监禁3个月③。我国台湾地区《人体器官移植条例》修正案，在2002年6月20日通过，此次修订也旨在增加器官捐赠及杜绝器官的非法买卖。为杜绝器官的非法买卖，使器官沦为买卖标的，引发道德及伦理争议，修正案也制定罚则，规定如以广告物、出版品、计算机网络、广告、电视、电子信号或者其他媒体，散布、播送、刊登促使人为买卖器官信息者，处以新台币9万元以上、45万元以下罚款④。

　　新加坡《人体器官移植法案》规定，任何以捐献器官作为交易者，将会面临最高1万新元（5700美元）的罚款，或监禁不超过一年，或两者兼施⑤。1985年10月在比利时举行的第37届世界医学大会（World Medical Assembly）上，与会国签署了《制止人体器官交易宣言》，号召全球各国政府采取有效措施制止人体器官的商业化利用⑥。这个意见得到了1987年10月在西班牙马德里举行的第39届世界医学大会

---

① David Price and Austen Grarwood-Gowers: A Synopsis of Transplant Law in Europe relating to Living Donor Transplantation. http://www.maths.lancs.ac.uk/~henderr1/EuroTold/Legisearch.
② 我国台湾地区《人体器官移植条例施行细则》，网址 http://www.6law.idv.tw。
③ 《新闻公报》立法会十七题：器官捐赠行动，网址 http://www.info.gov.hk/gia/general/200303/19/0319198.htm。
④ 吴玉枚，吴家翔的著作《立院通过救命法案〈人体器官移植条例〉修正放宽5亲等内姻亲移植》网址 http://www.ettoday.com/2002/06/20/304-1318340.htm。
⑤ 中央社：《新加坡过后通过人体器官移植修正法案》，网址 http://news.yam.com/can/healthy/200401/200401060415/html。
⑥ www1.umn.edu/humanrts/instree/medicalfreedom.html。

第三章 器官捐献与移植的基本原则

的确认，并被世界卫生组织第 WHA40.13 号决议采纳。该决议认为这种交易"违背了最基本的人类价值观，是对《世界人权宣言》和 WHO 宪章精神的践踏和侵犯"①。该决议第 3 条则是以保护被商业化侵犯的人的利益为宗旨。接下来的第 25 条第 1 款规定，"要为因器官被获取而承受巨大健康风险的人创造一个健康的、福祉的生活。不支持迫于生计而进行的器官捐献"②。

1998 年 5 月 18 日世界卫生大会（World Health Assembly）决议也对人体器官移植的原则进行了总体的指导。该会议后来的 WHA42.5 号决议指出，"我们现在尚未有效地阻止人体器官的跨境走私"，号召其成员国"采取适当的措施来阻止为人体器官移植而进行的买卖"。并随后补充了一条："再也不能对人类的不幸再进行剥削了，特别是对儿童和其他弱势群体，为器官移植而进行的器官买卖违背了人类基本的伦理规则，对此的认识要进一步深入"③。在器官交易的基本原则这个问题上，作了如下规定：

"人体及其各部分不得作为商业交易的对象。因此，为买卖器官而支付或者获取利益（包括任何其他的补偿或奖励）都是被禁止的。"（原则五）

"不得以广告宣传以提供或寻求报酬为目的的器官供应和需求信息。"（原则六）
"禁止任何个人或进行器官移植的医疗机构获取任何超过提供器官和服务所得合理费用的报酬。"（原则八）

"根据分配正义和平衡原则，捐献器官的受体的确定应以医学上的需要和可行为标准，而非金钱上的或其他考虑。"④（原则九）

2010 年 5 月第 63 届世界卫生大会批准修订后的《WHO 人体细胞、组织和器官移植指导原则》，其中对禁止器官交易原则进行了如下详尽的规定⑤：

"细胞、组织、器官应仅可自由捐献，不得伴有任何金钱支付或其他货币价值的报酬。购买或提出购买移植的细胞、组织或器官，或者由活体或死者近亲属出售，都应予以禁止……"（指导原则五）

"……应禁止登广告征求细胞、组织或器官并企图为捐献细胞、组织或器官的个人提供或寻求付款，或在个人死亡情况下，为其近亲属提供或寻求付款。参与对此类个人或第三方付款的中间行为应予以禁止。"（指导原则六）

---

① http://www.wma.net/e/policy/a16.htm.
② http://www.wma.net/e/policy/a16.htm.
③ www.ldb.org/vl/top/wha51.htm.
④ www1.umn.edu/humanrts/instree/medicalfreedom.html.
⑤ WHO 人体细胞、组织和器官移植指导原则［J］.中华移植杂志，2010，4（2）：152-155.

"如果用于移植的细胞、组织或器官是通过剥削或强迫，或向捐献人近亲属付款获得，医师和其他卫生专业人员应不履行移植程序，健康保险机构和其他支付者应不承担这一程序的费用。"（指导原则七）

"应禁止所有参与细胞、组织或器官获取和移植程序的卫生保健机构和专业人员接受超过所提供服务的正当费用额度的任何额外款项。"（指导原则八）

我国《人体器官捐献和移植条例》同样规定了禁止器官买卖原则，并对非法器官买卖活动规定了处罚细则[①]。结合我国《人体器官捐献和移植条例》的有关规定，并综合上述 WHO 指导原则及其他国家和地区的立法，本书认为，可以从如下几个方面来贯彻禁止器官交易原则：①规定受赠者不得以任何有偿方式获取人体器官和组织，并规定在器官捐献和移植过程中，供体和受体双方的亲属不得直接接触，医院对捐献者和受赠者双方的资料应予保密。②规定活体器官捐赠与获取必须以不危害捐献者的生命安全为前提，并以移植于其最近亲属为限。③规定医师自遗体获取器官，必须经其他医师判定捐献者确已死亡后进行，同时规定判定死亡的医师不得参与器官的获取和移植手术。④严格禁止器官交易的信息的传播。⑤规定对任何形式的破坏器官交易的禁止原则行为予以严惩，严厉打击侵犯他人生命健康牟取私利的行为。

与无偿原则相关的是补偿原则。虽然补偿器官捐献者的成本已经成为很多国家的做法，但是在以何种形式进行成本补偿和如何防止过度激励引发器官买卖的问题上，尚存在很大争议，有的国家和地区甚至严格禁止捐献者获得任何形式的补偿。很明显这样的禁止有失公允，更吓阻了许多原本希望捐献器官的潜在捐献者。禁止器官买卖与器官供体从捐献中获得合理补偿是不同的，前者是非法获利，后者是合理填补损失；前者早已被世界各国立法所采纳，后者则是最近逐渐被人们认同，属于器官捐献激励机制的一部分。在功能上，该原则使保障器官移植这种高尚的道德行为不致向物欲化的畸形方向发展的一道立法屏障。

第七节　器官分配公正透明原则

《WHO 组织人体细胞、组织、器官移植原则》中指导原则九规定，"器官、细胞和组织的分配应在临床标准和伦理准则的指导下进行，而不是出于钱财或其他考

[①] 我国《人体器官捐献和移植条例》第6条规定，"任何组织或个人不得以任何形式买卖人体器官，不得从事与买卖人体器官有关的活动"。第8条第1款规定，"人体器官捐献应遵循自愿、无偿的原则"。第32条规定，"从事人体器官移植的医疗机构实施人体器官移植手术，除向接受人收取条例规定费用外，不得收取或者变相收取所移植人体器官的费用"。

虑。由适当人员组成的委员会规定分配原则,该原则应该公平、对外有正当理由并且透明"[①]。我国《人体器官捐献和移植条例》第20条同样规定,"遗体器官的分配,应当符合医疗需要,遵循公平、公正和公开的原则"。由上述法律文件可以看出,器官分配的公正透明原则无论在国际上还是在我国均得到了立法的认可。虽然,器官分配公正透明原则的确立有立法依据,但是如何将公正透明原则予以展开和贯彻则仍需要进一步研究。对此,本书将在参考国外先进经验并结合我国实际情况的基础上,分别对如何保证器官分配的透明性和公正性等问题予以讨论。

就保障器官分配的透明性而言,在各国器官移植的立法中,多数都规定由某一个专门机构或者成立一个专门机构负责构建统一的器官捐献登记网络或资料库,并且这些网络或资料库的信息都是公开的,可供公众随时查询。但是,每一个国家都会对捐献者及患者的个人信息严格保密,防止患者与捐献者直接接触,干扰器官分配的公正性。

《深圳经济特区人体器官捐献移植条例》也规定,在器官捐献过程中,要让捐献者、患者及其亲属了解其所应当知道的各种事项,由深圳市红十字会负责建立人体器官信息。对于人体器官信息资料,负责登记的机构应及时将信息反馈给捐献者或者死者近亲属、器官移植患者,并由其予以确认。这些做法也体现了器官捐献与移植过程中的公开透明原则。

而就保障器官分配的公正性而言,器官分配要确保每一位等待器官移植的患者都有平等的获取器官的机会。然而,器官作为一种极为稀缺的健康资源,其分配过程很容易受到各种不良因素的影响,那么如何保证上述平等机会的实现?本书认为,可以在借鉴英国、西班牙、美国等国外的先进经验基础上,参考我国部分发展较快地区的相关规定,同时结合目前我国器官捐献和移植工作的发展现状,探索出一套适合我国国情的器官分配公正体系。

英国有一套完善的体系来保证器官分配的公正性,其指导思想就是在考虑患者需求和最佳配型的医学要求的基础上保证捐献器官的最有效的利用。英国公民中所有需要器官移植手术的患者都在英国国家器官移植资料库中进行登记,而器官分配的原则由卫生部门及专家小组来共同确定。为了保证最佳的配型,器官移植必须考虑血型、年龄、供体和受体的身量等因素。例如,肾移植手术中最重要的一个问题就是组织间的配型,配型越相近,则手术成功率就越大。英国的器官移植中心用一个计算机系统

---

① WHO人体细胞、组织和器官移植指导原则[J].中华移植杂志:电子版,2010,4(2):152-155.

来保证与供体配型最好的患者，或者说捐献者的最佳受体。英国器官移植中心负责对器官分配进行全程监控，任何一个个案如果违反了上述原则，则该中心有权向实施移植手术的医疗机构的院长、相关专家组的组长和移植中心的医学主任汇报。虽然，不同类型的器官在英国适用不同的器官分配原则，但是无论是心脏、肺脏、肾脏、肝脏还是角膜移植，还是存在一些共性的原则[1]。具体而言，英国的器官分配原则主要包含如下内容：①等待心脏或者肝脏移植手术的患者如果被归于病危一级，则在器官分配中享有优先权，这是因为如果没有及时移植器官则其寿命只能以日甚至是小时来计算了。如果等待名册上没有处于紧急情况的患者，则器官分配给年龄和血型与捐献者最为接近的非紧急型患者，而为了减少器官获取与移植间的时间间隔以免影响器官质量，捐献者与受赠者所在的地点远近也是要考虑的因素之一。②在肾移植中，优先考虑儿童作为捐献器官的受体。之所以如此，乃在于儿童很难依靠透析来维持生命，而且如果不及时移植器官给他们，正处于发育期的少年儿童在未来成长的过程中就有可能长期地被剥夺健康。③从儿童器官捐献者身上获取的器官一般会优先考虑其他儿童的器官移植手术，以保证器官大小的合适。但是如果没有合适的儿童接受该器官，则也会考虑成年人作为受体。④在英国全国范围内一旦有人捐献器官，英国国家器官移植中心的各地办公室就会立刻获取相关信息，该中心的工作人员可以从全国的资料库中搜寻紧急患者，并且可以为患者在全国任何一个器官中心中寻找血型和年龄均匹配的器官。⑤有时在本国内没有任何受体适合接受某一捐献器官。

西班牙、美国器官分配公平透明的形象，同样为世界所认可，这两国的分配制度有其相似之处：①设立科学的器官分配标准。②采用器官分配系统进行信息匹配。③严格执行分配体系，完善信息纠漏和监督体系。西班牙器官分配体系目前已做到外国居民和本国居民相似的器官移植手术机会，器官分配体系公开透明的媒体形象获得民众的信任。

根据我国《深圳经济特区人体器官捐献移植条例》的相关规定[2]，进行器官移植的医疗机构，应当在器官分配中保持中立，严格按照医学标准，如器官组织配型、器官大小、供需体年龄差异等，并根据红十字会申请登记的时间先后顺序来确定最佳器

---

[1] 网址 http://www.uktransplant.org.uk，最后访问时间 2016 年 4 月 30 日。
[2] 《深圳经济特区人体器官捐献移植条例》第 16 条规定："患者享有平等获得人体器官移植的权利。患者接受移植的顺序由市红十字会按照申请登记的时间先后确定。只有当前一名备选患者不适合接受该人体器官移植时，方可选择后一顺序的备选患者；是否适合接受该人体器官移植，应当遵循公认的医学标准；近亲属中有已经捐献人体器官的患者，在接受人体器官移植时享有优先权。同时享有优先权的患者由市红十字会根据申请登记的时间先后确定顺序。"

官接受者。只有当前备选患者不适合接受该人体器官移植时，方可选择后一顺序的备选患者。如果有患者本人或其家属已经捐献过人体器官的，在接受人体器官移植时享有优先权，同时享有优先权的患者由红十字会根据申请登记的时间先后来确定顺序。国家卫生健康委员会在2018年颁布的《中国人体器官分配和共享基本原则和肝脏、肾脏、心脏、肺脏分配和共享核心政策》同样对器官分配具体规则，如信息采集、等候者名单的建立、等候者排序的影响因素、等候者综合评分等，作出了详细的规定。而我国在2019生效执行的《人体捐献器官获取与分配管理规定（试行）》中又突出了对器官分配须经过分配系统来进行的要求。《人体捐献器官获取与分配管理规定》第26条规定："捐献器官必须通过器官分配系统进行分配，保证捐献器官可溯源，任何机构、组织和个人不得在器官分配系统外擅自分配捐献器官，不得干扰、阻碍器官分配。"

在我国，"建立透明公正的器官移植分配网络"已经成为各方的共识。国家强制要求有器官移植资质的医院使用国家卫生健康委的人体器官分配与共享计算机系统，就是希望中国器官分配与共享系统能成为真正意义上的第三方平台，保证器官捐献过程的公正透明，不受人为干预。全国具有器官移植资质的医院必须强制使用器官移植分配系统，全国范围内所有人体捐献器官的分配都必须通过该系统的计算机评分来决定先后。所有器官捐献者的信息、等待移植患者的信息都应录入分配系统当中，建立器官移植等候者名单，实现全国范围内的器官信息共享。同时，分配系统应根据每位患者的病情、地理位置、血型匹配、等待时间等因素，对等候者名单中的患者给予动态评分，依据得分高低自动分配捐献器官进行移植。由此，方可在器官分配过程中有效排除人为干预，确保器官的捐献与分配公正、透明、科学。

第四章

器官捐献同意模式

一般来说，医疗活动均需要患者的预先同意，这是医疗行为合法性的前提。法律赋予患者知情同意权，知情同意权源于公民的自主权与自决权，是指医疗机构及其医务人员在医疗活动中应将全部的诊疗信息如实地告知患者或其家属，使患者及其家属充分知情并对医务人员所采取的医疗措施自主作出医疗处分决定（同意与否）的权利。

人体器官移植属于医疗活动，获取人体器官和从事器官移植手术前，均需要相关人的同意。在器官捐献过程中，涉及获取活体人体器官捐献或者从死者身体获取器官，这个过程中要体现出对捐献者及其家属自决权的尊重，获取同意的方式就显得十分重要。在器官供体短缺的现实背景下，采取何种"同意模式"，立法者需要平衡个人权利与社会利益，针对这一问题的不同回应产生了两种不同的立法模式，即"告知同意模式"和"推定同意模式"。

第一节 器官捐献同意模式类型

根据器官捐献是否需要本人表达同意，各国器官捐献立法模式分为告知同意模式和推定同意模式，前者又称为选择进入模式，后者又称为选择退出模式。在选择进入模式下，根据捐献者家属是否有权反对捐献者生前的捐献意愿，又划分为硬性选择进入模式和柔性选择进入模式。在选择退出模式中，根据个人退出的程序难易条件及是否需要征询家属意见，分为硬性推定同意模式和柔性推定同意模式。各国器官移植法律在"同意"问题上，所表现的"硬性"和"柔性"立法的特征值得仔细研究（详见本章后附表）。

根据各国法律规定，世界上有器官捐献和移植法规的国家基本可以划分为两种同意模式，一种是告知同意（又称为明示同意或知情同意，Express or Informed Consent）模式，在法学术语上，明示的同意在器官获取程序中被称为选择进入（Opt-In）模式。在此模式下，个人必须在生前自愿地选择捐献器官，如果个人生前没有自愿表达捐献器官（未进行捐献书面登记），就不能在其死后获取其器官用于移植手术[1]。目前，明确采用告知同意模式的国家包括英国、美国、澳大利亚、德国和日本。

与告知同意模式相对应的另一种是推定同意（Presumed Consent）模式，也称为选择退出（Opt-Out）模式。在选择退出模式中，个人被推定为愿意在其死后捐献遗体器官，除非其肯定地表示拒绝捐献器官，医师可以在其死后获取其遗体器官。在这种立法模式下，个人自出生时起便被预先推定为潜在的器官捐献者[2]。从法理上考量，"推定同意"显得有些偏激，因为"推定同意"强加给所有公民一个登记退出的义务，否则便视为同意捐献器官，这种立法是对"私人自治"这一法律原则的侵犯。目前明确采用推定同意模式的国家主要包括西班牙、奥地利、比利时、法国、意大利等22个欧洲国家。在拉丁美洲器官捐献方面采取推定同意模式的有阿根廷、乌拉圭、智利等19个国家。新加坡是亚洲地区唯一在立法中明确采用推定同意模式的国家。

第二节　告知同意模式

一、美国：重视个人选择的权利

美国法律因比较重视个人权利保护，在器官捐献与移植法规中，充分体现在了器官捐献个人权利的保护层面上，也就是法律会优先考虑个人是否同意捐献的意愿。尽管这一明示的同意是美国主导性的行为，但却因美国是采取联邦制度的国家，一些州的立法又体现出一些差异。

1968年，美国统一州宪法与法律委员会起草了关于器官捐献的法律——《统一器官捐献法案》（*Uniform Anatomical Gift Act*，UAGA），随后于1987年和2006年分别进行了修订，以辅助指导各州的器官捐献法规，从而期望形成关于器官捐献同意模式的一致性立法。法案起草委员会在UAGA1968草案前言中写道："法律文本上的法规总得来说并不是以一种全面成熟的方式解决法律问题（器官捐献），这些法律条文是17世纪以来的普通法及各州生效法规的一个混乱的糅合"[3]。UAGA1968的

---

[1] Munoz R T, Fox M D. The brain-dead organ donor: pathophysiology and management [M]. New York: Springer Science Business Media, 2013.

[2] Miranda B, Fernándex Lucas M, de Felipe C, et al. Organ donation in Spain [J]. Nephrol Dial Transpl, 1999, 14（3）: 15-21.

[3] Uniform Law Commission. Uniform Anatomical Gift Act [homepage on the Internet]. c2012 [cited 2012 Mar 6]. Accessed from http://www.uniformlaws.org/Act.aspx?title=Anatomical%20Gift%20Act%20.

一个基本理念就是：重视个人或者死者家属捐献器官的捐献权利。UAGA 目前已被美国 50 个州和哥伦比亚特区所采用。尽管 UAGA1968 经美国统一州宪法与法律委员会多次修订，但是其"鼓励自愿表达同意"的前提一直保留着。UAGA 专门设立一种机制，让人死后可以捐献其遗体或者部分组织、器官。这种捐献意思通过以下方式实现：①捐献者立遗嘱的方式；②捐献者在两名见证人在场的情况下签署的一份书面文件来实现；③如果没有遗嘱或者经见证的捐献文件，也没有确切的信息表明死者拒绝器官捐献，根据 UAGA 的规定，死者的家属有权捐献其器官。

尽管 UAGA 鼓励各州采用统一的法规，但是它并不是联邦立法，因此其被各州修改后实施[①]。例如，由于供体器官需求的不足，26 个州和哥伦比亚特区采用必要探询（required request）模式，规定医疗从业人员有义务在潜在捐献者死亡前后，向潜在器官捐献者本人或者其家属询问其对于器官捐献的态度。18 个州在法律中明确规定医疗从业人员有义务告知捐献者或者其近亲属捐献器官的选择。至少 4 个州采用混合表述，即对捐献者生前进行"探询"，在死亡发生后，医疗人员有义务"告知"死者家属有权捐献死者器官。在一些州，如密西西比州、威斯康星州和阿肯色州，医疗人员要获知脑死亡潜在捐献者的意愿，须首先取得近亲属的同意[②]。

另外针对家属反对死者生前表达同意捐献意愿的情况，2006 版 UAGA 强调死者生前的捐献意愿优先考虑，亲属的反对意见是无效的。由此可见，若捐献者本人生前意愿和死后家属拒绝捐献的权利发生冲突，美国法律优先尊重捐献者本人的生前愿望。"在美国，法律采取的是'明示同意'模式，死者生前意愿优先被尊重，亲属的同意（permission）并不是法定必要条件，但在医疗实践中，绝大部分时候医师为了避免被起诉，也会争取家属的同意"[③]。

二、英国：向推定同意的转变倾向

英国是较早开展器官移植和器官捐献的国家之一[④]，通过普及器官捐献和移植等

[①] 具体请参见美国卫生和人类服务部官网，网址 http://www.hhs.gov。

[②] Jang YA. Fifty years of organ transplants: the past, present, and future of organ transplant policy. The Health Law and Public Policy Forum. Vanderbilt University. 2009; 1（1）. Accessed from http://law.vanderbilt.du/student-resources/student-organizations/health-law-society/health-law-forum/archive/vol1_no1/index.aspx.

[③] Kenneth Gundle. Presumed consent: an international comparison and possibilities for change in the United States, Cambridge Quarterly of Health-care Ethics（2005），14：113-118.

[④] 吴轶，陈忠华.英国人体器官/捐献移植现状[C]//全国器官捐献与移植学术研讨会，2009.

知识，大力推广移植受者运动。虽然很多欧洲国家在器官捐献立法上均采用推定同意模式，英国器官捐献却是根据"明示的同意"来制定的。在英国，器官捐献的专门法规是在2004年的《人体组织法案》中规定的，适用于英格兰、威尔士和北爱尔兰。该法案是一部综合性器官捐献与移植法规，既包含了遗体捐献又规定了活体器官捐献。而2006年的《人体组织法案》则适用于苏格兰，尽管该立法并不是综合性立法，在苏格兰行政部门的协议下，在苏格兰地区2004年法规中的许多程序也同样适用。

2004年《人体组织法案》确定了表达的同意模式，法案规定：个人若想在死后捐献器官，必须在生前表达捐献的意向，捐献器官的同意意向可以由本人或者第三方（通常为朋友或亲属）采用书面或者口头形式。表达同意的方式可以是填写器官登记卡或者直接进行器官捐献者登记，国家数据库会将个人同意捐献器官的意向通知给相关医疗人员[1]。根据此规定，捐献者在生前若表达捐献的意愿，且其亲属在其死亡时对此允许，相关医疗机构则可进行器官的获取。

2006年9月1日，英国又出台了关于人体器官捐献的新规定，取消了家庭阻止从死去家属身上移走器官作移植和研究之用的权利。面对目前器官来源短缺的严峻形势，英国政府规定人体器官捐献只需要听取死者自身的意愿，也就是说即使有家属反对，器官也可以顺利捐献给研究和移植使用，这也是向着"推定同意原则"的方向又接近了一步。然而，在实践之中，虽然立法规定捐献者的捐献意愿优先，但器官获取组织在获取器官前必须先经过家属或者捐献者关系亲近人员的同意，如果家属不同意或者加以阻挠，通常难以取得捐献者器官。

英国民意调查显示，多达90%的英国人支持捐献和移植。然而，另一个衡量社会支持的捐献率——家庭同意率却徘徊在60%[2]。这个缺口反映了个体希望死后捐献而面临现实悲伤的家庭却难以同意过世家人的选择。如果家庭同意率增加到85%，将每年增加几乎500名额外的捐助者，因此取消家属阻止从死者身上移走器官的权利被广泛认为是增加器官捐献最需要改进的元素，但也正是这一个元素，英国的大部分地区迄今为止仍顽固地抗拒改变。

2008年11月，器官捐献研究小组发表了一份独立报告，反对政府采纳推定同意模式。该报告指出世界上其他国家的证据表明，这样的模式并不能有效提高捐献

---

[1] NHSBT. Organ Donation ［homepage on the Internet］. c2012［cited 2012 Feb 13］. Accessed from http://www.uktransplant.org.uk/ukt/default.jsp.

[2] http://www.odt.nhs.uk/donation/deceased-donation/consent-authorisation/（Accessed June. 6, 2015）.

率[①],并且认为推定同意模式当前不适合引入英国,器官捐献模式转变虽然可能带来实际的好处,但也存在着使目前的状况更加恶化的风险。同年,时任英国首相布朗曾支持推定同意模式,表示不排除政府会采用推定同意模式的可能,除非死者已经声明不愿意捐献器官或其家人表示反对,否则医院可以默认死者同意捐献,可以在没有得到许可的情况下进行移植。该项提议最终因为患者团体的反对而遭到否决。

然而,2011年11月,威尔士政府公布了介绍器官捐献推定同意模式的器官捐献法案白皮书。2012年年底,威尔士政府引入了器官捐献法案。但目前为止,该法案未得到通过,推定同意模式也并未在英国全境推行。可见在对待推定同意模式的态度上,英国政府是处在变化之中的:从最初的明确告知同意,到承认捐献者本人优于家属决定权,再到部分地区向推定同意模式的转变。

三、日本:尊重家属意愿

日本的器官捐献和移植工作的历史发展过程与欧美等西方国家相比是比较缓慢的,可以说是步履维艰,与中国一样面临着器官短缺的严峻局面。造成日本国内捐献率较低的另一主要原因是日本国民在对待器官移植方面上的伦理观,这些关于生死的伦理观念直接影响着日本器官捐献的同意模式。

1997年日本的《器官移植法》,立法者在规定器官捐献同意过程时采取谨慎保守的方法。实际上,个人表达捐献器官的同意需要多层流程,首先在脑死亡问题上,捐献者必须书面同意在脑死亡标准和传统心肺死亡标准间作出选择。除了个体捐献者表达的同意外,家庭成员也必须表达同意器官获取的同意。由于规定得过于严苛,一些评论者指责日本器官移植法变成了禁止器官捐献法。2009年,新修订的《器官移植法》在捐献同意的问题上进行了两个方面的修改:

一是明确了器官移植的器官获取条件。"为实施移植手术而进行的器官获取,需要满足以下两个条件之一:①本人有捐献器官的意愿并签署了同意书,而家属不拒绝或者没有家属;②在本人捐献意愿不明确的情况下,家属书面承诺表示同意"[②]。其中通过签署同意书表达捐献意愿的有效年龄是15岁以上,对于未满15岁的拟捐献者可以拒绝器官捐献。

将未明确表达捐献意愿的拟捐献者扩大到15岁以下,使儿童的器官捐献成为可

---

① Randhawaa G,Brocklehurstc A,Patemanc R,et al. 'Opting-in or opting-out?'—The views of the UK's faith leaders in relation to organ donation [J]. Health Policy,2010,96:36-44.

② 李俊杰,徐光勋,郑虹. 日本《器官移植法》的修订及其面临的问题 [J]. 实用器官移植电子杂志,2015,(2):3.

能。然而，在判定存在虐待儿童和捐献者存在智障的情况下，应推迟捐献。

二是修订了器官捐献时脑死亡判定的条件。拟获取器官用于移植手术时，脑死亡判定需要满足以下两个条件之一：①本人曾书面表示同意捐献且没有表示拒绝脑死亡，家属不拒绝或者没有家属；②本人没有明确表达器官捐献意愿且没有表示拒绝脑死亡，家属书面表示同意脑死亡判定。①

由以上规定可知，无论是1997年颁布的《器官移植法》还是2009修订的《器官移植法》，都赋予了捐献者家属决定捐献死者器官的权利，获取捐献者遗体器官必须要通过家属的同意。在采用何种标准判定捐献者死亡的问题上，同样十分尊重家属的意见，若采用"脑死亡"判定标准，需要家属的书面同意，或者至少家属不能拒绝或没有家属。日本的器官捐献同意模式明显属于"告知同意"模式，但是此种"告知同意"赋予捐献者家属极大的决定权。

第三节 推定同意模式

推定同意的立法模式可以被分为两大类：硬性推定同意模式和柔性推定同意模式。奥地利、丹麦、波兰和瑞士属于硬性推定同意模式，在此种模式下，个人被推定为潜在的器官捐献者，更加重视捐献者本人的自决权，除非个人选择退出，法律对捐献者家属的反对权则有更强的限制。在柔性推定同意捐献立法上，个人在作出退出捐献的选择时更加便利，同时近亲属也有更大的权利来选择是否同意捐献死者器官，医疗从业人员也有责任对捐献者是否选择性退出进行确认。采用柔性推定同意模式的包括法国、西班牙、芬兰、希腊、意大利、挪威、瑞典等国。

从法理上考量，"推定同意"显得有些偏激甚至极端，因为"推定同意"强加给所有公民一个登记退出的义务，否则便视为同意捐献器官，这种思路也是对"私人自治"这一法律原则极大的限制。即便如此，我们也看到，一些国家在面临器官供体缺口的困境下，也会有一些法学家推动采用推定同意立法模式，或者加以变化，限制近亲属的否决权。以下选取奥地利、法国和西班牙作为推定同意模式的代表，加以简要阐述。

一、奥地利：硬性推定同意模式

奥地利器官捐献立法是硬性推定同意模式的代表。《奥地利医院法》是规范器官捐献的法律，集中反映了立法者对器官捐献的价值取向。例如，如果奥地利公民拒绝器官捐献，他不仅需要书面表达拒绝捐献，而且其本人或其近亲属有义务在合理时间内主动向医师提供拒绝捐献的法律文件，否则医师有权获取遗体器官。若潜在捐献者没有本人的拒绝捐献书面文件，法律不要求医师进行探询。而且，奥地利法律不赋予潜在捐献者的亲属对器官捐献任何的决定权。由于法律为选择性退出器官捐献的公民设置了多重障碍和义务，并且限制了近亲属的决定权，因此，奥地利模式被列为硬性推定同意模式的代表①。也就是说，除非有书面文件证明其退出器官捐献，在奥地利医师可以获取任何成年死者的器官，在如下情况下，医师仍然可以获取遗体器官：①死者亲属拒绝遗体器官捐献；②死者亲属虽然明知死者拒绝捐献但是生前没有经过法定书面文件（登记）证明的。

奥地利这种推定模式受到一定的指责，因为在此种模式下，任何成年公民都是潜在的移植器官提供者。按照法律规定，实际上是给公民增加了一项"退出捐献"的义务，公民只有在生前经过法定登记机关登记，或者有书面证明文件加以证明，才能摆脱被获取器官的命运。在此种模式下，死者近亲属对于是否捐献遗体器官是没有发言权的。国家通过强制性法律的推动，在一定程度上缓解了器官移植供体的不足，但是这种法规的强制是否合乎现代法治的理念，公民个人权利保护是否到位，是值得深思的。

二、法国：柔性推定同意模式

早在1976年，法国就颁布了针对器官捐献的推定同意立法，规定每一位法国公民在生前如果不明确反对器官捐献，那么就默认在他去世之后同意捐献所有的组织和器官。但是在之后的几十年内，由于缺少监管组织、血液污染及移植前未进行访谈等原因，器官移植质量远未达到预期效果。1994年，法国政府出台了第一部生命伦理法，成为生命科学研究和对生物体管理的指导框架②。

法国器官捐献的同意模式则没有奥地利那么严格，公民选择退出器官捐献在程序上更加容易，并且会征询潜在器官捐献者家属的最终意见。法国相关条款规定，"除非其本人在生前表示拒绝遗体的器官获取，可以在公民死后获取其器官用于科学目的"③。未成年人和无民事行为能力人则不适用推定同意模式，对于此类公民，只有

---

① MA Jacob. On silencing and slicing: presumed consent to post-mortem organ donation in diversifiedsocieties [J]. Tjcil Comp Int L, 2003, (1): 239-247.

② 王海燕, Beatrice Senemaud, 等. 法国器官捐献和移植管理及规范 [J]. 中华移植杂志：电子版 2012, 6 (1): 4.

③ 转引自：French Loi de Cavaillet Law No. 76-1181, 1976. Reprinted in World Health Organization, LegislativeResponses to Organ Transplantation 132. Dordrecht, Netherlands: Martinus Nijhoff; 1994.

经其合法监护人的授权,才能获取死者器官。

在法国实际的法律实践中体现了柔性的特点,法国的医疗从业人员倾向于采用类似"明示同意的模式"的做法,如在器官获取前,负责医师会尽合理地反复确认死者"选择退出"捐献文件,这种做法更倾向于探询死者是否拒绝,或者其家属是否拒绝捐献。有法律专家认为这种积极探询死者"选择退出"态度的行为,是因为医师担心误将拒绝捐献者的器官获取而引发纠纷。

三、西班牙:法定推定同意,实践中尊重家属

西班牙器官捐献受到世界的关注始于1989年,这一年西班牙国家器官移植协会(National Transplant Organization,NTO)成立,在西班牙国内建立一系列器官捐献制度。由于这种制度使得西班牙国内器官捐献率长期保持世界第一且持续增长,被尊为世界典范并广泛借鉴,国际上将这种模式称为"西班牙模式"。

西班牙在1979年就通过了器官捐献法,对器官捐献进行了全面的规范。其中规定,在西班牙,所有公民都被视为器官捐献者,除非其本人"生前表达过反对的意见"[①]。从陈述中不难发现,西班牙采取"推定同意"的器官捐献立法,这种模式也被称为"选择性退出"模式。所谓推定同意,即按照法律规定每个人生来是一个器官捐献者,除非经合法登记选择退出器官捐献。一般可以这样理解:①假设一个人在生前被问到是否同意死后捐献器官的时候,除非其登记退出,否则推定他会同意;②当无法明确知悉死者对器官捐献真实意愿的时候,推定他是一个同意器官捐献者。

根据西班牙立法规定,基于推定同意,所有西班牙公民在生前如果没有宣布反对器官捐献的,在死后,其遗体将会用于器官捐献。那些持有反对器官捐献立场的人经过登记,将不在器官捐献者之列。在这个过程中,个人的选择没有被排除在制度之外,个人意愿受到尊重。额外的登记排除责任落在那些不愿在死后将自己器官捐献的人身上。

尽管西班牙采取推定同意的立法模式,但是在实际操作中"获得死者家属的同意"这一步骤必不可少。尽管如此,西班牙器官捐献率一直保持在高水平并且稳步提高。"在美国,法律采取的是明示同意,死者生前意愿优先被尊重,'亲属的同意'并不是法定条件,但在实践中,绝大部分时候医师为了避免被起诉,也会争取家属的

---

① Miranda B, Fernándex Lucas M, de Felipe C, et al. Organ donation in Spain [J]. Nephrol Dial Transpl, 1999, 14(3): 15-21.

同意"①。由此可见，西班牙虽法律规定推定同意，若要拒绝器官捐献者需选择退出，但是在西班牙国内并没有统一的拒绝捐献登记记录系统。在实际操作中，与采取告知同意美国并无二致，均须充分尊重死者家属的意愿②。

第四节　中国器官捐献告知同意模式

2014年12月3日于昆明举行的"2014年中国OPO联盟研讨会"上，原卫生部副部长、中国人体器官捐献与移植委员会主任委员黄洁夫宣布，"从2015年1月1日起，中国将全面停止使用死囚器官作为器官移植供体来源，公民逝世后自愿捐献器官将是器官移植使用的唯一来源"。在禁止死囚器官捐献的政策下，对于无人认领的死囚犯遗体将不作为器官捐献供体，在此情形下，也摒弃了部分推定同意的特征。

中国的器官捐献同意模式在器官捐献法规中有明确体现，根据国务院2007年制定的《人体器官移植条例》第8条的规定，"捐献人体器官的公民应当具有完全民事行为能力，公民捐献其人体器官应当有书面形式的捐献意愿，对已经表示捐献其人体器官的意愿，有权予以撤销"。在该条第二款中规定，"公民生前表示不同意捐献其人体器官的，任何组织或者个人不得捐献、获取该公民的人体器官；公民生前未表示不同意捐献其人体器官的，该公民死亡后，其配偶、成年子女、父母可以以书面形式共同表示同意捐献该公民人体器官的意愿"。《中华人民共和国民法典》第1006条规定："完全民事行为能力人有权依法自主决定无偿捐献其人体细胞、人体组织、人体器官、遗体。任何组织或者个人不得强迫、欺骗、利诱其捐献。完全民事行为能力人依据前款规定同意捐献的，应当采用书面形式，也可以订立遗嘱。自然人生前未表示不同意捐献的，该自然人死亡后，其配偶、成年子女、父母可以共同决定捐献，决定捐献应当采用书面形式。"2023年新修订的《人体器官捐献和移植条例》第9条同样规定，"具有完全民事行为能力的公民有权依法自主决定捐献其人体器官"。中国器官捐献的模式具备如下特点：①本人生前应该以书面形式表示捐献意愿；②公民生前未表示不同意，在其死亡后，其配偶、成年子女、父母，有权共同书面同意捐献死者遗体器官；③有权表达捐献意愿的公民必须是具有完全民事行为能力人，故未成年人和精神病患者不属于同意捐献者的范围。

---

① Gundle, Kenneth. Presumed consent: an international comparison and possibilities for change in the United States [J].Cambridge Quarterly of Health-care Ethics, 2005, 14（1）: 113-118.

② Cherkassky L. Presumed consent in organ donation: Is the duty finally upon Us? [J]. European Journal of Health Law, 2010, 17（2）: 149-164.

另外，虽然我国尚无"脑死亡"立法，可是在器官移植实践中，医学界普遍认可脑死亡作为公民死亡的标准。2011年2月，原中国人体器官移植技术临床应用委员会通过并公布了中国人体器官捐献分类标准（简称中国标准，[2011]卫办医管发62号）。该标准分为三类：中国一类，脑死亡后器官捐献（DBD）；中国二类，心脏死亡后器官捐献（DCD）；中国三类，脑死亡后心脏死亡的器官捐献（DBCD），其中第三类标准是中国独有的。采用中国标准一类判定死亡的，需要家属完全理解并同意采用"脑死亡判定标准"放弃治疗，同意捐献遗体，并且获取器官前获得所在医院伦理委员会或领导的支持和同意。

根据以上分析可知，中国的器官捐献同意模式为告知同意模式。对于捐献者的捐献意愿，在其死后部分亲属有权否决死者生前的捐献意愿，因此中国的同意模式属于柔性选择进入（soft opt-in）模式（表4-1）。其主要体现在：①捐献者本人生前明知且自愿表达捐献器官的意愿，须经书面形式，并且在生前的任何时候均可自由撤销其捐献意愿；②若本人生前无否定的意思表示，则在一定范围内的近亲属可以同意捐献死者器官，赋予家属捐献器官的选择权；③由于缺乏明确的脑死亡立法，实践中，若采用"脑死亡"医学标准作为公民死亡判断依据的，须本人生前或近亲属书面同意采用"脑死亡标准"来判定死亡，并且书面同意器官捐献。

表4-1 器官捐献同意模式分类表

同意模式	具体细节简介	典型国家
1.硬性选择退出（hard opt-out）模式	除非其经过法定登记退出器官捐献，医生可以获取任何成年死者的器官。即使在如下情况下，医师仍然可以获取遗体器官： ①死者亲属拒绝遗体器官捐献 ②死者亲属虽然明知死者拒绝捐献但是死者生前没有法定登记退出的	奥地利
2.硬性选择退出模式（特殊群体例外）	除非其经过法定登记退出器官捐献，或者其属于法律规定的特定群体，医生可以获取任何成年死者的器官。	新加坡（穆斯林群体和非新加坡国民是法律允许的，不在选择退出模式的规范之列）

续表

同意模式	具体细节简介	典型国家
3. 柔性选择退出（soft opt-out）模式	3.1 无须征询家属意见 医生可以获取任何成年死者的器官，但以下情况例外： ①死者生前经过法定登记退出器官捐献 ②死者亲属要求医师不获取器官（亲属需要主动告诉医师不同意获取，因为医师可能不会主动询问）	比利时
3. 柔性选择退出（soft opt-out）模式	3.2 必须征询家属意见 医生可以获取任何成年死者的器官，但以下情况例外： ①死者生前经法定登记退出器官捐献 ②有材料表明死者生前拒绝器官捐献的（尊重死者的意愿） ③亲属拒绝捐献遗体器官的（实践中医师均取得死者家属的同意）	西班牙，法国
4. 柔性选择进入（soft opt-in）模式	每个成年人自由决定是否登记加入器官捐献。在实践操作中，医师会告知死者亲属死者生前"同意捐献"的意愿，一旦遭到家属的拒绝，医师不会获取死者器官	德国、中国、日本
5. 硬性选择进入（hard opt-in）模式	每个成年人自由决定是否登记加入器官捐献。完全尊重死者生前的意愿，即使死者亲属表示反对的，医师也可以进行器官获取工作（死者意愿优先）。	美国

第五章

器官捐献的类型

根据不同的划分标准，人体器官捐献可以有不同的分类：根据人体器官捐献的范围，可分为细胞捐献、组织捐献和器官捐献；根据获取器官时捐献者是否仍有生命，可分为活体器官捐献和遗体器官捐献；根据捐献者主体身份是否特定，可分为普通主体器官捐献和特殊主体器官捐献；根据器官捐献对象是否特定，可分为定向器官捐献和不定向器官捐献等。在本章中，器官捐献的通常分类是活体器官捐献和遗体器官捐献，将作详细论述。

第一节 器官捐献的分类

鉴于器官捐献状况的不同，依据不同的划分标准，方便更好地分析和理解人体器官捐献类型。本书分别从医学角度、法律和伦理角度、捐赠主体身份角度三个方面来对器官捐献进行一个系统分类。

一、细胞捐献、组织捐献和器官捐献

人体器官捐献有广义和狭义之分，广义的人体器官捐献包含细胞捐献、组织捐献和器官捐献，狭义的器官捐献仅指的是如心脏、肺脏、肾脏、肝脏等内脏器官的捐献，本书所称的器官捐献一般仅指狭义的器官捐献。在医学领域，器官捐献在形式上存在多种状态，器官捐献主要表现在细胞捐献、组织捐献、器官捐献。细胞捐献是指从身体健康的人体内提取鲜活的细胞植入需要救助的病患体内，以此保障患者身体功能正常运转，临床上典型的表现就是骨髓捐献（血液捐献实际上也是细胞捐献的一种形式）；组织捐献是指将身体中如皮肤、角膜、神经、血管等细微组织提取植入等待移植的人的体内，延续其生理功能；器官捐献是指获取活体或遗体的有特定效能的人体器官，植入另一个急需该器官的自然人体内，用以挽救其生命。一般来说，接受器官捐献的患者多半已生命垂危，器官移植是延续其生命的最有效的医疗方式。

二、活体器官捐献和遗体器官捐献

从法律和伦理的角度来看,一般将器官捐献分为活体器官捐献和遗体器官捐献两种基本类型。活体器官捐献是指捐献人在捐献器官时尚有生命,自愿将其体内适宜捐献的器官整体或部分捐献出来,用以挽救特定人的生命。由于活体器官捐献的范围有特定限制,如自然人心脏仅有一个,肝脏仅适合割除部分用以捐献,再加上活体器官一般会对捐献者造成一定程度的健康损害和身体功能的影响,故我国对活体器官捐献的范围进行了严格限定。我国《人体器官捐献和移植条例》明确规定了活体器官的接受人的范围:仅限于活体器官捐献人的配偶、直系血亲或者三代以内旁系血亲。

遗体器官捐献是指人的生命体征消亡以后,基于生前自愿或其有关家属的共同同意,将可用于移植的器官或其组成部分捐献给有需要的人。为了保证器官移植的质量和术后效果,脱离捐献者遗体的器官必须在特定的时间内用于器官移植。近30年来,我国器官移植技术有了很大地发展,但器官移植活动中的器官来源主要还是遗体器官,器官短缺的问题亟待解决。考虑到遗体器官难以保存并且成本费用巨大,医疗机构必须在自然人死亡后的特定时间内获取遗体器官,以保持其活性,但是由于死者死亡的时间并不确定,并且在死者死亡后到医疗机构实施器官获取手术需要一段时间,这段时间对遗体器官的保存需要很高的技术和成本。因此,有许多本来可以捐献器官的供体因为种种客观原因而无法实现捐献目的。

在医疗操作中,活体器官移植是从两个生存着的人体内分别获取器官和植入器官,就不用考虑器官的保存成本、运输成本等问题,为器官移植手术的顺利进行提供了较大地便捷。从医疗手术的效果来看,活体器官捐献的成功率和术后效果一般优于遗体器官捐献,但是由于活体器官捐献违反医学伦理不伤害的原则,在实践中如果控制不当,极易使捐献者变为黑市上器官贩卖的受害者,从而衍生出相关的犯罪行为。因此,各国均对活体器官捐献进行了限制。

三、普通主体器官捐献和特殊主体器官捐献

基于器官捐献的主体给予身份属性拟定的标准,器官捐献可以分为普通主体器官捐献和特殊主体器官捐献。此种划分标准在于系统分析特殊主体的器官捐献规则,一些特殊主体如未成年人、精神病患者和传染病患者,对于是否能够采用其人体器官用于器官移植,理论界和实务界均有极大争议。因此,此种分类也是具有研究价值的。

普通主体器官捐献指的是移植器官的捐献者来自普通的社会公民,不具有特定的身份。我国《人体器官捐献和移植条例》第8条第1款对器官捐献主体做了明确的

规定:"具有完全民事行为能力有权依法自主决定捐献其人体器官。"而第10条则明确规定:"任何组织或个人不得获取未满18周岁公民的活体器官用于器官移植。"由此可知,可以捐献器官的普通主体指的是具备完全民事行为能力的自然人。

特殊主体器官捐献是指作出捐赠意思表示的主体具有特殊身份,不同于一般社会公民。这里的特殊供体是指未成年人、精神障碍者、无脑儿等特殊身份人。原则上禁止未成年人捐献器官,这里主要考虑的是未成年人身心发育状况。我国立法出于保护未成年人的考虑禁止未成年人成为活体器官移植的供体,但各国对于未成年人捐献器官的态度多是有限度地允许,如土耳其、丹麦、挪威、法国等国均有限度地允许未成年人成为活体器官移植的供体。对于即使已经成年的精神病患者,为保障独立自主的利益,不宜作为活体器官捐献的供体。

四、定向器官捐献和不定向器官捐献

根据捐献器官接受者是否特定,将器官捐献分为定向器官捐献和不定向器官捐献。所谓定向器官捐献,是指器官捐献者向特定的器官移植患者捐献器官。活体器官捐献一般为定向捐献,是由于我国法规规定活体器官捐献仅可以向其配偶、直系血亲或三代以内旁系血亲。实践中也存在一些公民逝世后要求将其遗体器官捐献给其特定亲属的情形,此种情形法律并不禁止,属于定向器官捐献。

不定向器官捐献主要是指向不特定人进行遗体器官捐献。公民逝世后器官捐献一般不得附加条件,也不能指明特定的器官接受者。究其原因主要是出于以下考虑:①捐献的器官是捐献给"无名陌生人"的"礼物",器官捐献采取"互盲原则",从事器官捐献组织管理或协调的单位或个人不得将捐献者的可识别身份信息透露给受者;同样,受者的身份信息也不能提供给捐献者或其家属,以免器官移植患者产生负疚的心理,或者与死者家属产生进一步的纠纷。②器官捐献不得指定对象,器官移植受者也不得歧视某些特殊群体的捐献器官的行为。生命是平等无价的,死者捐献的人体器官在法律性质上是平等的,不存在性别、种族、学历、经济条件等方面的优劣之分。③为公平、公正的器官分配提供保障。供移植的器官是一种稀缺的资源,对器官的分配应按照医学标准和社会标准来进行。若允许遗体器官捐献者或其亲属指定移植受者的资格条件,会干扰器官分配秩序,甚至诱发器官贩卖的违法犯罪行为。④避免一些不法之徒利用"指定移植受者"来从事器官买卖等非法交易,使得捐献的器官成为商品,有违器官捐献"自愿无偿"和"尊重人格尊严"的原则。

第二节 活体器官捐献

一、活体器官捐献概述

《辞海》中"器官"的定义为多细胞生物体内由多种不同组织联合构成的结构单位。其具有一定的形态特征,能行使一定的生理功能[①]。活体是指有生命的自然人的身体。由此可以得出定义,活体器官是指依附于生存着的人的身体体内,由多种互不相同的组织联合起来构成的单位。与人体(活体)未分离的器官是指依存于活人身体内,是身体的有机组成部分,并与其他功能各异的器官相互依存、相互作用以维持整个生命体的正常运作,因此法律将其归为人身权的范畴,是人行使身体权支配的对象。因此,活体器官在与人体分离之前属于捐献者身体权的客体;器官分离出来植入受体内后,属于受体身体的一部分,与其人格相联系,为主体物质性人格的构成要素。

活体器官移植由于是从两个生存着的人体内分别获取器官和植入器官,并且还可以同步进行,就不用考虑器官的保存成本,为器官移植手术的顺利进行提供了较大的便捷。虽然活体器官移植更方便、更快捷、更有利于节省成本,但活体器官移植客观上必然会在一定程度上对供体身体健康造成损害,并且极易滋生活体器官买卖的黑市。为了规范器官移植医疗秩序,保护潜在捐献者的人身健康,各国均对非法买卖人体器官的行为进行严厉打击。

二、活体器官捐献条件

目前,活体器官捐献也是我国器官移植供体的重要来源之一。"活体器官捐献其实是通过某个个体的器官储备能力的削弱甚至健康损伤,来改善另一个体的健康状况或解除其生命威胁"[②]。虽然在活体器官捐献中,要求对捐献者和接受者的危险性进行综合评估,尤其是对捐献者的伤害要详加评估,任何可能导致捐献者必须依赖医疗帮助的器官移植都绝不可行,但其仍然不可避免地会对捐献者带来一定的健康损伤。

鉴于活体器官捐献对捐献者的负面作用,在医疗实践中要对活体器官捐献的条件进行限定,并设定监管、审查保护措施。作为活体器官移植的供体,是纯粹受损害

---

① 夏征农. 辞海[M]. 上海:上海辞书出版社,1999:2134.
② 郑芸,何毅,蔡炜. 关于活体器官捐献的建议[J]. 医学与法学,2015,7(2):3.

的一方，这就意味着不是每个人都可以成为供体。供体除了需要满足医学上对供体的特殊要求外，还需要满足器官移植法规特定的条件，如《深圳经济特区人体器官捐献移植条例》第 7 条规定，捐献者在其生前捐献活体器官，应当符合下列条件：①年满十八周岁并且具有完全民事行为能力；②具有书面形式同意捐献器官的真实意思表示；③生命安全不受危害；④以移植于其直系亲属和三代以内旁系亲属为限，但捐献人体组织的除外[①]。

捐献人作为活体器官移植活动中唯一受害的主体，由于器官捐献对其生命健康可能产生严重威胁，因此许多国家在允许利用活体器官进行移植的同时，也对作为供体的捐献方作出了相应的限制。一般来说，需要具备以下条件。

（一）捐献人须为完全民事行为能力人

自愿原则是人体器官捐献的基本原则。活体器官捐献者捐献其自身器官或者其组成部分，涉及其对自身身体的重大处分，能够行使器官捐献决定权的人必须是具有完全民事行为能力的人，能够认知器官摘除或者组织捐献后可能导致的生命健康损害的风险及造成的负面影响，并且是具有独立判断能力。综上，供体作出的意思表示必须是合法有效的，且出自其自身的真实意愿，才具有是否获取其器官的决定权。

根据我国相关司法解释的规定，年满十六周岁以上不满十八周岁的主要以自己的劳动收入为生活来源的自然人视为完全民事行为能力人，但此类人由于仍然属于未成年人，故也被排除在活体捐献供体范围之外。我国《人体器官捐献和移植条例》第 10 条规定，"任何组织或者个人不得获取未满十八周岁公民的活体器官用于移植"。

（二）捐献人必须与受赠者存在特殊的关系

活体器官移植活动是一项特殊的、风险大的医疗活动，并且活体器官是不可再生的。对供体而言，属于身体必不可少的一部分，极具稀缺性，获取活体器官不仅给其生命健康带来威胁，而且具有不可逆转性，一旦获取，很难再恢复原本的器官功能。对于受体而言，由于活体器官的稀缺，器官买卖和盗窃行为的发生，以致活体器官质量不能得到有效保障。许多国家为了保证受供体双方利益均衡，防止并严厉打击器官买卖，在允许开展活体器官移植医疗活动的同时，也对受供体之间的关系作出了一定的要求，大多数国家法律要求器官捐献者与接受者之间存在血缘关系或者其他亲属关系。

我国 2007 年颁布的《人体器官移植条例》（已失效）第 10 条规定："活体器官的接受者限于提供活体器官捐献者的配偶、直系血亲或者三代以内旁系血亲，或者有证据证明与活体器官捐献人存在因帮扶关系而形成亲情关系的人员。"但是此条规定

---

① 参见《深圳经济特区人体器官移植条例》第 7 条。

存在一些漏洞，如实践中存在非配偶关系的捐献者为了非法买卖器官，"突击结婚"或"假结婚"以规避法律规定的情形。另外，因帮扶关系而形成亲情关系也存在难以认定的情况。

为了解决活体器官捐献出现的问题，确保活体器官捐献人和接受人的生命安全，规范器官移植秩序，打击器官非法交易的行为，原卫生部于2009年12月28日出台了《关于规范活体器官移植的若干规定》，对活体器官捐献和移植作了更加详细的规定。其中第2条规定，"活体器官捐献人与接受人仅限于以下关系：①配偶：仅限于结婚3年以上或者婚后已育有子女的；②直系血亲或者三代以内旁系血亲；③因帮扶等形成亲情关系：仅限于养父母和养子女之间的关系、继父母与继子女之间的关系"。这也是受到我国台湾地区《人体器官移植条例》的启示，其第8条规定："器官获取不能危害捐赠人的生命安全，并且必须在其三代以内之血亲或配偶亲属的范围内。配偶和捐献者的关系为已经生育子女或者三年以上婚史，但结婚满一年后经医师诊断身患移植适应证者除外。"

从以上规定来看，对于配偶关系，有结婚年限或者婚后育有子女的限定条件；对于帮扶形成的亲情关系，仅承认养父母、子女关系（以民政部门登记收养关系证明）和继父母子女关系（按照乡俗和传统观念确定）。由此可以看出我国对于活体器官捐献的基本政策为"严控活体器官捐献"。

2023年新修订的《人体器官捐献和移植条例》第8条去掉了"或者有证据证明与活体器官捐献人存在因帮扶关系而形成亲情关系的人员"的表述，但对于夫妻需结婚三年或婚后育有子女的限定条件，立法没有回应。

（三）捐献者本人及其相关近亲属共同书面同意

在器官移植领域，获取人体器官（活体或遗体）均需要相关人的同意。在器官捐献过程中，特别是涉及获取活体器官的，由于受体是与捐献者有特殊亲情关系的人，所以不但须考虑捐献者本人的意愿，同时为了避免捐献者本人心理不成熟或受到的道德压力而贸然作出同意捐献的意思表示，会同时考虑其他成年近亲属（配偶、父母、成年子女）的意见，相关家属协商一致后才符合捐献活体器官的主观要求。

按照原卫生部《关于规范活体器官移植的若干规定》，"从事活体器官移植的医疗机构应当要求申请活体器官移植的捐献人与接受人提交以下相关材料：由活体器官捐献人及其具有完全民事行为能力的父母、成年子女（已结婚的捐献人还应当包括其配偶）共同签署的捐献人自愿、无偿捐献器官的书面意愿和活体器官接受人同意接受捐献人器官的书面意愿"[1]。由该条款可知，活体器官捐献者对其自身器官的处分，必须经过相关亲属的共同同意。在家庭生活中，由于捐献者父母、成年子女、配偶是与其生活最密切的人，所以《关于规范活体器官移植的若干规定》充分考虑这些亲属的意见。在医疗机构审查书面文件时，须有相关亲属和捐献者本人共同书面同意的文件，即这些亲属中若有一人反对，便否决了捐献者本人及其他亲属"同意捐献"的意思表示。

（四）供体身体适宜进行器官捐献

由于活体器官捐献是从捐献者体内获取人体器官，对捐献者身体健康会存在较大的医疗风险。为了确保捐献者在获取器官之后不影响其以后正常的社会生活，并且为了预防供体自身的传染性疾病传播给受体，有必要确保捐献者身体健康。对于供体身体健康的保护应加以重视，在获取供体器官前，就应从医学角度评估器官获取后会对其身体、心理产生的影响。供体身体状况符合器官移植的条件是活体器官移植活动顺利进行的前提和必要条件，决不能为了挽救一个人的生命健康安全而牺牲另一个人的生命健康，这不是活体器官移植的目的，也有违医疗机构救死扶伤的初衷。

原卫生部在《关于规范活体器官移植的若干规定》第4条明确规定，要求从事活体器官移植的医疗机构及其医务人员在获取活体器官前，应当履行如下审查义务：①评估活体器官捐献人的健康状况是否适合捐献器官；②评估获取器官可能对活体器官捐献人健康产生的影响，确保不会因捐献活体器官而损害捐献者正常的生理功能；③评估接受人因活体器官移植传播疾病的风险；④根据医学及伦理学原则需要进行的其他评估。

三、活体器官捐献证明材料

实施活体器官捐献和移植活动，需要国家的监督和管控，以确保活体器官移植的有序进行，确保活体器官捐献者和器官移植接受者的生命健康安全。负责活体器官获取和器官移植手术实施的医疗机构应当要求捐献者和接受者提供相关的证明材料，这既是医疗伦理的要求，同时也是我国法规的要求。活体器官供体至少应具备4个基本条件：①供体为完全民事行为能力成年人；②供体必须与受体存在特殊的关系；③捐献者本人及其相关近亲属共同书面同意；④供体身体适宜进行器官捐献。

对于以上4个基本条件，原卫生部《关于规范活体器官移植的若干规定》要求申请活体器官移植的捐献人与接受人应向医疗机构提供如下证明材料："①由活体器官

---

[1] 参见原卫生部《关于规范活体器官移植的若干规定》第3条第1项。

捐献人及其具有完全民事行为能力的父母、成年子女（已结婚的捐献人还应当包括其配偶）共同签署的捐献人自愿、无偿捐献器官的书面意愿和活体器官接受人同意接受捐献人器官的书面意愿；②由户籍所在地公安机关出具的活体器官捐献人与接受人的身份证明及双方第二代居民身份证、户口本原件；③由户籍所在地公安机关出具的能反映活体器官捐献人与接受人亲属关系的户籍证明；④活体器官捐献人与接受人属于配偶关系，应当提交结婚证原件或者已有生育子女的证明；⑤省级卫生行政部门要求的其他证明材料"①。

四、活体器官捐献与移植的流程

（一）活体器官捐献者与接受者提出申请

启动活体器官捐献和移植，首先需要捐献人和接受人提出书面申请，并向医疗机构提供书面证明材料，主要证明活体器官捐献是符合法定条件的，其中需要：①提交身份证、户口簿来证明自己的年龄及民事行为能力条件；②提交活体器官捐献者及其亲属同意捐献的书面意愿，表明捐献行为是自愿并且经过家庭相关人员的认可；③提供公安机关出具的反映捐献人与接受人亲属关系的户籍证明，可证明供体与受体间属于法定的直系血亲或三代以内旁系血亲；④提供结婚证和已有生育子女证明，证明符合结婚3年以上和婚后育有子女的条件；⑤提供民政部门的收养关系登记证明，或者社区证明文件，证明供体与受体间属于因帮扶而形成的亲情关系，仅限于收养关系和继父母子女关系；⑥法律法规规定的其他证明材料。

（二）医疗机构进行审查评估

医疗机构为不符合要求的活体器官捐献人和接受人进行活体器官获取、移植手术的，应承担相应处罚，甚至可能涉嫌犯罪。因此，医疗机构在获取活体器官前应履行查验、评估、说明和确认的义务。

原卫生部《关于规范活体器官移植的若干规定》第4条对于医疗机构的审查评估范围作了详细的规定，医疗机构及其医务人员在获取活体器官前，应履行下列义务：①查验活体器官捐献人与接受人提交申请材料的真实性，并确认捐献人与接受人属于限定的亲属关系范围；②评估接受人是否有接受活体器官移植手术的必要性、适应证；③评估活体器官捐献人的健康状况是否适合捐献器官；④评估获取器官可能对活体器官捐献人健康产生的影响，确认不会因捐献活体器官而损害捐献者正常的生理功能；⑤评估接受人因活体器官移植传播疾病的风险；⑥根据医学及伦理学原则需要进行其

---

① 参见原卫生部《关于规范活体器官移植的若干规定》第3条。

他评估；⑦向医疗机构人体器官移植技术临床应用与伦理委员会提出获取活体器官的申请。

(三) 伦理委员会专门审查同意

对于获取器官捐献者活体器官的医疗行为，因涉及伦理争议，因此须将获取活体器官审查申请提交医疗机构伦理委员会专门进行审查。我国《人体器官捐献和移植条例》第30条规定，"医疗机构及其医务人员从事人体器官获取、移植，应当遵守伦理原则和相关技术临床应用管理规范"。

人体器官移植技术临床应用与伦理委员会在收到获取活体器官审查申请后，应当召集由该委员会全体成员参加的专门会议，进行审查和讨论，在三分之二以上委员同意并签名确认后，会方可出具同意获取活体器官的书面意见。委员会审查的内容如下：①活体器官捐献人和接受人提供的材料是否真实、合法，其关系是否符合《关于规范活体器官移植的若干规定》的要求；②活体器官捐献人的捐献意愿是否真实；③有无买卖人体器官的情形；④器官的配型和接受人的适应证是否符合人体器官移植技术管理规范；⑤活体器官捐献人的身体和心理是否适宜捐献器官；⑥医疗机构对于活体器官捐献人身体健康影响的评估是否全面、科学；⑦捐献是否符合医学和伦理学原则。[①]

人体器官移植伦理委员会出具同意获取活体器官的书面意见是实施活体器官获取和移植手术的必要前提。根据《关于规范活体器官移植的若干规定》第6条，"从事活体器官移植的医疗机构在伦理委员会出具同意获取活体器官的书面意见后，应将相关材料上报省级卫生行政部门，根据回复意见实施"。

(四) 活体器官获取前告知说明

医疗机构获取活体器官捐献人器官前，应履行告知说明的义务。根据我国《人体器官捐献和移植条例》第29条的规定，从事人体器官移植的医疗机构及其医务人员获取活体器官前，应当履行下列义务：向活体器官捐献人说明器官获取手术的风险、术后注意事项、可能发生的并发症及其预防措施等"。该法规规定获取手术前的告知说明义务，在于尊重捐献人的知情同意权，在获取器官前，活体器官捐献人仍然有权任意撤销其捐献的意愿。同时，《民法典》第1219条规定："需要实施手术、特殊检查、特殊治疗的，医务人员应当及时向患者说明医疗风险、替代医疗方案等情况，并取得其书面同意；不能或不宜向患者说明的，应当向患者的近亲属说明，并取得其明确同意。医务人员未尽到前款义务，造成患者损害的，医疗机构应当承担赔偿责任。"根据该条规定，活体器官获取属于特殊手术，器官移植属于特殊治疗措施，医疗机构及

[①] 参见原卫生部《关于规范活体器官移植的若干规定》第5条。

其医务人员应履行告知说明的义务，应以完整和可理解的方式告知活体器官捐献人，其捐献可能存在的危险，捐献的益处和后果。若未尽告知说明义务造成患者损害的，医疗机构可能承担法律责任。

（五）活体器官获取和移植术后报告

为了加强对活体器官捐献人的保护和对活体器官移植的监管，《关于规范活体器官移植的若干规定》要求，"在完成活体器官获取和器官移植手术后，负责活体器官移植的医务人员应当在72小时内完成以下工作：①向委员会提交手术报告，包括活体器官获取和移植简要过程、术中和术后是否发生不良事件或者并发症及处理措施等；②按照要求向相应的移植数据中心上报人体器官移植数据"。

从事活体器官移植的医疗机构应当保存活体器官捐献人的医学资料，并定期对其随访。高质量、安全和功效好的操作程序对捐献人和接受人同样重要。对活体器官捐献人应进行器官捐献长期效果评估，以记录移植后的效果和造成的伤害。

第三节 遗体器官捐献

一、遗体器官捐献概述

人体器官捐献是指器官捐献人将其具有特定功能的心脏、肺脏、肝脏、肾脏或者胰腺等器官的全部或者部分无偿捐赠，供器官功能衰竭患者用于移植手术的利他行为。根据公民获取人体器官时是否为活体可分为活体器官捐献和遗体器官捐献。活体器官捐献由于可能给供体的人身健康造成损害，并且在一定程度上催生人体器官买卖的违法行为，因此，各国均对活体器官捐献或移植加以限制。接受活体器官捐献的患者仅限于与捐献人有特定亲属关系的人。面对供体器官的极度短缺，为了挽救更多患者的生命，世界各国均采取各种措施鼓励公民逝世后捐献器官，并制定法规加以规范和保障。

在研究器官捐献分类前，先简要区分遗体捐献与遗体器官捐献。遗体捐献是指捐献人生前自愿表示在死亡后，由其亲属将其遗体的全部或者部分捐献给医疗机构或者科研教学单位，用于医疗卫生科学事业的行为。遗体捐献仅在公民死后进行，并且捐献的遗体往往用作医学研究之用，无进行器官移植的价值，因此其规范条件相对较简单。而遗体器官捐献又称为尸体器官捐献，或者公民逝世后器官捐献。

近年来中国积极构建科学的器官捐献体系，大力提倡公民逝世后捐献器官。采取各种措施提升公民逝世后器官捐献比率是缓解我国人体器官移植供体短缺最有效的途径。根据《中国人体器官捐献试点工作方案》的规定，公民死亡后器官捐献是指下列两种情况：

①有完全民事行为能力的公民通过书面自愿申请器官捐献登记，并且没有撤销该登记，待其身故后进行的器官捐献；②公民生前未表示不同意捐献其人体器官，待其身故后，其配偶、成年子女、父母以书面形式共同表示同意的器官捐献。

二、遗体器官捐献条件

（一）遗体器官捐献者主体适格

公民生前自己决定捐献其人体器官的主体，必须为完全民事行为能力人。只有完全民事行为能力人才可以在生前作出捐献其身体器官的有效意思表示。在自然人死后，若其生前未作否定捐献意思表示，能够作出死者器官捐献的死者近亲属也必须是完全民事行为能力人，而排除了限制行为能力人、无民事行为能力人对于死者器官的有效意思表示。

近年来，实践中存在未成年人死亡后，其父母或其近亲属共同同意捐献其遗体器官的情形。例如，2013年12岁的深圳女孩叶梦园身后捐献7项器官成为"捐献最多的未成年人"，这一无私的行为得到整个社会的赞扬。

> **12岁女孩身后捐献7项器官，成为捐献最多的未成年人**①
>
> 记者2013年2月1日从市红十字会获悉，12岁深圳女孩叶梦园因脑出血意外离世，在市红十字会的协调下，她成功捐出了肝脏、肾脏、胰脏、小肠、脾脏、角膜和遗体共7项器官，成为国内器官捐献最多的未成年人。
>
> 市红十字会器官捐献协调员高敏告诉记者，1月26日，叶梦园突患脑出血，叶梦园的父母叫来高敏，办理了器官捐献志愿书。"孩子还有轻微自主呼吸，只要有一丝生机，我们都不放弃。"尽管填写了志愿书，但只要还有希望，医护人员都会全力抢救孩子的生命，这是器官捐献的第一原则。
>
> 28日下午，在一次抢救中，叶梦园的病情急转直下，再次出现脑出血，同时发生了尿崩，血压非常不稳定，连自主呼吸也没有了。为了能够让小梦园的外公外婆见到外孙女最后一面，医生一直尽力维护着小梦园的生命体征。
>
> 1月29日晚上8时5分，叶梦园的心脏停止了跳动，移植专家为她进行了手

---

① 参见深圳商报：《12岁女孩身后捐献7项器官，成为捐献最多的未成年人》，网址 http://news.sina.com.cn/s/2013-02-01/071926174893.shtml，最后访问时间 2016年3月10日。

术，获取了她的肝脏、两个肾脏、胰脏、小肠、脾脏和两个角膜。同时，叶梦园的遗体也捐献给了位于深圳大学医学院的深圳红十字遗体接收中心。这位12岁的小女孩成为国内器官捐献史上捐献器官最多的未成年人。

经过配型筛选，1月30日，专家将叶梦园的肝脏、胰脏、脾脏和小肠4个器官进行了多器官移植，同时移植给了一位49岁患有肝病和糖尿病的男性。叶梦园的两个肾脏分别移植给两位尿毒症患者。而叶梦园的角膜也将帮助两位以上的眼疾患者重见光明。

对于未成年人的父母及近亲属是否有权决定捐献其人体器官，理论界是存在争议的。由于未成年人生前无权作出捐献器官的意思表示，但其父母、近亲属基于其对遗体的处置权共同同意捐献人体器官的行为，是一种生命救助的行为，符合社会公共利益，因此在社论舆论中，此类器官捐献理应得到极高的社会评价。

（二）获取捐献者本人或者其家属的共同书面同意

根据《中国人体器官捐献试点工作方案》的规定，人体器官捐献的第一种情况是，有完全民事行为能力的公民通过书面自愿申请器官捐献登记，并且没有撤销该登记，待其身故后进行的器官捐献。这一人体器官捐献类型，在我国《人体器官捐献和移植条例》《天津市人体器官捐献条例》《江西省遗体捐献条例》中都有明确规定。《江西省遗体捐献条例》第10条规定，"生前表示捐献意愿的具有完全民事行为能力的公民，……可以到其户籍所在地、居住地或者就诊地的登记机构登记捐献遗体"。《天津市人体器官捐献条例》第14条第1款规定，"捐献人体器官应当由本人以书面形式表示捐献意愿，并向人体器官捐献登记机构办理登记手续"。公民生前表示不同意捐献其人体器官的，任何组织或者个人不得捐献、获取该公民的人体器官。从以上规定可以看出，捐献者本人在作出捐献意愿时必须具有完全民事行为能力，这一要求意味着，限制民事行为能力人和无民事行为能力人不能表达捐献意愿。根据我国《民法典》第19条和第22条的规定，限制民事行为能力人有两种：一是八周岁以上不满十八周岁的未成年人；二是不能完全辨认自己行为的成年人。根据《民法典》第20条和第21条的规定，无民事行为能力人包括两类：一类是不满八周岁的未成年人，另一类人是不能辨认自己行为的成年人和八周岁以上未成年人。对于年满十六周岁不满十八周岁的以自己劳动收入作为主要经济来源的人，虽然在《民法典》第18条第2款将此类人视为完全民事行为能力，但由于其仍然属于未成年人，其生理心理可能仍处在不成熟的阶段，对于逝世后捐献遗体器官的意思表示一般不予认可。

根据《中国人体器官捐献试点工作方案》的规定，人体器官捐献的第二种情况是：

公民本人生前未明确拒绝捐献器官的，在其死后，其一定范围内的亲属同意死者器官捐献的。我国《人体器官捐献和移植条例》第9条第2款规定，"公民生前未表示不同意捐献其遗体器官的，该公民死亡后，其配偶、成年子女、父母可以共同决定捐献，决定捐献应当采用书面形式"。法律如此规定一方面是对死者近亲属的尊重，作为死者遗体的处分权人，相关亲属有权对遗体作出合理的处分；另一方面，通过赋予相关亲属的捐献死者器官的决定权来鼓励公民逝世后捐献器官，扩大器官移植供体的来源以挽救更多的患者。但是，也应该看到，法规对于有权作出捐献器官决定的亲属作了限定：死者配偶、成年子女和父母。并且，为了避免亲属间对于捐献死者器官意见不一致而引发纠纷，对于公民逝世后器官捐献的场合，需要其相关亲属以书面形式共同表示同意。相关亲属在是否捐献死者器官问题上有相当大的决定权，若限定范围内亲属之一表示反对的，即不能获取死者器官。

实践中存在未成年人死亡后，其父母希望以器官捐献的方式"延续死者生命"或者救助他人，对于此类器官捐献本书认为是合法的。首先，未成年人父母作为其法定监护人，对未成年人相关事项有代理权限；其次，未成年人死亡后，其父母往往是其遗体处理人；最后，从医疗层面上看，未成年死者器官更适合于需要器官移植的未成年患者，在临床上具有现实意义。在此，本书需要突出说明的是，若未成年人父母离异，即使未成年人跟随其中一方生活，在获取其器官前，应获得其父母的共同书面同意。

（三）捐献者须经过死亡判定

遗体器官捐献与活体器官捐献最主要的不同之处在于，遗体器官捐献需要在判定捐献者本人死亡后方可进行，而活体器官捐献则不能以牺牲捐献者生命为代价。在公民本人同意捐献器官的场合，一般在成年后符合完全民事行为能力时，其进行的捐献器官的登记才是有效的，但是获取捐献者官必须在经医学判定捐献者死亡后才可以实施。在近亲属共同捐献死者器官的情形下，也必须在公民死亡后，方可由其配偶、成年子女和父母共同同意捐献器官。我国《人体器官捐献和移植条例》第19条规定，"获取遗体器官，应当在依法判定遗体器官捐献人死亡后进行。从事人体器官获取、移植的医务人员不得参与捐献人的死亡判定"。

死亡判定是十分关键的，遗体器官捐献中的一个关键问题就在于死亡判定的标准问题。我国法律界一直将"传统心肺死亡"作为判定公民死亡的标准，现代医学科学的发展深化了人们对死亡的认识，传统法制采用"心肺死亡说"，随着医学的发展和进步，医学界上又提出了"脑死亡说"。

我国对脑死亡的研究在20世纪80年代已经开始，1988年、1989年、1993年，我国分别召开了数次有关脑死亡的专题讨论会。由于脑死亡立法涉及医学、生物学、社会伦理学等多种学科，必须具备坚实的医学基础、社会基础和法治环境，同时由于我国传统的文化观念影响及医疗和社会发展状况的极不平衡，在学术界有不同的看法。尽管如此，在相关专家、学者的努力下，有关脑死亡立法的探讨已取得可喜的成绩。2009年4月初，在历经长达二十余年的理论探索和个案实践之后，我国原卫生部对外透露，由该部脑死亡标准起草小组制定的脑死亡标准，向社会正式公布《脑死亡判定标准（成人）（修订稿）》和《脑死亡判定技术规范（成人）（修订稿）》，这两个文件规定了脑死亡判定的先决条件、临床判定、确认试验和判定时间等，明确了判定三步骤：第一步进行脑死亡临床判定，符合判定标准（深昏迷、脑干反射消失、无自主呼吸）的进入下一步；第二步进行脑死亡确认试验，至少2项符合脑死亡判定标准的进入下一步；第三步进行脑死亡自主呼吸激发试验，验证自主呼吸消失。只有三步骤均符合判定标准，才能确认为脑死亡。经过完善的技术判定规范为进一步推广实验脑死亡判定奠定了基础。医疗机构在临床应用时有了严谨、科学的脑死亡判定技术操作依据，确保了医疗质量和医疗安全，维护了广大人民群众的生命健康权益。

（四）死者遗体器官适宜捐献

实施人体器官移植手术的医疗机构及其医务人员应当对人体器官捐献人进行医学检查，对接受人因人体器官移植感染疾病的风险进行评估，并采取措施，降低风险。由于人体器官是人体的有机组成部分，当人按照医学标准判定死亡或者器官被获取后，器官的保存、储运具有极强的时效性，即使在极好的保存条件下，如心脏、肝脏、肾脏、肺脏等可供移植器官最长有效保存时间也只有数小时。公民捐献的器官必须是功能完好、组织完整并不会带来传染病风险，才具有供器官移植的实际效用。

三、遗体器官捐献与移植的流程

（一）捐献登记

凡是居住在中华人民共和国境内、年满18周岁的完全民事行为能力人，愿意在其逝世后无偿捐献器官的，均可以通过网络或者现场报名登记。我国负责人体器官捐献登记的机关是红十字会，中央层面和地方设有人体器官捐献管理中心和捐献管理办公室。目前进行报名登记的方式主要有：①到就近管理机构填写并递交《中国人体器官捐献志愿登记表》；②登录中国人体器官捐献管理中心网站：www.china-organdonation.org.cn 进行网上登记，此网站是中华人民共和国境内人体器官捐献志愿登记的官方网站；③通过邮寄、传真等形式向管理机构递交《中国人体器官捐献志愿登记表》。

（二）捐献评估和确认

当潜在捐献状态出现后，如果本人曾经登记过器官捐献意愿或者家属有捐献意向，可以由家属或医院的主管医师联系所在医院的信息员或所在区域的OPO协调员，并上报省级人体器官捐献管理机构。OPO派协调员和评估小组前往潜在捐献者所在医院开展工作。经评估，潜在捐献者符合器官捐献相关标准，在红十字会协调员见证下，由捐献者近亲属填写《中国人体器官捐献志愿登记表》，捐献者的配偶、成年子女、父母均应签字确认，如有直系亲属因特殊情况不能到场签字，应有书面或者影音形式的授权委托材料或者证明材料。

（三）器官获取

当确认发生满足器官捐献的案例后，会进行严格的死亡判定，判定标准为中国三类死亡标准之一。判定人员为从事临床工作5年以上的执业医师（仅限神经内科医师、神经外科医师、急诊科医师和麻醉科医师），并经过规范化脑死亡判定培训。脑死亡判定时，至少2名医师同时在场（其中至少1名为神经科医师），分别判定，意见一致。当死亡判定及器官获取手续完备后，会由专门的器官获取医师团队在手术室实施器官获取手术，在此过程中，红十字会器官捐献协调员全程见证获取手术过程。器官获取团队完成器官获取手术后应按要求恢复捐献者遗容、遗貌，完成器官获取记录。我国《人体器官捐献和移植条例》第19条第3款规定，"从事遗体器官获取的医疗机构及其医务人员应当维护捐献人的尊严；对获取器官完毕的遗体，应当进行符合伦理原则的医学处理，除用于移植的器官以外，应当恢复遗体外观"。

（四）器官分配

器官的分配必须符合医学需要和伦理道德，并遵循公平、公正和公开的原则。我国在制定器官分配政策时，从本国实际国情出发，尊重本国文化、符合本国的社会经济效益。随着人体器官捐献工作的开展，依据2007年的《人体器官移植条例》，原国家卫生和计划生育委员会陆续制定颁布了一系列法规政策，以保障人体器官捐献工作的有序推进，不断完善科学、高效、公平、公正的人体器官获取与分配工作体系。2013年8月13日，原国家卫生和计划生育委员会制定了《人体器官捐献获取与分配管理规定（试行）》，要求捐献器官必须通过器官分配系统进行分配，即通过中国人体器官分配与共享计算机系统（China Organ Transplant Response System，COTRS）进行分配。任何机构、组织和个人不得在器官分配系统外擅自分配捐献的器官。器官获取团队必须通过器官分配系统适时启动捐献器官的自动分配，严格执行分配结果，确保捐献人及其捐献器官的可溯源性。而从事器官移植的医院必须将本院等待者的相关信息全部录入器官分配系统，按照要求及时更新。通过计算机系统按照器官分配政策进行分配，可以减少人为的干预，确保器官分配的公平、公正，同时也形成了一张无形的中国器官获取与移植业务监测网络。经过多年的努力，我国人体器官捐献体系已建立起来，器官移植在法治化管理的基础上，进一步深入到科学信息化管理中去，核心战略和管理模式的变革，必将使我国器官捐献和移植事业的发展取得重大突破。

第六章

世界各国和地区器官移植与捐献考察

第一节　美国

一、法律渊源

目前规制美国器官捐献和移植工作的主要有两套法律体系，一是1968年颁布的《统一遗体捐献法》（Uniform Anatomical Gift Act，UAGA），二是1984年出台的《国家器官移植法》（National Organ Transplant Act，NOTA）。上述两部法律成为了美国开展器官捐献和移植工作的主要依据，调控着整个美国器官捐献和移植运行系统并为其提供法律保障。

（一）《统一遗体捐献法》

1968年，美国统一州宪法与法律委员会为了规范各州和地区器官捐献工作，起草了《统一遗体捐献法》（1968UAGA）。该法规定了捐献者范围、捐献条件、捐献原则、有权决定遗体器官捐献的近亲属范围、近亲属在行使决定权时的具体规则、捐献形式（遗嘱、书面材料和捐献卡等）、死者遗体的保护、补偿机制等一系列内容[①]。值得一提的是，在器官捐献同意模式层面，该法规规定了明示同意模式。与推定同意模式相比，明示同意模式实际上给器官的获取设置了较大的限制，但明示同意模式综合考虑了死者的意愿和其特定范围近亲属的意愿，是一种尊重人权的表现。虽然该法规为各州器官捐献工作提供了法律范本，但却没有解决一直以来器官供体不足的问题。

1987年，为了进一步规范及推动美国器官捐献事业发展，满足器官移植需求，美国统一州宪法与法律委员会颁布了1987UAGA。1987UAGA在1968UAGA的基础

---

① Siegel L R. CoMMeNT: Re-engineering the laws of organ transplantation. [J]. Emory Law, 2000, 49 (3): 919-921.

上作出如下改动：一是明确禁止器官买卖并规定了处罚条款；二是精简器官捐献方式。1987UAGA 承认了无证人情况下的器官捐献的书面文本的效力，并且允许各州在发放驾照或者身份证时，记录申请人的器官捐献意愿；三是设立探询制度，即要求医院指定专门人员，负责询问患者及其家属对患者器官的捐献意愿；四是 1987UAGA 允许检验医师和验尸官在特定条件下享有器官捐献与否的决定权，这实际上承认了有限推定同意模式[1]。

2006 年，美国统一州宪法与法律委员会又对 UAGA 进行了重新修订。其主要原因如下：首先，1987 年版的 UAGA 在各州的适用上具有不平衡性，不同州和地区在 1987UAGA 颁布之后对其出台了大量的修正案，导致 1987UAGA 统一权威性遭到了损害；其次，由于联邦立法和州立法规定的不一致，又导致了法律适用上的冲突；最后，器官捐献实务发生了显著的变化，器官获取组织的重要性增强，这导致 1987UAGA 不能进一步适应客观情况。在上述背景下，与 1987UAGA 相比，2006UAGA 的创新之处在于：首先，2006UAGA 创设了新的法律定义，如第二部分第 15 条款设定了未成年人捐献者的概念，即允许未成年人进行器官捐献，但是有一些限制；其次，2006UAGA 重视器官捐献过程中的私人意思自治，如第七部分（a）款规定，允许捐献者签署拒绝文件，强化个人拒绝的权利，防止其他人凌驾于捐献者本人的"同意或者拒绝捐献"的意愿之上；再次，新法对器官捐献者的家庭成员、朋友及医务人员的代捐献权利也有了更清晰的规范；最后，新法对死后器官捐献决定的流程提供了更明晰的程序规定，如明确了验尸官在器官捐献方面的具体职责[2]。总而言之，2006UAGA 更加适应了美国社会现代化的变化，同时也迎合了美国器官捐献事业的新需求。

（二）《国家器官移植法》

1984 年美国国会通过了《国家器官移植法》（1984NOTA），并分别于 1988 年和 1990 年进行了两次修正。与 UAGA 不同，NOTA 侧重于对整个美国器官捐献和移植运行系统与管理机构的调控。1984NOTA 总共分为四个部分：第一部分，器官移植和获取特别小组的设立，该部分规定由卫生和社会服务部设立器官移植和获取特别小组，规范死者捐献器官的运作、受体获取器官捐献的机会条件及涉及死者器官捐献的

---

[1] http://healthcare.uslegal.com/organ-donation/legislation/uniform-anatomical-gift-act-of-1987（Accessed Dec. 3，2014）.

[2] https://www.google.com/url?q=http://www.uniformlaws.org/Shared/Docs/Finals_NC/UAGA_Final_NC.doc&sa=U&ei=TZOAVPrhO-T2mQXomIKYCg&ved=0CAUQFjAA&client=internal-uds-cse&usg=AFQjCNF4gX6qJqFrZtK3Z0RpDtLHE cw_FQ（Accessed Dec. 4，2014）.

一系列程序和义务。第二部分，器官获取活动。成立器官获取组织（OPO）来负责死亡捐献的器官移植，这些组织旨在提高死亡器官捐献的注册数量，当这些捐献者器官可用时，OPO负责从捐献者到患者之间协调工作。NOTA也建立了器官获取和移植网络，即OPTN，来协调与器官移植有关的个人和组织活动，主要是器官移植中心。第三部分，禁止器官买卖。NOTA特别强调，"任何故意获取、接受或从事任何转移人体器官用于人体器官移植商业用途的行为，如果影响州际贸易，都是违法行为"。违反此规定的行为将被处以5万美金的经济处罚或者最高5年的监禁。第四部分，其他项目。NOTA创设了一个国家志愿者骨髓捐献登记系统，登记系统名单上的捐献者给予知情同意并对其个人信息保密，这套登记体系由国家卫生和社会服务部负责运行[①]。1988年修正案对器官获取组织与器官获取、移植网络（OPTN）的相关细节问题进行了详细规定。1990年修正案则引进了联邦器官捐献登记系统（SRTR）。

二、捐献主体及捐献模式

（一）捐献者

根据美国2006UAGA第四章相关规定，已满18周岁且精神状况健康的成年人、未满18周岁但已到申请驾照年龄的未成年人，有权决定是否成为器官捐献者。器官捐献者可以以遗嘱、书面文件等形式表明自己的捐献意愿，或者在自己的驾照或身份证上注明意愿亦可。当捐献者临终或者遭受严重健康事故时，此时捐献者作出的捐献意愿必须经过两个成年人（至少一人为非利害相关方）见证方可成效，作出有效捐献意愿的捐献者应获得捐献卡或者捐献意愿记录。

（二）同意权人

这里的同意权人指的是，在捐献者生前没有作出拒绝器官捐献的意思表示的情况下，有权将死者遗体器官捐献的人员。2006UAGA规定，以下人员可以决定将死者的器官捐献：配偶、成年子女、父母、成年兄弟姐妹、成年孙子女、祖父母、对死者予以特殊照顾和关心的成年人、死者的监护人及其他有权处理遗体的人。对于同意权人的权利分配和使用规则，2006UAGA适用了顺序原则和合理联系原则来规制。

1.顺序原则

顺序原则所要解决的问题是，在可能的器官捐献供体死后，并且其生前没有明确表示拒绝捐献遗体，供体的特定范围内的近亲属或其他有权决定遗体器官捐献的人

---

① http://www.gpo.gov/fdsys/pkg/STATUTE-98/pdf/STATUTE-98-Pg2339.pdf（Accessed Dec. 4, 2014）.

员，就遗体器官如何处理及捐献权利如何排序的准则。详而言之，2006UAGA 将具有遗体器官捐献权的人员排成不同顺位，前一顺序的人表示愿意捐献时，后一顺序的人无权表示反对；反之，后一顺序的人表示愿意捐献死者器官，但前一顺序的人反对时，任何人不能获取遗体器官。第一顺位同意权人包括配偶、成年子女和父母；第二顺位同意权人包括成年兄弟姐妹、祖父母和成年孙子女；第三顺位同意人包括对死者予以特殊照顾和关心的成年人、死者的保护人和其他有权处理遗体的人。当处于同一顺位的同意权人对死者器官是否捐献无法达成一致时，采用少数服从多数原则，由多数意见决定是否将遗体器官进行捐献。

2. 合理联系原则

合理联系原则所要解决的问题是，当优先顺位同意权人或者同一顺位其他同意权人，由于客观条件限制或者被宣告失踪等情况而无法取得联系时，采用何种准则处理遗体器官捐献。合理联系原则的含义是，器官获取组织无须过度努力即可以符合医疗标准的方式，及时地与遗体处分权人取得联系，并获得其同意。根据该原则，能够决定捐献死者器官的人，仅限于能够合理联系的人；反之，不能合理联系的其他成员的意见，无论是同意还是反对，都不应当予以考虑。详而言之，该原则包括两个方面的内容：①如果前一顺序的人存在，但是不能合理联系，则由后一顺序的人作出是否捐献死者器官的决定，例如，死者的配偶不能合理联系，由死者的子女按照多数同意原则决定是否捐献死者器官；②同一顺序的成员中，只要有一位愿意捐献死者器官的人能够合理联系，即使他或者她知道其他成员中有人不同意捐献死者器官，该成员也可以单独决定将死者的器官捐献。当然，如果有两位以上的成员能够合理联系，就应该遵循多数同意原则，只有当多数人表示同意时，死者的器官才能被捐献。

（三）明示同意模式

知情同意是衡量和判定人体器官的采集是否具有合法性的首要价值尺度，体现了对器官捐献者的尊重和保护。对于器官捐献须经当事人同意，各国一致认可[①]。1968UAGA 确定了明示同意模式原则，即充分尊重捐献者生前的捐献意愿。一方面，如果死者生前拒绝捐献器官，则任何组织和个人无权捐献或获取死者器官；另一方面，如果捐献者生前就是否捐献器官意思表示不明或者未作出意思表示时，由其特定范围内近亲属决定是否捐献死者器官，这一项规定也称为亲属同意模式。虽然亲属同意模式在性质上属于明示同意模式的补充和辅助，但在实践中，亲属同意有着特别的约束力。例如，即便捐献者生前明确同意捐献器官，但医疗机构也要充分考虑近亲属的意

---

① 申卫星，王琦. 论人体器官捐献与移植的立法原则[J]. 比较法研究, 2005（4）: 36.

见，如果近亲属明确表示反对，医疗机构往往会害怕卷入诉讼纠纷而不去获取捐献者器官。①2006UAGA进一步强化了明示同意模式，重视在器官捐献过程中的私人意思自治，明确规定允许捐献者签署拒绝器官捐献的文件，防止任何组织和个人凌驾于捐献者意愿之上。

（四）有限的推定同意模式

推定同意模式又称为选择退出模式，是指潜在供体在生前没有作出是否捐献器官的意思表示时，或者意思表示无法查明时，法律推定其死后捐献自己的器官。换言之，除非死者生前明确表示拒绝器官捐献，否则法律视其同意捐献器官。如前文所述，美国1968UAGA适用的是明示同意模式，但该种模式并没有切实解决美国器官供体不足的问题，没有满足美国器官移植的需要。故而，美国在1987年推出的1987UAGA赋予了验尸官在一定条件下对捐献遗体器官的决定权，在2006年颁布的UAGA又进一步明确和细化了验尸官在器官捐献决定方面的具体权力和职责。由此可见，美国在明示同意模式的基础上，有限度地引入了推定同意模式，即有限的推定同意模式。需要注意的是，这种有限的推定同意模式在实际情况中发挥的作用并不大，在实践中美国的器官捐献仍以明示同意模式为主导。

三、组织机构

美国卫生和公众服务部（United States Department of Health and Human Services，HHS）负责整个美国器官捐献和移植工作的统筹与监管，其下属卫生资源和服务管理司（Health Resourles and Services Aduinistration，HRSA）设有专门负责器官捐献和移植工作的移植部门（DoT），直接管理美国器官捐献和移植的两大运行系统——器官获取和移植网络（Organ Procurement and transplantation network，OPTN）与器官移植受者科学登记系统（SRTR）。除此之外，美国在各州和地区设有59个器官获取组织和287个移植中心，构建了覆盖全国的器官获取和移植网络。下面将具体论述各组织机构的分工和职责（图6-1）。

（一）移植部门

DoT逐层隶属于美国卫生资源与服务管理司和美国卫生及公共服务部，负责整个美国器官捐献和移植系统的运作与监管，并且直接管理器官获取、移植网络和器官移植受者科学登记系统。DoT的具体职责包括对全国的器官获取、分配和移植系统

---

① Gundle Kenneth. Presumed consent: an international comparison and possibilities for change in the United States [J].Cambridge Quarterly of Health-care Ethics, 2005, 14 (1): 113-118.

进行监督,并提供资金支持;协调全国器官和组织的捐献活动;对能扩大供体来源的各项工作与研究提供资金支持;管理全国骨髓捐献注册程序等[①]。DoT 是连接美国政府与社会组织的中间环节,在美国器官捐献和移植运行系统中具有重要地位。

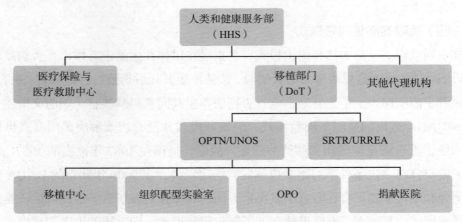

图 6-1 美国器官捐献和移植运行系统的组织结构

(二)器官获取和移植网络

1. OPTN 简介

为了解决美国严峻的器官捐献短缺的问题及改善器官匹配和移植程序,美国国会在 1984 年通过了《国家器官移植法》(1984NOTA)。根据 1984NOTA 的规定,美国国会设立了 OPTN 以维护整个国家的器官匹配登记。OPTN 是在联邦政府(主要是指美国卫生服务部)监管下的一家私立非营利性组织,该组织是美国器官捐献和移植系统中的核心,衔接了与器官捐献和移植有关的全美各地区的专业机构和个人。OPTN 的使命在于,通过促进器官捐献数量、效率和规模的最大化,保障器官分配的公正和器官移植的可及性,以为需要器官移植的患者提供一个长期、健康的生活。

2. OPTN 具体职责

OPTN 设立的目标是提高器官移植的数量和质量,并有效确保合格的器官在全国范围内得到分享[②]。OPTN 具体职责包括:①制定器官获取、分配、运送的相关政策和程序;②收集、整理、分析器官捐献和移植的科学数据;③为社会公众和 SRTR 提供数据,以促进器官分配和移植技术的进步;④维护和开发安全的计算机网络系统,以保护国家器官移植候选人名单及受体、供体器官的信息;⑤通过计算机系统简化器

---

① 沈中阳,郑虹,侯建存.美国器官移植相关系统简介[J].中华器官移植杂志,2006,27(11):692-693.

② http://optn.transplant.hrsa.gov/governance/about-the-optn/(Accessed Dec. 5,2014).

官的配型及分配过程;⑥对美国公民进行有关器官捐献和移植的宣传和教育。OPTN具有独立、公开等特点,由于其负责整个美国器官捐献与移植信息的采集,因而美国任何一个地方的患者都可查询 OPTN 上关于器官捐献的信息,并可以查看受体排序等情况。除此之外,根据美国联邦法律规定,美国的 OPO 及移植中心、器官配型实验室等机构,必须经过 OPTN 的认证,成为 OPTN 的成员。总之,OPTN 保障了美国器官捐献和移植工作的顺利进行,是美国器官捐献和移植运行系统中的"心脏"。

(三)器官分配联合网络

器官分配联合网络(UNOS)成立于 1984 年,作为一个独立的非营利性组织,UNOS 致力于通过管理一个公正有效并覆盖全国的器官移植网络,来持续满足器官移植需求。[①]1986 年,UNOS 与美国卫生和公众服务部签订协议,代表政府管理 OPTN。由于 UNOS 董事会成员即为 OPTN 董事会成员,所以从一定意义上讲,UNOS 即可视为 OPTN。

1. UNOS 组织结构和成员机构

UNOS 下设董事会、委员会及各个行政职能部门。UNOS 董事会由选举产生的 41 位成员组成,负责 UNOS 和 OPTN 具体的行政事务,执行 UNOS 委员会制定的相关政策和制度,确保并监管 OPTN 的成员机构合规有效运营;UNOS 委员会的成员构成十分复杂,涵盖移植医师、律师、伦理学家、计算机信息技术专家、供体家属代表等与器官捐献和移植有关的各个领域的人员。UNOS 委员会主要负责制定 UNOS 的相关制度和政策并监督董事会的运营管理活动。由上述可见,UNOS 委员会类似公司法人制中的股东大会与监事会的集合,既是 UNOS 的权力机关,又是董事会的监管机关。

除了上述 UNOS 内部的组织机构之外,根据联邦法律规定,美国的器官移植中心(移植医院)、OPO、器官组织配型实验室、器官移植科研中心等必须要经过 UNOS 的认证,所以上述机构也属于 UNOS 的成员机构,要接受 UNOS 的监督。

2. UNOS 具体职责

UNOS 具体职责包括:①制定器官捐献和移植参与机构的相关准入制度和政策,如制定移植中心准入标准、器官配型实验室建立标准和 OPO 准入标准等;②负责建立、运营并维护全国器官分享网络系统(包括联合网络、患者安全网络、委员会管理系统、支持中心和移植管理系统五大系统),用以收集、整理、分析、处理并共享全国范围内的器官捐献和移植数据与信息;③受理患者的器官移植申请表,建立和维护器官受

---

① http://www.unos.org/about/index.php?topic=history(Accessed Dec. 5,2014)。

体等候者名单；④根据OPO提供的捐献者信息和患者病情，通过联合网络中的捐献者系统对供体和受体进行合适的匹配；⑤制定器官分配政策，完善器官分配制度，促进器官公正、合理分配；⑥监督和管理作为其成员的所有OPO和移植中心、配型实验室；⑦保护器官捐献者和患者的个人信息与隐私。

3. UNOS资金来源

UNOS运营资金93%来自于患者的注册费用和一些公司的捐助。所有需要移植的患者，必须通过其所在的移植医院向UNOS提出申请并进行登记，每例申请需要缴纳600多美元，其中包括OPTN患者注册费500多美元和UNOS信息系统注册费100多美元。①

（四）器官移植受体科学登记系统/阿伯健康研究协作组织

根据1984NOTA相关规定，美国创设了器官移植受者科学登记系统（SRTR）。SRTR与OPTN/UNOS相互配合，分工不同。在对美国器官捐献和移植相关信息处理方面，如果说OPTN/UNOS是"数据和信息的采集库"，那么SRTR则类似于美国器官捐献和移植运行系统的"数据分析库"。SRTR主要负责：①对OPTN/UNOS在全国采集的各种器官捐献和移植数据与信息进行统计、分析；②对OPTN/UNOS所制定的分配政策与全国器官和移植状况进行有效评估，同时将数据分析结果和评估报告及时与移植中心、临床医院及其他相关机构进行分享；③维护UNOS计算机系统的安全性，保障OPTN/UNOS所采集的有效信息能够在美国器官捐献和移植运行系统中运行通畅；④向OPTN与美国卫生和公众服务部的咨询委员会秘书处提供科研和数据分析方面的支持；⑤每年作出具有科学性的包括美国所有器官移植临床状况的年度报告。

2000年阿伯健康研究协作组织（Arbor Research Collaborative for Health）与HHS签订协议，负责运营和管理SRTR。阿伯健康研究协作组织的前身是大学肾脏研究和教育协会（URREA），是一家与密歇根大学合作的非营利性卫生科研组织，主要研究流行病和公共卫生健康问题，并对影响医疗实践、政策发展及医疗支付系统的因素进行研究。②阿伯健康研究协作组织管理SRTR后，每半年都要对每个移植中心和OPO作出更新报告。

（五）器官获取组织

美国的器官移植系统中包括了59个OPO，为全美287个移植中心提供死者器官。在这59个OPO中，有50个是独立的（私营、非营利性），有9个是与公立医院共建的。

---

① 侯峰忠．美国器官捐献和移植管理体系简介[J]．中华移植杂志，2011，5（4）：331-334．
② http://www.arborresearch.org/AboutUs.aspx（Accessed Dec. 5, 2014）．

每个 OPO 都要成为 OPTN 的成员，并受 UNOS 的监督和管理。[①]

OPO 的主要职责包括：①寻找器官的来源，通过积极的宣传教育工作动员器官捐献，从而获得更多可利用的器官。②OPO 还需要对促进器官合理分配的信息进行迅速的交流，并且依据 UNOS 的相关政策在其所服务的地区，负责对器官进行公正、合理的分配。[②] 例如，全美目前有 11 个 OPO 服务区，每个 OPO 在其所服务的地区内如果发现有潜在合格器官捐献者时，会通过 UNOS 查询系统进行配对，如果没有合适的供体时再扩展到其他服务区。③与潜在捐献者家属沟通，并评估潜在捐献者的医学条件。OPO 工作人员往往会深入到捐献者家庭中，根据捐献者家庭状况进行有效沟通。④与移植中心协调获取、保存、运输器官等事宜[③]。

（六）移植中心与捐献医院

移植中心是指具备移植技术、能够从事移植手术的医疗机构，且必须为 OPTN 成员。也就是说，移植中心必须遵守国家器官移植条例、UNOS 章程、UNOS 辅助规章制度和政策。[④] 为了保障器官移植的存活率和安全性，美国实施了严格的器官移植准入制度。[⑤] 移植医院应根据 UNOS 的要求填报患者各项医疗信息，UNOS 根据这些信息为申请器官移植的患者进行评分，由此决定在等候表上的排名顺序。移植医院还须定期更新患者的病情以利其能够适时得到所需器官，如果患者情况恶化以致不适宜移植或死亡也要及时更新信息。患者完成器官移植后，移植医院有义务定期向 UNOS 报告术后随访信息。

捐献医院，又称为临床医院，是指为潜在的器官捐献者提供医疗服务的医院。与移植中心相同，捐献医院必须符合相关准入标准并成为 OPTN 的成员，同时受 UNOS 制定的规章制度约束。根据美国联邦法律的规定，所有临床医院必须按要求向当地的器官获取组织报告死亡病例，并协助器官获取组织与潜在捐献者家属谈话，提供潜在

---

① Nathana H M, Conrad S L, held P J, et al. Organ donation in the United States [J]. American Journal of Transplantation, 2003, 3（4）：29.

② OPTN Evaluation Plan. 2005.

③ Nathana H M, Conrad S L, held P J, et al. Organ donation in the United States [J]. American Journal of Transplantation, 2003, 3（4）：29.

④ 温怀玺. 美国器官移植体系对我国的借鉴意义 [J]. 生物技术世界，2014（2）：188-190.

⑤ Williams M C, Greer J H, Matthew A, et al. The Organ Center of the United Network for Organ Sharing and Twenty Years of Organ Sharing in the United States[J]. Transplantation, 2004, 9(77): 641-646.

捐献者病例及进行获取器官手术等。①

四、运行机制

（一）宣传教育

器官捐献意愿与捐献者的思想观念、宗教信仰及所受到的道德教育密切相关，因此对器官捐献的宣传教育就显得尤为重要。美国具有一套完善的器官捐献宣传教育系统。就器官捐献宣传主体而言，首先，OPTN 一项重要的职能就是向社会大众宣传器官捐献，鼓励民众积极参与器官捐献。其次，OPO 作为 OPTN 的成员机构，也担负着对器官捐献进行宣传和教育的工作。例如，OPO 在其服务区寻找潜在的捐献者时，往往会深入捐献者的家庭，根据捐献者的个人状况和家庭状况制定出不同的宣传策略与教育内容。再次，美国拥有众多的器官捐献公益组织，这些组织往往会定期举行器官捐献的宣传和教育活动。从器官捐献相关宣传的制度层面看，美国1968UAGA 创设了器官捐献卡制度，捐献卡不仅是捐献意愿的证明，更是一种器官捐献的宣传方式，在捐献卡的背面就印着"我愿死后帮助某些人"的字样；美国 1987UAGA 规定的"探询制度"实际上也是一种器官捐献的宣传方式，医疗机构工作人员在探询潜在供体的捐献意愿时，往往会对器官捐献的伦理价值和其背后的公益理念进行宣传。总之，宣传教育不仅是进行器官捐献工作的首要环节，更贯穿于美国器官捐献和移植运行系统中，并且扮演着十分重要的角色。

（二）器官获取与接收

OPO 负责在其服务区内找寻潜在的可供捐献的器官，询问捐献者的捐献意愿，采集捐献者信息，并为捐献者及其家庭成员捐献器官提供便利。同时，符合准入条件的捐献医院也应将潜在的供体及时通报给 OPO，并与 OPO 协作，确保为愿意捐献器官的潜在供体及其家庭提供捐献机会。OPO 将采集到的捐献者信息上传到 UNOS 的计算机系统网络中，该系统再对捐献者信息进行统计、分析与处理，以及时匹配需要接受器官的患者名单。供体信息由 OPO 和移植中心进行采集，当移植中心接收了符合条件的需要进行器官移植的受体时，应与 OPO 协作，将受体信息上传到 UNOS 计算机网络系统中，并由该系统建立和维护等候患者名单（waiting list）。由上述可见，OPO 与移植中心具体负责器官捐献获取和接受的信息采集工作，UNOS 负责对捐献和移植信息进行整理、分析、维护和匹配。此外，OPO 负责支付供体全部器官获取

---

① https://www.google.com/url?q=http://www.uniformlaws.org/Shared/Docs/Finals_NC/UAGA_Final_NC.doc&sa=U&ei=TZOAVPrhO-T2mQXomIKYCg&ved=0CAUQFjAA&client=internal-uds-cse&usg=AFQjCNF4gX6qJqFrZtK 3Z0RpDtLHEcw_FQ（Accessed Dec. 4, 2014）.

费用，器官获取回收的免费项目也要列于供者所在医院的账单里。OPO 主要通过实施器官移植手术医院的受者医疗保险进行核销。器官移植费用主要由第三方支付，包括患者个人保险、医疗保险或贫困医疗补助。

（三）器官分配

器官分配政策的制定要经过 OPTN/UNOS 地方会议提出草案，国家委员会审核及公众评议，OPTN/UNOS 成员、健康护理专家、患者和公众人员组成的委员会投票这样一套复杂严格的程序。政策表决通过后，HHS 秘书处负责对政策进行评议和实施。OPTN/UNOS 以医学和科学的标准来管理器官分配政策，每例遗体供者器官的数据资料都要上传至 UNOS 国家计算机中心，通过与全国受者进行匹配后再决定器官分配的优先权。[①]

UNOS 的计算机系统会根据捐献者和接受者的血型、器官组织结构、器官大小、接受者病情轻重程度、等待时间、接受者距离捐献者的远近等因素产生一个接受者排列表，建立一套评分系统，器官分配给评分最高的受者。根据器官不同，这些因素是有变化的。排列表上与捐献者住在同一个地方的人有第一优先权，除了肾脏，不管距离多远，肾脏必须移植给最合适的患者，如果该地方没有接受者则范围扩大到一个比较大的区域，如果该区域还没有，就扩大到全美国。一旦捐献者和接受者之间的关系确定，器官捐献和移植网络的医务人员就会向接受者所在地的器官移植机构发出一个电话通知，这个机构必须在 1 小时之内作出反应，否则将自动向下一个接受者发出通知。计算机系统可以计算出最适合捐献者和接受者之间的搭配，但最后的决定仍由接受器官移植的受体的手术团队作出，移植手术团队的负责人根据受者当时的状况和供者情况，决定是否接受器官移植手术。

（四）激励制度

在美国的器官捐献和移植运行系统中，器官捐献的激励制度拥有着不可替代的地位。完备且合理的激励制度能够有效地提高器官捐献的数量，从而不断满足器官移植的需求甚至可以挽救受体的生命。

1. 器官买卖与捐献激励

一般来说，有关器官捐献激励措施的最基本讨论主要集中在两点：①是否存在某种道德准则能够为禁止某些激励措施提供合理化依据；②某种激励措施所带来的利

---

① Williams M C, Greer J H, Matthew A, et al. The Organ Center of the United Network for Organ Sharing and Twenty Years of Organ Sharing in the United States[J]. Transplantation, 2004, 9(77): 641-646.

处是否大于其所带来的弊端①。具体而言，以器官买卖为例，如果允许器官像自由市场中其他商品一样可以买卖交易，那么器官作为一种商品因其稀缺性和巨大的使用价值，必然带来高额的利润，从而激励更多的供体提供器官。从客观上讲，允许器官买卖不失为一种激励措施，但美国1984NOTA明确禁止了器官买卖，并规定了较重的处罚。由上所述，这里值得讨论的就是：①上述禁止性条款的背后是否存在着一种道德准则能够为其提供合理化的依据；②允许器官买卖虽然能在一定程度上增加器官的供给，但实施这种措施所付出的代价是否大于其收益。事实上，将器官明码标价当作商品来出售的激励措施，不仅在理论上与美国器官捐献中的"无偿原则""利他精神"相违背，在实践中也因引发许多严重的社会问题而被美国所抛弃。美国国家肾脏基金主席查尔斯·弗鲁特曾说："经济刺激会驱使人们将器官视为商品，泯灭捐献中的无私精神，并且会导致对低收入群体的进一步剥削。"由此可见，美国更提倡精神激励和间接性物质补偿。

2. 精神激励

在美国的器官捐献激励制度中，精神激励主要包括两个方面：一是直接性精神激励，是指直接给予器官捐献者或其家属荣誉感和道德表彰，如美国部分州和地区允许捐献者在自己的车牌下面表明捐献者身份、制作捐献卡证明并感谢捐献者及其家属的捐献行为等；二是通过媒体、公益组织对器官捐献中"利他精神"的宣传，在社会中形成一种"器官捐献是无私的、高尚的"道德氛围和舆论环境，从而在精神层面鼓舞和感召更多公民参与到器官捐献中。精神激励措施更加符合器官捐献的公益性质和道德意义，虽然实际效果无法量化，但在美国却不可或缺，特别是间接性精神激励措施，在公民普遍具有宗教信仰的美国起着重要的激励作用。

3. 物质激励

物质激励也可分为直接物质激励和间接物质激励。

直接物质激励，主要指的是直接给予捐献者或者其家属一定的财物。虽然这种方式可能激励效果比较明显，但是容易将器官捐献转变为一种变相的买卖，不符合1984NOTA规定的禁止器官买卖的立法精神，也容易引起许多违法犯罪问题。因此，直接物质激励模式在美国已基本没有了市场。

间接物质激励，主要是指对器官捐献者及其家属给予一定的物质补偿。这里的"物质补偿"一方面包括覆盖供体在器官捐献过程所支出的费用或成本（如已故捐献者的

---

① Matas A J, Satel S, Munn S, et al. Incentives for organ donation: Proposed standards for an internationally acceptable system [J]. Am J Transplant, 2012, 12（2）: 306-307.

丧葬费、捐献者家属的差旅费、住院费、移植手术费、术后护理费等）。例如，1994年宾夕法尼亚州设立了器官捐献信托基金（Organ Donation Awareness Trust Fund）。基金部分资金用于补偿捐献者，补助标准为每名捐献者3000美元，补助项目有合理的住院和医疗费用、丧葬费及捐献者及其亲属在捐献器官过程中附带发生的费用。2002年，宾夕法尼亚州的立法者为了避免上述补偿金额被公众理解为器官捐献的"对价"，又将3000美元的补偿标准降低到了300美元。[①]虽然补偿标准大幅下降，但是并没影响器官捐献者及其家属的热情，宾夕法尼亚州的间接物质补偿激励措施依然取得了良好的效果；"物质补偿"的另一方面还包括了负担误工费及减免税收等多种形式。值得注意的是，美国许多州和地区都以立法的形式将上述激励制度确定下来。例如，2004年美国威斯康星州率先实施了一项关于减免活体器官捐献者税收的法案，该法案以威斯康星州的器官捐献者的个人边际税率、个人收入和报税身份三项因素来确定器官捐献者的税收减免金额。威斯康星州实施该法案不久后，明尼苏达州也同样实施了类似的减免器官捐献者税收的法案。[②]由上述介绍可见，间接物质激励模式更容易为美国民众所接受，同时也更适合美国的器官捐献。

（五）协调员

为了促进更多合格的潜在供体捐献器官，满足器官移植增长的需求，随着美国器官捐献和移植事业的不断发展，美国社会上出现了一种新的职业：器官捐献和移植协调员（transplant coordinator，TC）。美国的器官协调员属于美国器官捐献和移植运行系统中最基层的工作人员，是最近距离接触潜在的器官捐献者、需要器官移植的患者及捐献医院和移植中心的工作人员，在整个美国器官捐献和移植运行系统中起着基础性作用。

美国的器官捐献和移植协调员可分为两类：一是家庭服务协调员（Family Service Coordinator，FSC）；二是移植协调员（Transplant Coordinator，TC）[③]。他们均受雇于美国各州和地区的OPO组织及其附属机构，但家庭服务协调属于全职雇佣，而移植协调员本身是已经注册登记的护理人员，因此他们在OPO中则属于兼职。下面将

[①] Flamholz D I. A penny for your organ: revising New York's policy on offering financial incentives for organ donation [J].Law and Policy, 2006（14）: 329.

[②] Wellington A J, Sayre E A. An evaluation of financial incentive policies for organ donations in the United States [J].Contemp Econ Policy, 2011, 29（1）: 6-7.

[③] Bodenheimer H C, Okun J M, Tajik W, et al. The impact of race on organ donation authorization discussed in the context of liver transplatation [J]. Transactions of the American Clinicaland ClimatologicalAssociation, 2021, 123: 68.

具体介绍美国的器官捐献和移植协调员制度。

1. 家庭服务协调员

FSC 是经过严格训练过的专业人员，他们在与捐献者家庭沟通及与其讨论临终器官捐献方面具有丰富的经验。FSC 的具体职责包括：①开展器官捐献宣传和咨询工作；②寻找潜在的器官捐献者并收集其相关的捐献信息；③与潜在的捐献者家属进行沟通，促使其授权同意捐献死者器官；④支持和帮助捐献家庭完成器官捐献授权同意程序；⑤联系 OPO 并见证器官获取与运送过程；⑥参与对捐献者的缅怀及对捐献者家属的慰问工作，并负责整理和维护后期资料。

值得注意的是，美国的 FSC 构成往往包含各种肤色的种族人群。例如，主要负责纽约地区的器官捐献和移植工作的组织——纽约器官捐献网络（NYODN），所雇用的 FSC 中就包括了西班牙裔、南非裔、亚洲裔等种族人群。根据一项研究表明，具有相同种族的协调员与器官捐献家庭之间更能进行有效地沟通，从而促使捐献家庭授权器官捐献。[①]

2. 移植协调员

在捐献家庭授权同意捐献器官的过程中，TC 同样受训于支持和帮助捐献家庭作出捐献决定。但与 FSC 不同的是，他们作为已登记注册的护理人员，侧重负责器官捐献者的医疗管理及移植手术的辅助支持工作。在获取死者器官或受体实施手术的全过程中，除医护人员外，还有 1~2 位 TC 在场，他们既为受体手术科室所聘用，又是 OPO 的兼职工作人员，支持和帮助整个移植手术的顺利进行及相关后续工作。

TC 在移植手术中的具体职责是：①通知有关人员集中，及时组成手术团队，并向手术团队报告供体和受体的有关资料；②为移植手术准备必要的医疗器械和装备；③将移植手术团队的出发时间报告需要接受器官移植的患者及其家属，以便受体患者及时入院；④保证通信、交通运输的顺畅，移植手术专用的汽车或者可能使用的直升机等都由 TC 预订；⑤供体手术中的探查结果、器官的探查结果、取出时间、手术结束时间等，均需要 TC 逐项记录并用电话向受者报告；⑥器官运抵手术室前半小时，通知受体接受麻醉；⑦受者手术开始，协助修剪供体器官，记录手术情况，将所有资料输入计算机系统并报告给 OPO。[②] 总而言之，TC 作为护理人员要承担移植手术的护理工作，并作为 OPO 工作人员负责手术以外的相关辅助工作。

[①] Bodenheimer H C，Okun J M，Tajik W，et al. The impact of race on organ donation authorization discussed in the context of liver transplantation. [J]. Transactions of the American Clinical & Climatological Association，2012，123：64.

[②] 张新国. 美国器官移植的组织协调工作 [J]. 武警医学，1996，7（6）：351.

（六）事后会见制度

协调员是联系器官供体和器官捐献者及其家属之间的桥梁，协调员会综合衡量受体和捐献者家属接触的利弊，来决定是否安排双方见面，这就是所谓的会见制度。虽然在实践中，受体与捐献者家属相见的非常少，少数会通过互留基本信息、邮寄感谢信的方式。但会见制度依然有利有弊，值得探讨。

一般来说，会见制度让受者有机会对捐献者家庭表示感激，以减轻接受捐献者器官所带来的罪恶感，但是也会将受者带入捐献者家属的悲伤之中，受者可能仍会感到对捐献器官的家属抱有亏欠。对于捐献者家属而言，器官移植成功会让他们感到欣慰，他们也希望听到受者的感谢和感激，但是这个过程也会引起他们对逝者的悼念和悲痛。数据显示，不低于60%的未会见者希望未来能有见面机会（受者和捐献者家属），50%以上的捐献者家属对于未安排见面会表示不满。[①] 因此，器官协调员就应在会见中发挥更加积极的作用，在双方的信息收集、会面指导及安排方面做足准备，切实保障受体与捐献者家属之间的良好沟通。

五、综合小结

美国的器官捐献和移植运行系统十分庞大与复杂，要使如此庞大与复杂的系统能够有效运行并最终达到提高器官捐献率和满足器官移植需求的目标，缺乏完备的法律规制是难以想象的。美国调控器官捐献和移植运行系统的法律之一UAGA经历了多次修改，NOTA在美国各州和地区的适用过程中也被修正了多次。上述两部法律均在美国的器官捐献和移植实践中不断发展，以不断适用新情况的发生。器官捐献和移植是一项事关人命的大事，我国的器官捐献和移植事业刚刚起步，首先要做的就是在不断调研和参考国外立法经验的基础上早日制定出统一且完备的法律，以调控我国器官捐献和移植事业的运行，明确并规制各机构的行为，为我国器官捐献和移植事业提供法律保障与依据。

综上所述，美国的器官捐献和移植运行系统中的组织结构体系完善、分工明确、权责清晰，既有垂直监管又存在平行合作，各组织机构工作开展得井然有序，这些也是需要我国借鉴和学习的。目前在我国器官捐献和移植系统中组织机构体系还未建立起来，参与器官捐献和移植的部门分工与权责都有待明确。根据前文的介绍，在美国除了顶层监管部门归属联邦政府外，其他参与器官捐献和移植的组织在性质上都属于

---

① Pazit, Azurl, Nill, etal. The transplant team's role with regard to establishing contact between an organ recipient and the family of a cadaver organ donor [J]. Journal of clinical Nursing 2011, 4: 888-889.

独立的非营利性机构，这些组织与联邦政府之间的关系往往是通过契约来调整和规范。与美国不同，我国的行政隶属关系十分牢固，如何界定各组织机构的权力和职责划分，如何理顺我国的器官获取组织及其他相关机构与我国行政主管部门之间的关系等问题，可能是我国器官捐献和移植事业面临的困扰。

除此之外，相关配套制度诸如激励制度和协调员制度的建立与完善，也要充分结合我国的实际情况和国外的经验。一方面，激励制度的设计包含经济、法律、宗教、道德伦理等多方面因素。鉴于我国国情与各地区文化的差异，精神激励措施在我国的效果未必明显，况且，直接物质激励无异于器官买卖，在我国一旦实施可能会引发严重的社会问题和法律问题，故而美国的间接物质激励值得我们借鉴。另一方面，器官协调员在器官捐献和移植运行系统中不可或缺，但我国目前缺乏专业的器官协调人员，因此如何教育和培训具有专业技能的协调员也是我国建立器官协调员制度所要解决的重要问题。

第二节　日本

一、日本"脑死亡标准"与器官移植的历史进程

1958年日本制定并颁布了《关于角膜移植的法律》。该部法律首先为日本的角膜移植手术提供了合法化依据并对其进行了法律规制，同时在器官捐献供体死亡标准的认定上只采纳了心脏死亡标准，脑死亡标准则未被立法所采纳。

1968年，日本的移植手术医师和田寿郎博士主刀实施了日本首例心脏移植手术，但接受手术的患者在术后83天便离世了，于是日本公众开始对这台手术和器官来源提出了质疑，包括器官移植的评判及和田寿郎博士评定死亡的标准。由于当时日本的移植手术并未采纳脑死亡标准，因而和田寿郎博士被检方指控谋杀了脑死亡的器官移植的供体及受体，虽然最后和田寿郎博士并未获罪，但这一事件在日本引起了巨大的争议，日本从此也再无人敢实施心脏移植手术，同时脑死亡标准被日本立法所采纳的进程也受到了极大的阻碍。

1970年前后，肾脏移植作为临床治疗方法开始盛行起来。1979年，《关于角膜移植的法律》被废止，重新制定了《关于角膜及肾脏移植的法律》，适用范围限于角膜及肾脏的移植，不涉及其他器官，器官来源也仅限于遗体。该法采纳了自愿捐献模式，同时还规定，医师欲获取遗体眼球或肾脏时，应取得死者家属的同意，但是脑死

亡标准依然未被纳入该部法律中。①

1980年以后，在日本采用脑死亡病患的器官进行移植手术的需求不断增加，由于日本立法仍未认可脑死亡标准，日本脑死亡病患的器官便无法被提供，造成大量需要器官移植的病患不得不走出国门，购买国外的器官。"器官移植采购之旅"这一现象遭到日本患者、外科医师及外国媒体的批评。迫于其他国家、病患团体及日本外科医师专业团体的压力，关于脑死亡标准和器官移植的争论终于在1983年展开。日本厚生省成立了一个关于脑死亡和器官移植的特别委员会，并于1985年公布了脑死亡标准，并声明死亡的概念应基于日本国民一致认可的标准。②上述争论于20世纪90年代早期引起了脑死亡和器官移植首相特别委员会的关注。在评论了日本20世纪80年代那次争论后，脑死亡和器官移植首相特别委员会颁布了最终报告：脑死亡是人类死亡的标准，但捐献者的器官捐献意愿对于器官移植是必要的。至此，脑死亡标准在日本的器官移植手术中开始得到认可。

日本社会在经历了关于人类死亡定义和器官移植的漫长争辩后，终于在1997年颁布并实施了《器官移植法》，首次允许人们在传统的心死亡或脑死亡之间作出器官捐献选择，但同意在脑死亡时捐献器官的患者则必须在"器官捐献决定卡"上明确注明自己的捐献意愿。1999年，也就是在日本颁布《器官移植法》的两年后，日本完成了首例依法采用脑死亡患者器官的移植手术。虽然1997年颁布的《器官移植法》是日本器官捐献和移植事业发展的关键一步，但是由于该法过于严苛，因而并没有有效促进日本的器官捐献和移植活动。据统计，1997—2009年，日本仅有81例从脑死亡患者获取器官进行移植的案例。由上述可见，日本在1997年颁布的《器官移植法》并没有发挥其应有的作用，因此日本又在2009年对其进行了重新修订。

二、日本《器官移植法》（2009）的修订背景与新的突破

（一）修订背景

如前所述，日本在1997年颁布的《器官移植法》过于严苛，导致了日本器官捐献和移植事业的发展受到了极大限制。例如，关于脑死亡捐献者捐献器官，只有当死者生前以书面形式明确表示接受脑死亡、死后愿意捐献自己的器官及家属（配偶、父母、子女、祖父母、孙子女等）不反对捐献死者器官时，获取脑死者器官的行为才是合法的；此外，该法律还规定，只有15岁及其以上的公民才能表达捐献器官的意愿。

---

① 中山研一，福间诚之.脏器移植法ハンドブック［M］.日本评论社，1998：4.
② 足立智孝，金晓星.日本的脑死亡与器官移植［J］.中国医学人文评论，2010，00（v.3）：85.

这一规定大大降低了给未成年人移植器官的可能性,特别是对未成年人进行心脏移植几乎是不可能的。为了给未成年人治疗疾病,许多年轻患者的父母花费大量的金钱,去美国或者德国接受心脏移植。然而,美国和德国在接受日本患者器官移植方面的政策又发生了变化。例如,德国在2009年3月停止给非本国人提供器官;美国一些医院拒绝接受有器官移植需求的日本患者,因为医院已经人满为患,且当时美国器官移植的费用也急剧上升。2007年之前,日本人平均在美国接受器官移植手术的费用为30万~70万美元,而后来该费用上升至了80万美元左右,甚至一些患者的费用高达160万美元。由此可见,需要器官移植的日本患者及其家属在国外接受器官移植手术面临着经济和严苛许可的双重压力。① 在上述背景下,日本于2009年决定重新修订《器官移植法》以提高国内的器官捐献率,满足日益增长的国内器官移植的需求。

(二)主要突破

与旧法相比,2009年新修订的《器官移植法》主要突破表现在以下4个方面。

第一,旧法的两条器官捐献的限制性规定不复存在,即取消了对脑死亡病患提前的书面允诺和患者家属许可的双重硬性规定。即使脑死亡病患在生前未作出明确捐献意向(但并未明确拒绝)的情形下,家属有权利作出捐献许可。因此,和家属讨论是否愿意在死后捐献器官,以及公开表示自己的意愿是非常重要的。日本大量发放器官捐献卡,目前正在考虑采取措施,在健康保险卡和驾驶执照上留出空间,以便于作出捐献器官的书面声明。公民可以在电脑或者移动电话上,通过网络登记捐献意愿。捐献登记意愿只限于在日本居住的人,不论该人的国籍是否是日本人。这样修改的结果使得患者的许可变成了非必要条件。

第二,取消了规定15周岁及其以上的捐献年龄的限制。所有年龄的人均可在其家属的许可下捐献器官。事实上,这一规定为少年儿童的器官捐献铺平了道路。

第三,修正版允许捐献者指定其器官接受者,即可指定的优先等级可限制在第一级、第二级别亲属之内:配偶、子女、父母、兄弟姐妹等。需要注意的是,如果由于医学原因或者其他原因,没有家属适合进行器官移植,器官就将移植给家属以外的人。如果捐献者在捐献意愿中表示,只将器官捐献给某个特定的受体,则该器官不能捐献给其他任何人,包括捐献者的家属。

第四,新法虽然未明确规定脑死亡即为人死亡这一概念,但是新法有效地促使日本群众对脑死亡即为法律意义上死亡的一致认识。

---

① 足立智孝,金晓星. 日本的脑死亡与器官移植[J]. 中国医学人文评论,2010,00(v.3):87.

总而言之，新法取消了旧法在器官捐献同意意向及年龄方面的限制，对提高日本的器官捐献率具有积极意义。

三、日本器官移植网络

1. JOTNW 简介

1995年4月，以 UNOS 为蓝本，日本建立了器官移植网络（Japan Organ Transplant Network, JOTNW）。JOTNW 是日本唯一一个推行器官捐献和移植工作的全国性组织，该组织在器官捐献者和实施移植手术的医疗机构之间处于中立地位，以保证公平和平等。法律规定所有的遗体肾脏移植必须通过 JOTNW 进行。该组织致力于为日本公民提供公平、便捷的器官捐献和移植服务，以提高日本国内的器官捐献率和移植手术的质量。

2. JOTNW 组织机构和基本职能

JOTNW 的内部组织结构包括董事会、中央评审委员会、器官捐献机构委员会、移植中心委员会、移植器官相关实践委员会、移植检查委员会、公共关系委员会、伦理委员会等。在地方上，JOTNW 又在日本划分东部、中部、西部三大服务区。每个服务区由 JOTNW 设在该区的地方评审委员会负责当地的器官捐献和移植工作，他们雇用经验丰富的移植协调员，开展各种器官捐献和移植活动，包括对社会公众进行宣传教育；登记接受者；收集潜在捐献者信息；与医院和捐献者家属作出安排；对捐献者进行血液测试；组织和协调获取小组；根据既定标准公平选择适合的受体；确保迅速运送器官等。

四、日本社会文化对器官移植的影响

由日本的器官捐献和移植工作的历史发展过程可以看出，与欧美等西方国家相比较，日本国内的器官捐献和移植事业发展缓慢，步履维艰，与我国一样面临着器官供不应求的严峻局面。本书认为，除了上述法律问题外，造成日本国内捐献率较低的另一主要原因是日本国民对待器官移植方面上的伦理观。器官捐献和移植，往往涉及人类对待生死的态度，而作为同样受到东方文化影响的我国，和日本在生死伦理问题上，往往共享着类似的思想观念。因此，研究日本人在器官捐献和移植方面的伦理观的问题，也能够在一定程度为我国器官捐献和移植工作的开展提供一定的借鉴。

首先，需要考察器官捐献患者与其家人的关系。由上述可知，无论是1997年颁布的《器官移植法》还是2009年修订的《器官移植法》，都赋予了器官捐献者的家属捐献患者器官的权利，为捐献者获取器官必须经过家属的同意。之所以如此规定，是因为在日本，人的死亡不只是个人的事情，还牵涉整个家庭。许多日本普通民众觉得死者家人分担着同样的死亡过程，甚至是确诊为脑死亡之后，家人仍继续共同承受着亲人的死亡。日本哲学家森冈正称这种现象是"作为人类关系存在特征的脑死亡"。即使一个人处于脑死亡状态，"长久以来建立的家庭成员之间的关系仍将维持"，只要这种关系存在，他周围的人很难将他这个身体温润之人看作是个"死人"。其次，如何认知死亡是日本传统文化的一个内在组成部分，而脑死亡的过程并不能与日本传统意义上的死亡概念相吻合。大多数日本人拒绝现代的技术性的死亡观，这种死亡观导致机械意义上的死亡取代了传统意义上的死亡。例如，许多日本人相信，能在死亡过程中感受到身体的慢慢冷却，而加快这种过程，即将器官从仍然温热的身体中取出来便是生命过程的"异常"结束。这种生命的"异常"结束是很多日本人所不能接受的，日本人非常强调"自然"，许多人拒绝脑死亡就是因为在这些人看来脑死亡是不自然的，毕竟患者的心脏依然在跳动。最后，日本医学人类学家波平惠美子认为：将器官从身体中移除看起来要比日本文化中的脑死亡问题更为复杂和艰难。根据她的看法，当代日本人仍持有传统的生死观：①日本人相信，人死后"灵魂"不灭；②日本人相信刚刚失去亲人的家庭日后的幸福安逸来自亲人死后的解脱和慰藉；③死者的心灵或者"灵魂"是否能够得到安稳，取决于其后代是否为其举办一些传统的仪式。日本人相信如果自己在临死时体验异常痛苦或者经受肉体折磨的话，其死去的心灵也会感到失落。一些刚刚失去亲人的日本家庭有时因为这种传统身体观而拒绝捐献器官，他们或许认为移除器官会给亲人带来额外的痛苦和负担。

五、综合小结

日本的器官移植工作体系基本上参考了美国的运行模式和组织架构，然而同样的工作体系却在两个国家产生了截然不同的效果。日美两国的器官捐献率的巨大差异，让人不得不思考这背后的成因是什么。

器官捐献和移植不仅涉及技术问题，还涉及公民的思想观念和社会伦理问题。在组织运行模式上，日本虽然与美国类似，但是两国的社会伦理观念却有很大的差距。我们考察日本的器官捐献和移植事业，其中一个重要的原因是中日两国在一定程度上共享着相同的伦理观、死亡观，而这可能直接影响到我国的器官捐献率。如在脑死亡问题上，虽然日本20世纪80年代在立法层面上认可了脑死亡标准，但是因受日本社会传统的伦理观念影响，日本民众对待脑死亡的态度仍有抵触，因此导致了患者脑死亡后，其亲属捐献死者器官的意愿并不十分强烈。日本和我国均是深受儒家思想影响的东方国家，在死亡问题上往往共享着相同的伦理观念和道德认知。因此，日本的经验和教训值得我国借鉴。引导民众正确认知和看待脑死亡，是提高我国器官捐献率的关键一环。而要真正引导民众接受，首先要了解民众的顾虑所在及产生此种顾虑的原因，据此对症下药，方可取得事半功倍的效果。

第三节　中国台湾地区

一、立法历程

从器官捐献和移植相关立法进程上看，台湾是我国最早迈出器官移植立法步伐的地区。早在1982年7月，我国台湾地区就制定了专门针对角膜组织进行移植手术的单行法规，即《角膜移植条例》。后来，台湾地区推进器官捐献与移植法律制度的进一步完善，又于1987年6月制定了《人体器官移植条例》，该条例也是亚洲国家和地区首部关于人体器官移植的综合性法规，即为人类各种器官和组织的捐献与移植提供法律依据并规制捐献和移植行为。随着移植医学的不断进步及台湾地区器官捐献和移植客观环境的不断变化，台湾地区又分别于1993年、2002年、2003年、2011年、2015年对《人体器官移植条例》进行了修订。同时，继1987年制定《人体器官移植条例》之后，台湾地区又于1987年9月17日公布了《脑死亡判定程序》，成为在亚洲率先从法律上认可并采纳脑死亡标准进行器官移植的地区。

1988年，台湾地区卫生主管机关根据《人体器官移植条例》制定了《人体器官移植条例施行细则》，并于2003年进行了修订。《人体器官移植条例施行细则》分别规定医院、医师实施移植手术优先考虑遗体器官来源，制定捐献的器官的类目，推行器官捐献卡制度，明确捐献者最近亲属不同意时的意思表示，移植医院及医师须经卫生部门核准，不适宜捐献器官的处理和申请丧葬费补助的方式等。台湾地区卫生主管机关于2003年3月13日发布实施了《捐赠遗体器官移植丧葬费补助标准》。

二、双重死亡标准的承认与限制

关于死亡标准的选择，台湾地区的做法具有较大的灵活性。坚持将传统意义上的心死亡作为判断人死亡的标准，但同时又不否认脑死亡标准，而将脑死亡标准作为了心死亡标准的补充。台湾地区卫生主管机关在1987年9月17日公布《脑死亡判定程序》，公告函第二项说明："按《脑死亡判定程序》，其重点在于规定由合格之医师、合格之医院，运用医学技术，以判定患者是否脑死—脑干死亡。因判定脑死亡仅系死亡事实之认定，原不限适用于人体器官移植或其他特定事项。惟目前司法实务上，脑死亡判定仅为认定死亡事实标准之一,其判定程序涉及严格医学技术之运用、无法广泛实施,用以取代呼吸停止、心跳停止等传统死亡认定标准,故脑死亡程序判定建置之初,仅适用于人体器官移植之特定范围,本署当视实际需要再检讨适用范围。"据此规定,脑死亡判定标准只适用于器官移植范围内。根据台湾地区《人体器官移植条例》第4条第二项的规定:"前项死亡以脑死亡判定者,应依卫生主管机关规定的程序为之,同时为了防止医师舞弊,上述条例还禁止作出脑死亡判定的医师施行器官获取和移植手术。"由此可见,台湾地区虽然在法律上承认了脑死亡作为接受器官移植的死亡标准,但是在对待脑死亡的适用上还是十分谨慎和克制的。

三、获取遗体器官的条件

根据台湾地区《人体器官移植条例》《人体器官移植条例实施细则》的相关规定,医师自遗体上获取器官须满足以下条件之一:①死者生前以书面或遗嘱表示同意;②死者最近亲属书面同意;③死者生前有捐献的意思表示,且经两个以上的医师书面证明的,但死者身份不明或其最近亲属不同意的除外。需要指出的是,上述死者近亲属同意权的行使受到近亲属范围和顺序的限制。

最近亲属的范围如下:①配偶;②直系血亲近亲属;③父母;④兄弟姊妹;⑤祖父母;⑥曾祖父母或三代旁系血亲;⑦一代直系姻亲。最近亲属作出书面同意,不得与死者生前明示之意思相反。书面同意,最近亲属得以一人行之;最近亲属意思表示不一致时,依上述先后定其顺序。后顺序者已为书面同意时,先顺序者如有不同之意思表示,应于器官获取前以书面为之。

对于非病死或可疑为非病死的遗体,如交通事故导致死亡的遗体,非经依法相验,认为无继续勘验的必要,不得获取其器官。但非病死原因,诊治医师认定显然与获取器官没有关系,且经过依法相验将延误获取时机者,经检察官及最近亲属书面同意,可以获取死者器官。

四、获取"活体"器官的限制

根据台湾地区《人体器官移植条例》第8条的规定,医院自活体获取器官施行移植手术时,应符合下列条件:①捐献器官者应为20岁以上,且有意思能力;②经捐献者于自由意志下出具书面同意,及其最近亲属之书面证明;③捐献者经专业之心理、社会、医学评估,确认其条件适合,并提经医院医学伦理委员会审查通过;④移植受者为捐献者五代以内之血亲或配偶。

为了防止因移植器官而假结婚的现象,上述条例对配偶作出了育有子女或者结婚满两年的限制，但结婚满一年后经医师诊断罹患移植适应证者，不在此限。除了年龄限制和移植对象限制外，上述条例还要求医院在获取活体器官施行移植手术时，应对捐献者是否在压力下及任何金钱或对价的交易行为进行审查，确保自愿捐献器官，并提经其医学伦理委员会审查通过。而根据台湾地区《人体器官移植条例实施细则》第8条的规定，台湾地区医院的医学伦理委员会主要对获取器官的手术审查如下事项：①捐献者和受者的年龄与亲属关系；②捐献者的心理、社会、医学评估状况；③捐献者的书面同意及其最近亲属两人以上的书面证明；④捐献肝脏者为未满十八岁的未成年人时，其法定代理人的书面证明；⑤捐献者为配偶时，婚姻关系是否实质存在；⑥受者的移植适应证及禁忌证。

　　本书认为，针对我国大陆器官捐献率较低的问题，其中一个解决方案是"激活遗体，严控活体"。需要注意的是，严控活体并非不获取活体器官，而是要对获取活体器官的行为进行严格限制，由上所述台湾地区对获取活体器官的限制可归纳为：捐献者和受者年龄与亲属关系、捐献者意愿，以及捐献者的心理、社会和医学评估状况三大方面，台湾地区的做法值得大陆借鉴。

五、医疗机构与医师的管理

　　医院、医师应报请台湾地区卫生主管机关核定资格及器官类目，才可以施行器官获取、移植手术。移植医院施行器官移植手术，应每6个月向台湾地区卫生主管机关依法定形式通报下列事项：获取器官类目；移植病例及捐赠器官的基本资料；移植病例成效及存活情形；施行手术的医师等。

　　医院应将愿意捐赠器官及等待器官移植者之资料，通报台湾地区卫生主管机关。为促进捐赠器官得以有效运用，台湾地区卫生主管机关应自行设立专责单位或捐助成立专责机构，成立数据库；必要时，可以委托相关机构、团体办理。

　　医院为配合器官捐赠风气的推动，如有适合器官捐赠的潜在捐献者，医院医疗人员应主动向病患家属劝募，以增加器官捐赠之来源。医师获取器官施行移植手术，应建立完整医疗记录。医师施行器官移植时，应善尽医疗及礼仪上必要的注意。

六、器官保存库的设立

　　为妥善保存获取的器官，经台湾地区卫生主管机关许可，可以设置人体器官保存库。根据台湾地区《人体器官保存库管理办法》第9条的规定，机构设置器官库应具备下列文件，向台湾地区卫生主管机关申请：①设置计划书，内容应包括机构负责人、机构及保存库地址、保存库类别、预估保存量、医学主管、品质主管、设置进度、品质管理系统、组织及人员、作业程序、设施及场所、环境管制与监控、设备、标示管制、采集、储存、配送、收受、追踪及销毁的说明；②医学主管和品质主管的资格证明文件；③作业及保存场所的平面简图。

人体器官保存的含义比较广泛，包括人体器官、组织、细胞之处理与保存，以及组织工程、基因工程技术对组织、细胞所为处理及其衍生物之保存。人体器官保存，器官库可以酌收费用，其收费标准由台湾地区卫生主管机关规定。

七、丧葬费补助

《捐赠遗体器官移植丧葬费补助标准》对捐献者家属的丧葬费补助作了详细规定。台湾地区《人体器官移植条例》规定，政府可以对家境贫寒的捐献者亲属酌情补助其丧葬费。

家境贫寒的捐献者亲属还可以向台湾地区卫生主管机关申请补助丧葬费，经由政府补助其丧葬费的死者亲属，不得向台湾地区卫生主管机关申请补助。台湾地区卫生主管机关具体补助标准是：捐献遗体器官，捐献角膜者，补助新台币五万；捐献角膜以外之器官或捐献多重器官者，补助新台币十万元。所定补助丧葬费的经费，由台湾地区卫生主管机关编列预算支应。

有权申请丧葬费补助的亲属与同意捐献死者器官的亲属在范围和顺序上保持一致，即配偶；直系血亲近亲属；父母；兄弟姊妹；祖父母；曾祖父母或三代旁系血亲；一代直系姻亲。

捐赠遗体器官丧葬费补助，死者亲属应填具申请书，并检查器官获取移植医院发给的捐赠遗体器官移植证明书及死者亲属证明文件，向台湾地区卫生主管机关提出。

为增加器官捐献，台湾地区大型医院采取物质激励措施，就是对捐献者家属以"丧葬补助费"为名，提供金钱补助。各医院补助金额不一，台湾台大医院最高可补助十七万台币丧葬费，另外免除二十万台币的医疗费用。台湾长庚医院可以补助金额最高达三十万台币。大型医院竞相提高补助数额，不能提供丧葬补助的小型医院可能陷入无法获得器官的困境。各医院不管捐献者家属是否清寒贫困，一律给予丧葬补助，实际上是变相地器官买卖。2003 年 3 月，台湾地区卫生主管机关公布《捐赠遗体器官移植丧葬费补助标准》后，卫生主管机关官员表示，政府提供的补助与医院提供的补助可以并行。

八、台湾器官捐献协会

台湾器官捐献协会成立于 1993 年，是受台湾地区卫生主管机关主管的社会法人。

台湾器官捐献协会致力于提高台湾地区器官来源数量,协助器官移植医疗服务、挽救器官衰竭病患生命,并提升病患的生活品质。协会的主要任务是:①促进一般民众对器官捐献的认知及参与,负责推动台湾地区器官捐献和移植的宣传与社会动员工作;②提供医疗专业人员器官捐献的资讯训练及教育;③寻找潜在器官捐献者,收集捐献者信息,增加器官捐献来源并协助建立器官移植联络网络;④敦促政府制定有关器官捐献与移植的法令;⑤负责器官捐献者家属的精神安慰与陪伴,缅怀器官捐献者。

协会以会员代表大会为最高权力机构,会员代表大会闭会期间由理事会代行职权,监事会为监察机构。会员人数超过 300 人时分区比例选出会员代表,再召开会员代表大会,行使会员大会职权,会员代表名额 100 人,任期 3 年。

九、综合小结

在亚洲范围内,我国台湾地区的各项器官捐献和移植事业都开展得比较早。例如,于 1987 年制定的《人体器官和移植条例》,是亚洲第一部规制人体移植的综合性文件。同年,又公布了《脑死亡判定程序》,又成为亚洲最先承认脑死亡的地区。除了上述法律法规之外,台湾地区在器官捐献和移植方面的具体工作制度值得大陆学习和借鉴。首先在死亡标准问题上,台湾地区以心死亡为主,以脑死亡为补充。在脑死亡问题上,台湾地区虽然在相关规定中承认其作为一种死亡标准,但同时也规定了诸多认定脑死亡的程序限制,如给患者判定脑死亡的医师不能再为其进行器官移植等;其次,在获取活体器官问题上,台湾地区的限制更为严格:不仅要考察供体的社会、心理及医学状况,还要审查供体和受体之间的亲属关系;最后,在丧葬费补助标准方面,台湾地区不仅具有经过立法承认的具体的补助标准,还施行医院和政府的双重补偿制度,这种间接物质激励制度为提高台湾地区的器官捐献率起到了很好的效果。

第四节 澳大利亚

一、澳大利亚器官捐献现状

从 1983 年开始,澳大利亚就有了第一位移植协调员。相继地,澳大利亚初步建立了包括移植协调员、医院和移植临床医师共同组成的州与州之间的联合系统。并且澳大利亚不同的州也独立建立了不同的器官捐献体制。其中南澳大利亚在全国范围内处于领先地位。1996 年 7 月,南澳大利亚州仿照西班牙模式建立了南澳大利亚器官捐献机构(the South Australian Organ Donation Agency,SAODA),取代了传统的基于医院的移植协调员结构,并将移植协调员(transplant coordinator)正式更名为器官捐献协调员（organ donor coordinator）。在 SAODA 的工作下，南澳大利亚的器官捐献率有明显上升，几乎是澳大利亚其他地区的 2 倍。

虽然南澳大利亚地区的器官捐献率得到提升，但澳大利亚器官捐献的整体水平仍然较低。澳大利亚政府为改变捐献率在全世界的发达国家中处落后地位的状况，于 2008 年开始实行全国范围器官移植捐献管理工作的全面改革。2012—2013 年数据显示，澳大利亚器官捐献率由 2012 年的 15.6pmp[①]（per million population）增长到 2013 年的 16.9pmp[②]，一年之间器官捐献率增长达 3.3pmp，说明澳大利亚器官捐献体制改革取得了一定成效。

改革之前，澳大利亚的器官捐献体制存在许多问题：①各州的器官移植各成体系，缺乏紧密的联系和统一的制度管理；②各州移植体系存在固有的问题，各州移植体系资源分配不均，尤其是预算分配不均的情况最为严重，过度向移植成本和费用倾斜；③配套的基础设备不完善，人员之间也无直接的沟通，缺乏对器官捐献的重视；④机构设置不合理，如维护器官移植等候名单成为移植协调员的工作，导致移植协调员短缺。

为改善器官捐献状况，自 2008 年开始，澳大利亚出台国家改革计划，开始器官捐献制度改革，政府投入约 1.53 亿美元支持器官捐献方法重组，实施了以下 9 项改革措施：①建立全国性网络与平台—全国性器官组织捐献的管理网络；②培训专业负责器官捐献的医师，建立相应的医疗系统；③对专门医院机构给予政府资金投入；④开展器官捐献教育，积极提高公众意识；⑤以社区为单位开展工作；⑥给予供者家庭支持；⑦建立安全、公平、透明的移植程序；⑧建立全国眼睛与其他器官捐献和移植网络；⑨开展其他项目，如建立活体供者制度等。

澳大利亚器官捐献改革的核心是建立完整、高效的全国器官捐献体系，覆盖澳大利亚各州，将捐献人（供者）、移植受体、临床医师、国家协调机构容纳在整个器官捐献体系之内，由专门机构负责协调和管理。改革的目标是增强卫生系统提高器官捐献率的能力；通过提高公众意识和鼓励利益相关者参与改善澳大利亚器官捐献现状。本节将详细叙述澳大利亚为实现此目标所采取的器官捐献体制改革的具体措施。

二、法律渊源及指导文件

目前，澳大利亚器官捐献和移植工作的法律渊源完全由各州立法共同构成，澳大

---

① Donation from deceased persons（pmp）2012, Global Observatory on Donation & Transplantation. 网址 http://www.transplant-observatory.org/Documents/Data%20Reports/Basic%20slides%202012.pdf.（Accessed Dec. 5, 2014）

② 数据参见 IRODaT2014 年度报告，网址 http://www.irodat.org.

利亚各州立法之间对器官移植问题可能存在完全不同的规定,器官移植的法律体系有待完善,亟待联邦立法。自2008年器官捐献体制改革开始,澳大利亚陆续颁布了多个法案与文件作为器官捐献和移植的指导文件。澳大利亚的器官移植立法现状如下。

1. 澳大利亚各州立法

澳大利亚器官移植的立法可以追溯到1978年澳大利亚首都直辖区颁布《移植和解剖法》(Transplantation and Anatomy Act)[①]。《移植和解剖法》是澳大利亚关于器官捐献和移植的第一部成文法律,具有里程碑式的意义。其主要内容有:

(1)允许活体捐献,成年人可以作为活体捐献的主体。

(2)获取死者生前明确的书面同意;如果没有获取死者生前明确的书面同意,死者生前未表明确反对,死者家属也不反对,指定人员可以获得器官移植。

(3)为了确保供者同意的有效性,必须由不同的医师分别确认供者同意和进行手术。

(4)必须由专业的检验员根据该法指定的死亡诊断标准诊断死亡,并得到检验员同意后,进一步实施死者器官捐献。

2. 禁止器官组织交换和买卖

立法在不同的地方均使用"tissue"(组织)这个词,通常被卫生保健的专业人员称为"组织和器官",法案中只要有"组织"的字眼出现,它应该被解读为"组织,包括器官"[②]。除首都直辖区立法外,澳大利亚各州均对器官移植问题有相应的法律法规。本书在下文讨论获得器官捐献意愿的立法模式和死亡管理规定时将对各州立法模式予以详述。澳大利亚各州法律法规见表6-1。

3. 2008年改革后颁布的法律与文件

2008年,澳大利亚在全国范围内开始器官捐献体制改革。首先,澳大利亚通过不同机构和组织制定或通过了多部文件,对澳大利亚器官捐献体系予以填充。在原有框架下,制定了器官捐献和移植管理局的基本行为规章,并对死亡判定的标准和原则及器官分配的基本原则作出了具体规定。

---

① Transplantation and Anatomy Act 1978(ACT). Republication No 10. Effective:10 June 2014. 网址 www.legislation.act.gov.au/a/1978-44/current/pdf/1978-44.pdf(Accessed June.6,2015).

② The ANZICS Statement on Death and Organ Donation,Edition 3.2,2013.

表 6-1　澳大利亚各州法律规定

州	法律	法规
首都直辖区	《移植和解剖法》（1978）①	《移植和解剖法规》（2001）②
新南威尔士州	《人体组织法》（1983）③	无
北领地	《人体组织与移植法》（1979）	无
昆士兰	《移植和解剖法》（1979）④	《移植和解剖法规》（2004）⑤
南澳大利亚州	《移植和解剖法》（1983）⑥、《死亡（判定）法》（1983）⑦	《人体组织法规》（2006）⑧
塔斯马尼亚	《人体组织法》（1985）	无
维多利亚州	《人体组织法》（1982）⑨	《人体组织法规》（2006）⑩
西澳大利亚州	《人体组织与移植法》（1982）⑪	无

（1）《澳大利亚器官组织捐献和移植管理局行为规章》

依据《澳大利亚器官组织捐献和移植管理局行为规章》（Australian Organ and Tissue Donation and Transplantation Authority Act，2008），设立了总体统筹澳大利亚器官捐献和移植的机构——器官捐献和移植管理局（OTA），对澳大利亚器官组织捐献和移植管理局的组织架构、机构职能、资金支持等进行了具体规定，具体内容如下：

第 1 节　组织架构：首席执行官及其代表团、澳大利亚组织和器官捐献和移植顾问委员会、专家咨询委员会。

第 2 节　机构职能：

a. 建立器官捐献协调网络；

b. 制定器官组织捐献和移植的政策、协议和标准；

---

① Transplantation and Anatomy Act 1978 (ACT). Republication No 10. Effective: 10 June 2014. 网址 www.legislation.act.gov.au/ a/1978-44/current/pdf/1978-44.pdf（Accessed June.6,2015）.

② Transplantation and Anatomy Regulation 2001.

③ Human Tissue Act 1983 No 164.

④ Transplantation and Anatomy Act 1979.

⑤ Transplantation and Anatomy Regulation 2004.

⑥ Transplantation and Anatomy Act 1983.

⑦ Death (Definition) Act 1983. Version: 5.5.1983.

⑧ Human Tissue Regulations 2006.

⑨ Human Tissue Act 1982 No. 9860 of 1982.

⑩ Human Tissue Regulations 2006.

⑪ Human Tissue and Transplant Act 1982.

c. 收集、分析、解释和传播器官组织捐献和移植的信息；

d. 开展协调员、专科医师、工作人员的培训；

e. 进行评估器官或组织捐献和移植问题的研究，发布报告和文件；

f. 支持、鼓励进行器官和组织捐献的教育与社区宣传；

g. 给予有关器官或组织捐献和移植事宜财政援助与拨款。

第3节　财政支持：该组织的资金主要来源于政府的财政拨款，只能将该款项用于器官捐献与移植。并对与其签订合作协议的州、地区和个人提供相应的资金支持。

（2）《心死亡供者器官捐献国家标准》

《心死亡供者器官捐献国家标准》（National Protocol for Donation after Cardiac Death，2010）主要规定了澳大利亚DCD捐献的主要元素。包括：

a. 确定器官捐献的匹配度，器官捐献供者的合格及合适的受体比对；

b. 尊重并确认患者的捐献意愿，存在患者生前积极、未撤销的捐献同意；

c. 通过正式的批准和授权，DCD捐献需要得到家属、验尸官和负责捐赠事宜公职人员的授权；

d. 计划和准备DCD捐献，心脏死亡后的最短时间内完成器官获取程序；

e. 死者生前干预，谁有权利代替死者做出器官捐献或撤销呼吸机支持的决定；

f. 根据心脏死亡确认标准确认死亡；

g. 事后剖析，器官捐献完整流程的记录和分析。

（3）《澳大利亚新西兰供体器官选择标准与分配原则》

《澳大利亚新西兰供体器官选择标准与分配原则》（Organ Transplantation from Deceased Donors-Eligibility Guidelines and Allocation Protocols）由器官捐献和移植管理局（OTA）提供资金、澳大利亚新西兰移植学会（TSANZ）开发，并与澳大利亚器官移植协调员协会（ATCA）联合发布。最新版本（Version 1.3）发布于2014年1月8日。①

该文件列出的标准和方案包括：

a. 资格和评估死者器官捐献的标准；

b. 移植等待名单的合格标准。

第4节　患者移植等待名单的分配方案。

（4）脑死亡

---

① Organ Transplantation from Deceased Donors - Eligibility Guidelines and Allocation Protocols Vs 1.3.

1977年，澳大利亚法律改革委员会在澳大利亚缺乏对死亡的法律定义的情况下，建议应当引入法定死亡。他们建议死亡被定义为：不可逆转的大脑所有功能的停止；不可逆转的身体血液循环的停止。他们没有提供详细的技术标准，因为技术的创造和处方的判断应当是医学界的责任。他们的建议表明即使出现在移植的背景下，即使澳大利亚各州和各领地的法律各有不同，死亡的定义也应当是通用的定义。

除西澳大利亚州外，澳大利亚其他各州都以法律的形式规定了死亡的判定方式。如首都直辖区《移植与解剖法》第45条、新南威尔士州《人体组织法》第33条、维多利亚州《人体组织法》第41条、南澳大利亚州《死亡（判定）法》第2条等各州均规定："在本领地（州）范围内，一个人发生以下情形的时候，可判定为死亡：①不可逆转的大脑所有功能的停止；②不可逆转的身体血液循环的停止。"[①]

（5）器官捐献同意的立法模式

澳大利亚各州对器官捐献同意模式采取的立法各不相同，部分州，如首都直辖区（ACT）1978年《移植和解剖法》、塔斯马尼亚（TAS）1985年颁布的《人体组织法》、新南威尔士州（NSW）1982年颁布的《人体组织法》、维多利亚州（VIC）1982年颁布的《人体组织法》均采取"明示同意"、补充以亲属同意的立法模式，如根据1978年《移植和解剖法》（ACT）第27条第1款规定，死者生前必须作出明确的捐献意愿表示，如果死者生前拒绝捐献，任何组织和个人都须尊重死者的意愿，不得获取死者的器官。为此，澳大利亚建立了器官捐献者登记系统（the Australian Organ Donor Register），这是澳大利亚唯一的官方器官捐献登记系统。若死者生前未就器官捐献作明确意思表示，合理范围内的死者近亲属（配偶、子女、父母、成年兄弟姐妹）可以决定是否捐献死者器官，若不反对，则可以进行器官捐献。

昆士兰1979年《移植和解剖法》第22条第1款明确表示采取推定同意和家属同意的立法模式，若死者生前未表示明确的反对即推定同意其捐献自己的器官。但昆士兰认为在采取推定同意的立法模式下，仍要得到家属同意才能最终确认死者的器官捐献同意。目前，除昆士兰外，澳大利亚的部分州，如西澳大利亚州、维多利亚州为了更有效地提高器官捐献率，也已经开始筹备"选择性退出"的相关立法。

在实践中，澳大利亚器官捐献除死者生前明确同意外，仍须得到家人的积极同意或不反对。澳大利亚公民死后，其捐献意愿仍须得到其家属的确认，家属可以不确认

[①] Transplantation and Anatomy Act 1978（ACT）. Republication No 10. Effective：10 June 2014. 网址 www.legislation.act.gov.au/a/1978-44/current/pdf/1978-44.pdf（Accessed June. 6，2015）.

或推翻死者的捐献意愿，若家属不同意，不得进行器官捐献。① 因此，实践中澳大利亚的器官捐献同意最终很大程度上取决于死者家属是否同意死者的器官捐献。

三、组织结构

器官捐献网络作为澳大利亚政府器官捐献改革计划的一部分，所有州和领地同意成立由器官组织捐献和移植管理局领导，以器官捐献机构和特定医院为纽带，以及从事器官移植的专业人员为基础的器官捐献网络。截至2013年9月30日，器官捐献网络已经发展成为按地区划分的八大捐献体系，包括以72家医院为基础的252家器官捐献机构。②

（一）全国性统筹机构

根据2008年澳大利亚政府间理事会签署的改革计划③（2009年修订）④，OTA于2009年1月1日成立。截至目前，OTA始终致力于具体改革措施的实施，并建立了包含整个国家所有地区在内的以器官捐献管理机构为主导、以专门的医疗和护理专家为基础、联系器官捐献人和移植受体的全国性协调网络。

OTA作为整个澳大利亚器官捐献体系的协调机构，是整个澳大利亚器官捐献体系的掌舵者。根据《行为规章》规定，OTA的职能包括：制定器官捐献的政策、协议和标准，收集、分析并传播器官捐献和移植信息；为捐献网络内的机构、工作人员提供资金支持；支撑整个器官捐献和移植系统的运行，包括捐献意愿登记、捐献器官分配、服务人员培训、提高公众捐献意识、信息统计与汇总等各方面的协调工作。

（二）以州和领地为单位的八大器官捐献体系

根据联邦政府与各州的协议，澳大利亚所有辖区都必须根据国会通过的改革计划中确定的器官捐献服务模式，建立各州或各领地内的器官捐献服务体系。此前，澳大利亚各辖区的服务体系已确立由各辖区内的捐献机构和指定医院构成。

捐献机构的器官捐献和移植服务以机构内协调员的工作为主要内容展开，各辖区的器官捐献服务机构由三部分人员组成。一部分是机构管理与行政人员，包括区域主

---

① J. Potter, O'Leary M J. Obtaining consent for cadaveric organ donation in Australi [J]. Internal Medicine Journal, 2013, 43（7）: 737-39.

② http://www.donatelife.gov.au/about-us/donatelife-network（Accessed June. 6, 2015）.

③ Australian Organ and Tissue Donation and Transplantation Authority Act 2008. C2008A00122. Act No. 122 of 2008.

④ Australian Organ and Tissue Donation and Transplantation Authority Regulations 2009. F2009L02965. No. 269 of 2009.

管、运营经理、临床经理和行政助理,负责日常行政事务管理与运营;另一部分是捐赠医疗与护理专家,协助区域主管制订区域器官和组织捐赠工作计划,提供理论指导;最后也是器官捐献服务机构最主要的部分是器官捐献协调员。器官捐献服务机构的协调员分为捐献专家协调员、捐献专科护理协调员、捐献者家庭支援协调员、教育协调员、沟通联系协调员、数据收集和审计协调员,不同种类协调员分工明确(表6-2)。

表6-2 澳大利亚协调员的职责与资格要求

	功能和职责	必要资格	理想资格/经验
捐献专家协调员	①通过与医院团队合作,寻找潜在的器官捐献者;②调查患者的病例与生活史,管理潜在捐献者的器官组织配型和测试	在册护士及5年注册经历	器官与组织捐献专业领域的注册资格
捐献专科护理协调员	①致力于建立全国统一的网络系统,用于鉴别潜在的器官捐献者;②通过与医院团队合作,识别潜在的器官捐献者并促成器官捐献	在册护士及5年注册经历	器官与组织捐献专业领域的注册资格
捐献者家庭支援协调员	①为已捐助家庭提供支援服务;②为潜在的器官捐献者家庭提供支持和服务;③为有意愿的捐献者的家庭提供帮助	无	社会工作,心理学或心理咨询资格;具有创伤、丧亲服务或临终关怀服务的工作经验
教育协调员	①组织并监督辖区内所有器官捐献与移植的教育工作;②争取国家的教育、培训和资源;③对辖区内的教育活动和现状进行评估与报告;④就器官捐献与移植的教育议题,与其他地区分享、讨论与互相借鉴	无	重症监护室/教育/培训资格或学历;在重症监护室或器官移植科室有5年工作经验的在册护士
沟通联系协调员	①通信协调捐献者家属与移植受体的联系;②建立与其他辖区器官捐献机构的联系网络,实现彼此合作;③建立和维护媒体的联系,开展宣传教育类的媒体节目	无	新闻、媒体或通信的大专学历;公共事务、新闻、媒体、通信和市场营销的经验
数据收集和审计协调员	①收集辖区内供体与受体的信息,及时更新器官供体与受体数据信息;②器官移植流程的监督与记录;③及时参与OTA召开的会议;④反馈本辖区的移植数据与记录,接受审计专家审计	无	器官移植与捐献的临床经验;数据管理、分析经验;数据开发、收集、报告与评估经验;统计的大专学历

(三)非政府合作组织

澳大利亚器官捐献和移植管理局在建立器官捐献与移植网络时,为补充自己功能上的不足，优化器官和组织捐献与移植网络，与一些非政府的民间组织建立合作关系，这些组织在促进澳大利亚器官捐献体制改革中亦发挥重要作用。

1. 澳大利亚器官移植协调员协会

澳大利亚器官移植协调员协会（Australian Transplant Coordinator Association，ATCA）是一个非营利组织，它的任务是：①代表所有在器官捐献领域工作的专业人员；②支持研究、开发和教育组织和器官捐献移植，开展专业和伦理问题的讨论；③与OTA和TSANZ合作，提供与器官捐献相关过程的器官获取、循环、认证和联络；④与北美移植协调员组织（the North America Transplant Coordinators Organisation，NATCO）和移植护士协会（Transplant Nurses Association，TNA）合作，发展医疗保健产业。

2. 澳大利亚移植论坛

澳大利亚移植论坛（Transplant Australia）支持倡导器官组织捐献，旨在为澳大利亚建立世界领先的器官组织捐献和移植管理系统，扩大公众基础。它的使命是：①提高公众的器官和组织捐献率；②提高公众对器官组织移植的认识；③对会员提供支持、教育和指导，以促进健康、提高生活质量。论坛会员包括等待移植的患者、供者的家庭成员、活体供者和移植受者，以及从事器官组织捐献与移植工作的医师、护士和其他工作人员[①]。该论坛还与澳大利亚体育局联合，定期举办澳大利亚移植受者运动会。

3. 澳大利亚新西兰移植学会

澳大利亚新西兰移植学会（the Transplantation Society of Australia and New Zealand，TSANZ）是由器官移植科学家、临床医师、移植协调员和研究生等组成的专业学术组织。2009年1月16日，作为澳大利亚政府器官组织捐献和移植改革计划的一部分，TSANZ获得澳大利亚卫生与老年人事务部（随后移交至管理局）资助以加强其临床常务委员会的职能，致力于建立安全、公平、透明的国家移植流程，制定全国统一的移植受者选择标准和供器官分配原则，形成等待移植名单；召集包括移植临床医师、其他卫生技术人员和患者代表在内的多学科小组，起草制定全国统一的器官移植受者纳入标准和供器官分配规范。负责协调标准修订的工作小组成员包括来自心血管病学、肾脏病学、呼吸病学和外科学的临床移植专家。2010年3月22日，TSANZ公布了《澳大利亚新西兰供器官选择标准与分配原则》草案，最新版本（Version 1.3）

---

① 牟凌骏,郑铭豪.澳大利亚器官捐献和移植管理框架[J].中华移植杂志：电子版,2010,4(4)：331-334.

发布于 2014 年 1 月 8 日[①]。

4. 澳大利亚新西兰重症监护会

澳大利亚新西兰重症监护会（the Australian and New Zealand Intensive Care Society，ANZICS）是社会所有重症监护事项的主要倡导者，通过其临床试验组织和患者数据库，完成了领先世界的重症监护研究，特别是临床急救护理资源的研究和分析，为医院的重症监护提供各方面的指导。ANZICS 同时还致力于通过对脑死亡标准的确认，保证脑死亡标准经得起实践的检验，从而确保澳大利亚器官捐献过程中的公众信任。[②]

四、运行流程

（一）器官获取

1. 供体来源

澳大利亚器官供体来源有两个途径：一是对已经登记了的捐献者进行追踪，有捐献意愿的人通过在线登记、现场登记（通过器官捐献协调员）等多种方式注册自己的捐献意愿；二是器官捐献服务机构工作人员，主要是捐献专科协调员和捐献专科护理协调员在其辖区内与医院合作，负责寻找潜在的器官捐献者，并促进其器官捐献。

潜在的器官捐献者必须是健康的器官供者，由 72 家指定医院对潜在的器官捐献供者做必要的常规检查和推荐检查，扣除部分有肿瘤病史和活动性 HIV 感染的患者，保证潜在的器官捐献者是符合条件的器官捐献者的条件下，由捐献专科协调员询问潜在器官捐献者及其家属的捐献意愿，只有得到捐献者及其家属同意，才能组织下一步器官捐献。

2. 死亡标准及确认

在获得器官捐献者及其家属同意后，器官捐献者确定死亡后可以由指定医院的医师从死者身上获取器官。根据澳大利亚法律改革委员会于 1977 年对死亡的定义：大脑不可逆转地停止所有功能的人，或身体血液循环不可逆转的人（目前澳大利亚及其领地的法律规定均据此制定）[③]，脑死亡供者被公认为是最佳的器官供者来源，澳大

[①] Organ Transplantation from Deceased Donors - Eligibility Guidelines and Allocation Protocols Vs 1.3.

[②] The ANZICS Statement on Brain Death Determination. 25 June 2013 http://www.donatelife.gov.au/sites/default/files/Brain_Death_Determination_Statement.pdf（Accessed June. 6，2015）.

[③] Transplantation and Anatomy Act 1978（ACT）. Republication No 10. Effective：10 June 2014. 网址 www.legislation.act.gov.au/a/1978-44/current/pdf/1978-44.pdf.

利亚允许根据"脑死亡"标准认定器官供者,但澳大利亚的"脑死亡"标准不同于其他国家脑干死亡的认定标准,澳大利亚"脑死亡"的认定标准为完全脑死亡。

澳大利亚脑死亡测试根据国家和地区的法律规定,由两名与器官移植不相关的高年资的医师分别进行,每名医师带领一组独立负责测试,两组测试连续而不同时。"必须排除药物引起的深度昏迷、高低血糖、电解质异常等因素,还必须在持续 4 小时有氧呼吸中对所有刺激无反射。包括对光无反射,即使抽吸器导管进入肺也不咳嗽,缺乏大脑反射(所有刺激包括疼痛的反应)、缺乏脑干反射、完全没有任何呼吸"[①]。

在脑死亡供者难以获得的情况下,心脏死亡也可以作为器官捐献的提供者,AOTDTA 于 2010 年 7 月颁布了《心死亡供者器官捐献国家标准》[②]。心脏死亡的判断标准是心脏停止跳动,呼吸停止,皮肤失去弹性,血液停止流动。因为缺乏血液流动会降低被移植器官的活性,所以 DCD 要求在确认心脏死亡后,尽快获取器官。

3. 捐献器官的获得

在进行死后器官捐赠前,必须先由两名高年资医师签署并宣布死亡;根据所在医院当地的法律法规,取得器官捐献的知情同意书;由 OTA 授权的 72 家医院中的手术小组进行供器官获取手术,并通过正确、安全的方式运输到器官移植受体所在地。

(二)器官分配

1. 移植等待者名单

在澳大利亚和新西兰,为了评估需要和适合接受移植的患者名单,建立了等待移植的患者名单。各州和各地区的移植单位每周召开会议讨论并更新移植名单,确保移植名单上的患者仍然适合移植。等待器官移植的患者有权知道他们是否被纳入了移植等待名单,如果不被纳入,需要被告知理由。2013 年,约有 1600 名澳大利亚患者在移植名单上等待器官移植[③]。

对不同的器官,移植名单有不同的纳入和排除标准,但有通用的基本标准,共 3 点:①随着技术的发展,年龄限制不断放宽,但通常情况下,年龄在 65 岁以上或 70 岁以

---

① The ANZICS statement on death and Organ Donation. 2013. Edition3. 2. 网址 http://www.anzics.com.au/Downloads/ANZICS%20 Statement%20on%20%20Death%20and%20Organ%20Donation%20 Edition%203. 2. pdf(Accessed June. 6,2015).

② National Protocolfor Donation afterCardiac Death. July 2010. 网址 http://www.donatelife.gov.au/national-protocol-donation- and-cardiac-death(Accessed June. 6,2015).

③ Isdale W,SavulescuJ. Opt-out organ donation in Wales:a model for Australia? 15 July 2013. 网址 http://theconversation. com/opt-out-organ-donation-in-wales-a-model-for-australia-15945(Accessed June. 6,2015).

上有多发疾病史的患者往往不被考虑；②有伴发疾病，包括死亡率高的恶性疾病及感染等。③生活方式不规律，如酗酒、吸烟、非法吸毒等通常会导致移植受者预后较差，也被限制在移植等待名单之外。

2. 器官分配原则

为了尽可能最大限度地利用捐献的器官，器官移植单位会就下列原则对器官移植受者进行评估：①患者等待移植的时间和疾病发展状况；②需要移植的急迫程度，紧迫程度越高者优先；③移植受者与捐献器官的匹配程度；④移植受者接受移植的有效性；⑤地理位置上，捐献器官对移植受体的可及性[①]。各器官的具体分配原则因为各器官存在的差异而不同，特定的器官也可能交由特定机构单独分配。如供肾交换项目（Australian Paired Kidney Exchange Programme）将通过全国供肾交换项目和当地范围内的供肾项目两个层面对供肾进行分配，由澳大利亚红十字会血液中心（Australian Red Cross Blood Service）予以管理[②]。

同时，根据《澳大利亚新西兰供器官选择标准与分配原则》的相关规定，如果澳大利亚和新西兰的供器官在本国范围内没有合适的受者分配，将在对方领地范围内进行分配[③]。

3. 器官匹配与移植

根据以上器官分配原则，当器官捐献者确定后，由捐献专家协调员将器官捐献信息录入器官捐献登记系统，通过与移植等待名单的分析和匹配确定最终的移植受体。实施器官获取手术的医院与实施移植手术的医院共同协调手术时间、程序，在供器官获取及运输至受者所在地后，由受者所在医院或有实施移植手术权限的医院实施移植手术。

五、人文关怀措施

澳大利亚实施器官捐献体制改革时，沿袭了其卫生医疗系统一直以来的传统，尤为重视对器官捐献者及其家属的人文关怀工作。这些人文关怀举措应用于各地的器官

---

① TSANZ Consensus Statement of Eligibility Criteria and Allocation Protocols. 8 January 2013. Version 1. 网 址 http://www.tsanz.com.au/downloads/ConcensusStatementV1.38Jan2014_000.pdf（Accessed June.6，2015）.

② Poiolo F，willem, W，Johnson R J，et al. Kidney paired donation：principles，protocols and programs [J]. Nephrol Dial Transplant，2015（8）：1276-1280.

③ Organ Transplantation from Deceased Donors - Eligibility Guidelines and Allocation Protocols Vs 1.3.

捐献服务工作中,帮助澳大利亚成功地提高了器官捐献率,成为澳大利亚器官捐献工作的一大特色。

(一)提供以家庭为单位的器官捐献服务

在澳大利亚器官捐献工作实践中,器官捐献者死亡后,其家人会被要求确认其捐赠的决定,只有死者的决定得到其家人确认,死亡者的器官才能用于移植。但据调查显示,80%的澳大利亚人愿意捐献器官,而不到60%的家庭在被要求确认家属的捐献意愿时给予肯定答复[①]。2002—2011年,有30个家庭推翻了他们家人的捐献注册,包括40角膜、16骨髓、4心脏瓣膜、4肺、2肾、2胰腺、1心脏[②]。提供以家庭为单位的器官捐献服务主要是指为器官捐献家庭提供器官捐献者捐献前后所需的支持和人文关怀。这是澳大利亚提供以家庭为单位的器官捐献服务的主要原因。

首先,指导在家庭范围内进行的器官捐献意愿讨论。为提高器官捐献者家庭对其捐献意愿的认同与支持,OTA要求器官捐献登记者的意愿须告知家人,与家人进行讨论并得到家人理解,器官捐献服务机构为此提供指导服务。OTA为此制定了针对家属沟通的《沟通指南》(How to have the discussion about organ and tissue donation)[③]及执行方案,指导器官捐献登记者如何帮助家人接受自己捐献器官的决定。

澳大利亚卫生部长助理菲奥娜·纳什于2014年12月17日表示,澳大利亚政府为鼓励澳大利亚家庭讨论并促进家庭成员间的器官和组织捐献意愿提供资金,拟投入462 064美元集中在以社区为基础进行宣传和教育活动[④],她同时宣布:"在未来的几个月内,器官捐献的社区活动将突出澳大利亚家庭讨论和了解对方的捐赠决定,这也将成为2015年DonateLife周活动的主题。"[⑤]

其次,对有意愿的捐献登记者的家庭提供善意的帮助。器官捐献家庭协调员会为捐献者的家庭提供信息和保障,答复家庭成员的疑问,倾听捐献者家庭的意见,照顾家庭成员的情绪,无论家属是否确认死者的捐献意愿,均为死者家属在解决生前身后

---

① Oberender F. Organ donation in Australia [J]. Journal of Paediatrics and Child Health, 2011, 47 (9): 637-641.

② K. A. Bramstedt. Family refusals of registered consents: the disruption of organdonation by double-standard surrogate decision-making [J]. Internal Medicine Journal, 2013, 43 (2): 120-123.

③ Family Discussion Kit- 2014 Organ and Tissue Authority. [2014-11-30]. 网址 http://www.donatelife.gov.au/family-discussion-kit (Accessed June. 6, 2015).

④ http://www.donatelife.gov.au/community-awareness-grants-motivate-australians-donatelife-0 (Accessed June. 6, 2015).

⑤ Community Awareness Grants motivate Australians to DonateLife http://www.donatelife.gov.au/community-awareness-grants- motivate-australians-donatelife-0 (Accessed June. 6, 2015).

事宜给予无偿的帮助，对死者家属予以足够的人文关怀。

最后，捐献程序完成后，供者家庭或受者家庭如有联系对方的意愿，可通过器官捐献服务机构（沟通联系协调员）实现双方的通信甚至会面。器官捐献服务机构作为供者家庭与受者家庭之间的纽带而存在，满足供者家庭对其家属的情感寄托。

（二）临终关怀的服务人员参与器官捐献

澳大利亚的临终关怀服务由来已久，英国一家调查机构公布的调查报告显示，澳大利亚与英国并列成为最能获得"体面的临终关怀"的国家，澳大利亚也为此投入了大量的财政支持。有资料显示，仅 2003—2008 年五年间，澳大利亚联邦政府财政就为此支出 2.012 亿澳元[①]。澳大利亚的临终关怀服务经过多年的发展已趋于成熟，拥有成熟的专业医护人员、关怀医学的护士、社会工作者和志愿者。这些服务人员都经过专业化的培训，熟悉对临终患者服务的性质、内容，患者的生理、心理特点及患者家属的心情。

OTA 在提供器官捐献家庭服务时，将临终关怀服务人员纳入器官捐献的服务系统。临终关怀医护人员为临终患者提供服务，帮助患者心理上舒适、安然地度过生命最后期；同时帮助缓解家属的悲痛，稳定情绪，提供对患者及其家属的人文关怀。据调查表明，受到人文关怀的家属再次遭遇器官捐献选择同意的可能性远高于未受到关怀的家属。因此，临终关怀的服务人员参与器官捐献，既可以帮助患者家属早日走出失去亲人的悲痛，又有利于促进患者和家属同意器官捐献，同时也为今后器官捐献工作的展开奠定良好的基础。

（三）器官捐献协调员制度

澳大利亚器官捐献协调员前身为器官移植协调员。第一名器官移植协调员出现于 1983 年。该职位后更名为器官捐献协调员，反映了该职位在器官移植过程中扮演角色的转变。澳大利亚器官捐献协调员的主要工作为：①确认潜在的器官捐献者；②获取患者及家属的同意；③作为器官捐献的联络人而存在。

澳大利亚的器官捐献协调员并不是专职人员，大多数情况下由专业医师、重症监护医师或护士担任，不同于美国有专门的器官"采购"组织。澳大利亚重视医疗团队与患者家庭的关系，注重医师与患者间信任和尊重，由专业医师，特别是重症监护病房医师尊重和促进患者家属的决定，指导患者家庭通过决策。除此之外，部分协调员由临终关怀的医师和护士兼任。选择医务人员作为器官捐献协调员的原因有两点。

---

① 裴丽昆，刘朝杰，Legge D. 全民医疗保障制度的挑战：澳大利亚卫生体制的启示[M].北京：人民卫生出版社，2009：145.

①澳大利亚医疗保健现状的驱使，公众对澳大利亚医疗服务的信任，医患关系和谐。与专职协调员相比，医务人员拥有丰富的医院工作经历，处理医患关系的经验丰富，医师作为协调员有利于降低患者家属的反感程度，并更易取得患者及家属的信任。②医务人员作为医院系统内部的工作人员，与器官移植体系关系密切，获取器官移植相关信息的渠道更为广泛，医务人员承担器官协调员能更方便地获取相关信息和资源，可以最大限度地将医务人员职务的优势转化为器官捐献工作的优势。除临终关怀专业人员对器官捐献协调员进行培训外，澳大利亚还引入美国费城OPO组织的器官协调员对器官捐献协调员进行专业培训。

在澳大利亚器官捐献体系中，协调员主要由医务人员担任。

六、综合小结

澳大利亚器官捐献体制的经验首先在于以统一的器官协调组织OTA为主导，建立全国性器官捐献平台，协调器官捐献和移植各地区、各方面的组织工作，OTA是澳大利亚器官移植工作开展的基础。在OTA的领导下，器官捐献服务机构各司其职，有序运作。其次，基于公众对医疗保健服务的信任，开展具有澳大利亚特色的器官捐献服务，充分尊重器官捐献者及其家属的意思，为提高家属的器官捐献率，给予家庭为单位、以人文关怀为重点的器官捐献服务，并借助澳大利亚临终关怀服务的背景，奠定更广阔的群众基础。

澳大利亚器官捐献制度的改革起步晚，器官捐献体系仍不成熟，但一个体系的发展本就需要经历不断的调整和进步，澳大利亚器官捐献体制改革以人为本的方向正确，器官捐献体制将在实践中得到不断完善。

第五节　欧盟概览

一、欧盟器官移植简介

20世纪中期，欧洲各国就认识到了器官移植供求之间的不平衡，意识到器官移植供需不足的问题不能仅靠一国来解决，而需要国际的关注和适当合作。

1987年，欧洲理事会成员国卫生部长会议提出合作发展器官移植手术，以拯救成千上万人的生命。会议指出，应大力开展器官移植重要性的宣传，让人们懂得"将能成活的器官带进坟墓是一种社会犯罪"。这次会议极大地推动了人们对器官移植的接受和认同，推进了各国器官移植立法的步伐。在此次会议后，欧洲各国相继制定了有关器官移植的法律，促进器官移植技术的发展。在器官移植技术日益成熟后，欧盟及欧洲各国为解决器官的来源问题开展了多项器官捐献与移植计划，以此刺激民众器官捐献的热情。

同时，欧洲卫生工作委员会通过其专家委员会，为推进欧洲各国之间器官移植和紧密合作尽了极大的努力，如法国、西班牙、卢森堡，斯堪的纳维亚半岛等国的移植中心掌握了待移植者名单的最新动态，进行组织选配，遵照医学标准来选择受移植者等。欧洲共同体医院委员会还提出报告，建议建立国际器官供应者的登记库，建立一个全国性及国际性的记录个人意愿的集中登记，促成各医院迅速取得器官。

21世纪以来，欧盟更是通过将器官移植项目纳入欧洲健康计划[①]，作为健康计划工作的重点实施，促使器官捐献和移植更进一步走进民众生活。

二、欧盟器官移植法律文件

1992年，欧洲共同体在马斯特里赫特签署了《欧洲联盟条约》，设立了欧洲联盟（以下简称"欧盟"），该条约又分别经过1997年和2001年《阿姆斯特丹条约》和《尼斯条约》的修订，形成了当前使用的版本。《里斯本条约》在公共卫生领域确立了处理欧盟和其成员国关系的原则，即任何能够在成员国层面解决的问题将不受欧盟规则的调整，成员国政府在处理与其国民相关的健康保障问题方面具有排他性的权力。同时，欧盟在公共卫生领域也拥有一定的权力，这一内容在欧盟《阿姆斯特丹条约》修正案第152条中得以确立，其中"欧盟理事会（Council of the Europe Union）按照第189条所规定的程序行使职能"。

其中第一项措施即"确保器官和器官物质、血液和血液制品的质量与安全性，但这些措施不应阻止任何成员国采取同等或者更为严格的保护措施"。这一条确立了欧盟在器官移植问题上对确保器官安全的义务，如果成员国未建立保护措施或保护程度不够，须严格按照欧盟确保器官安全的标准实行。当然，成员国也可实施更为严格的保护措施。

1997年通过的《欧洲人权与生物医学公约》第19条（一般原则）规定："1.基于移植目的从活体捐献者身上获取器官或组织，只有在能对接受者带来医疗益处、从死亡者身上不能获得合适的器官或组织并且无其他具有同等功效的医疗方法可供选

---

① Health Programme 2008—2013.

择时，方可进行。2. 第 5 条①中所规定的必要同意应已明确地、具体地、以书面形式或在正式机构前作出。"第 20 条（对获取无同意能力之人器官的保护）规定："1. 如果一个人无能力作出第 5 条规定的同意，均不得进行任何器官或组织获取；2. 另外，在不违反法律规定的保护性条件的情况下，在满足以下条件时，可授权从一个无同意能力之人身上获取可再生性组织：（Ⅰ）没有合适的具有同意能力的捐献者；（Ⅱ）接受者为捐献者之兄弟姊妹；（Ⅲ）捐献须能潜在地挽救接受者之生命；（Ⅳ）根据法律并且经相关职能机构的同意，第 6 条②第 2 和第 3 款所规定的授权已具体地、书面地作出；（Ⅴ）潜在的捐献者不反对。"

欧洲一些国家，如葡萄牙、希腊、罗马尼亚，其立法特别规定禁止未成年人活体捐赠器官。欧洲也有一些国家允许未成年人在满足预设的条件时可捐赠器官。如在挪威，18 岁以下的未成年人可以同意捐赠器官，但要有特别的理由，同时要得到监护人、对未成年人行使亲权与照顾责任的人及卫生事务局（the Directorate of Health Service）的准许或批准。在法国，未成年人的器官捐赠对象仅限于兄弟姐妹之间，未成年人的法定代理人必须同意，同时，要得到三名专家组成的委员会授权准许捐赠，还要尽可能满足未成年人的想法，如果未成年人反对，捐赠不能进行。在丹麦，一个无同意行为能力的未成年人捐赠器官只要父母同意即可。在荷兰，1993 年荷兰法律规定 12～18 岁的未成年捐献者只能捐赠给其一代或二代血亲。英国法律将无能力未成年人捐赠限制在亲近的基因相关的亲属，同时要符合捐献者理解医疗手术的性质和风险，且同意捐赠器官。

---

① 第 5 条（一般规则）："只有在有关当事人作出自由的知情同意之后，在健康领域的任何干预才可进行。当事人应被事先适当告知此种干预的目的、性质以及后果和风险。当事人可随时自由撤回其同意。"

② 第 6 条（对无同意能力之人的保护）："1. 在不违反以下第 17 条和第 20 条规定的情况下，针对无同意能力之人的任何干预只有在当事人可直接受益的情况下才可进行。2. 根据法律，当一未成年人缺乏对一干预作出同意能力时，只有经过其代表人或法律规定的官署、个人或机构的授权，干预方可为之。未成年人的意见应作为一决定性因素得以考虑，其决定程度应与未成年人的年龄和成熟程度相适应。3. 根据法律，当一成年人因精神上障碍、疾病或类似原因缺乏对一干预作出同意能力时，只有经过其代理人或法律规定的官署、个人或机构的授权，干预方可为之。当事人应尽可能地参与到此种授权同意程序中。4. 上述第 2 段和第 3 段中所指的代表人、官署、个人或机构应在相同条件下，被告知第 5 条所指的信息。5. 为了当事人的最佳利益，上述第 2 段和第 3 段中所指的授权同意可随时撤回。"

三、欧盟层面的器官捐献与移植计划

（一）欧盟 2008—2013 五年健康计划

欧洲健康计划的目的在于改善公民健康与安全，减少健康卫生中存在的不公平现象，并传播健康信息与知识。欧盟将器官移植作为健康计划的重点发展项目，成为改善市民健康工作的重点项目。欧盟健康计划就器官移植问题的多个不同方面分别采取行动予以解决。

为保证器官移植供移植器官的数量、质量及安全，确保在不同情况下能够影响器官质量与安全的一切和组织、器官有关的因素正常运行，欧盟于 2003 年组织建立了组织银行欧洲质量体系[①]（European Quality System For Tissue Banking）。该体系致力于提供安全的血液、组织与器官，加入该体系的国家包括西班牙、比利时、法国、荷兰、英国、德国等。该体系建立了移植器官的质量与安全标准，并确立了产生器官、组织提供或诊断问题时的统一解决方案。同时，该体系旨在建立一个统一的网络数据库，用以采集捐赠、处理、保存、运输、临床应用和移植的所有信息，帮助欧盟的不同成员国之间完成适当的组织分享。2010 年欧盟议会颁布的 2010/45/EU 指令第二章第 4 节第 1 款规定，"成员国应确保质量与安全的框架涵盖器官捐献到移植的所有阶段"[②]，并对如何建立器官捐献和移植的质量与安全框架给予了更为详细的规定。欧盟也根据该指令实施了更为严格的标准与行动计划。

器官捐献作为供体来源的重中之重，因涉及医学、伦理、法律等诸多问题成为每个国家地区器官移植工作的关键。欧盟为保证器官移植和捐献事务中的安全与高效，对器官移植中涉及的工作人员设置了专门的培训计划。"欧盟器官捐献培训计划"[③]（European Training Program on Organ Donation，ETPOD）于 2005 年展开，该计划的目的在于通过为各欧盟国家的卫生保健专业人员提供知识与技能的培训，使他们成长为"关键的器官捐献专家"（Key Donation Professional）。欧盟认为知识与技能的培训能够潜在地影响器官捐献率的增长，通过高水平的工作人员更大限度地提升公众器官捐献的意识。欧盟通过此计划有效地提升了欧盟 18 个国家卫生专业人员的知识和

[①] European Quality System For Tissue Banking. Project N° 2003209 under EU Health Programme 2008-2013.

[②] Directive2010/45/EU of the European Parliament and of the Council of 7 July 2010 on standards of quality and safety of human organs intended for transplantation.

[③] European Training Program on Organ Donation（ETPOD）. Project N° 2005205 under EU Health Programme 2008-2013. http://europa.eu/index_en.htm.

第六章 世界各国和地区器官移植与捐献考察

技能，创建了一个欧洲器官捐献和移植的卫生专业人员交换、更新的可持续跨国网络。

除死后器官捐献外，欧盟对活体器官捐献也敞开了大门，欧盟议会与理事2004/23/EC 指令表示："有必要增强成员国捐赠的组织、细胞和器官的质量与安全，保障活体捐献者的安全，尊重死后器官捐献，实现安全有效的捐献申请与注册程序"。[①] 为进一步落实该指令，欧盟于 2007 年开始实施欧洲活体捐献与公共卫生计划[②]（European Living Donation and Public Health，EU-LIVING DONOR），该项目将提供更广泛的针对活体捐献的法律与伦理问题、保护系统、活体捐献的注册与实践等诸多问题的知识和信息交流平台，并建立欧洲标准通过通用的框架保证活体捐献者的健康与安全。自此，在欧盟范围内，实现器官的全面协调（Achieving Comprehensive Coordination in Organ Donation throughout the European Union，ACCORD）计划[③]于 2011 年实施，该计划建立了欧洲的活供体注册中心；通过加强与重症监护病房之间的合作增加已故器官捐献者和捐献器官协调员之间的交流；实现各国的交流借鉴，提高专业知识在器官捐献中的作用。

为全面实现欧洲范围内器官捐献和移植的广泛交流，欧盟更是自 2008 年以来通过一系列欧洲范围内的器官移植计划。2008 年欧洲建立欧洲器官移植评估框架（European Framework for Evaluation of Organ Transplant，EFRETOS）[④]，站在欧洲全面的视角建立实体器官移植质量与安全评估体系，促进所有成员国建立健康与安全标准，实时检测评估移植结果。2009—2012 年，欧盟更是在欧盟一体化的道路上越走越好，2009 年欧洲国家间器官移植协调计划实施（Coordinating a European Initiative among National Organizations for Organ transplantations，COORENOR）[⑤]；2010 年欧盟开展实施器官捐献与移植交流计划（Mutual Organ Donation and Transplantation

---

[①] Directive2004/23/EC of the European Parliament and of the Council of 31March 2004 on setting standards of quality and safety for the donation, procurement, testing, processing, preservation, storage and distribution od human tissue and cells.

[②] European Living Donation and Public Health（EU-LIVING DONOR）. Project N° 2006211 under EU Health Programme 2008-2013.

[③] Achieving Comprehensive Coordination in Organ Donation throughout the European Union（ACCORD）. Project N° 20112102 under EU Health Programme 2008-2013.

[④] European Framework for Evaluation of Organ Transplants（EFRETOS）. Project N° 20081101 under EU Health Programme 2008-2013.

[⑤] Coordinating a European Initiative among National Organizations for Organ Transplantation（COORENOR）. Project N° 20091103 under EU Health Programme 2008-2013.

Exchanges, MODE)①；2012年进一步促进欧盟成员国之间的器官交换（FOEDUS）②。这些计划逐步深入成员国间器官移植与组织交流，为实现共同的目标即提高移植器官与组织国家间的交换、实现互访和具体的培训而努力。欧盟通过这一系列工作计划，弥补了成员国之间在这一领域政策的缺失，架起了欧盟国家间的合作桥梁，成功建立了国家间器官协调网，实现了欧盟范围内器官捐献和移植的多方面合作与一体化。

（二）欧盟十大"优先行动"计划

尽管欧洲器官移植技术已经趋于成熟，极大地提高了患者的康复率，且在民众、医院、国家有关部门和欧盟的共同努力下，欧洲的器官移植数量逐年增加，但欧洲的器官移植数量仍然短缺。为进一步改善各国移植器官短缺的状况，欧盟委员会于2007年通过了一项交流器官捐献与移植的计划——2009—2015十大重点优先行动计划。③

该行动计划旨在帮助成员国乃至整个欧盟提高捐献器官的供应，并保证器官捐献和移植过程的质量与安全。整个行动计划要求，在遵守器官捐献和移植的原则与相关质量和安全的法律的基础上，加强成员国之间的积极协调与合作配合。行动计划的内容如下："行动一，促进器官捐献协调人的作用；行动二，督促质量改进；行动三，实现活体器官捐献项目的交换实践；行动四，提高专业卫生保健人员的知识和与患者的沟通技巧；行动五，鼓励整个欧洲范围内的器官捐献；行动六，提升器官捐献与移植的组织模型；行动七：推动签订移植医学方面的协议；行动八，促进国家间器官的交换；行动九，建立移植结果评价体系；行动十，促成共同认证体系的建立。"

该行动计划由欧盟所有国家共同参加，具体措施包括引入器官捐献移植协调员，识别和准备死后器官捐献，为活体器官捐献配备足够的安全措施，通过宣传提高公众器官捐献意识等，且行动计划由欧盟卫生项目提供资金和协助。欧盟主要利用其协调机制，通过提供专业知识咨询参与各国行动计划的制订和实施。尽管欧盟各国均参加了行动计划，但国家间根据本国具体情况存在不同的侧重。如荷兰进一步定义了移植医学协议，并分享给其他欧盟国家，进一步建立关于移植医学协议的研究重点和战略规划，并将其应用到器官贩卖的监控上；法国尤其注重捐献器官的质量，将质量安全

---

① Mutual Organ Donation and Transplantation Exchanges（MODE）. Project N° 20102101 under EU Health Programme 2008-2013.

② Facilitating exchange of organs donated in EU member states（FOEDUS）. Project N° 20122101 under EU Health Programme 2008-2013.

③ Action plan on Organ Donation and Transplantation（2009—2015）：StrengthenedCooperation between Member States.

落实到捐献、移植和后续护理等每一个器官移植流程,还特别授权由医院协调机关负责质量改进计划;而英国一直在器官移植的后续工作方面较为突出,包括器官捐献者去世后捐献者的安葬、捐献者家属的慰藉工作和器官移植者的后续护理工作均在世界前列。

四、欧盟器官移植工作的重点

(一)构建器官捐献和移植的质量与安全体系

器官捐献使得器官完成从一人到另一人身体中的传递,这个过程既可以拯救性命,也可能造成艾滋病病毒、乙型肝炎、丙型肝炎、各种细菌、真菌和寄生虫等疾病及病源传播,祸害生命。因此,即使移植器官短缺,每个器官也必须经过彻底评估,判断究竟是否能够安全地在受者体内发生效用。

欧盟为此付出了大量努力,为提高器官的质量与安全,将一系列措施引入移植过程的每个阶段:①对潜在的捐献者进行评价,这种评价必须为器官移植团队提供足够的信息供其进行移植风险-效益分析。如何识别潜在的捐献者是否是一个安全的捐献者,除了必要和推荐的各项身体检查完成以外,还对捐献者进行一段时间的维护记录;②在器官保存与运输阶段建立标准的采购程序和要求,并尽可能地最小化器官缺血时间及避免器官损伤;③在器官移植阶段必须保证移植手术在具有器官移植资格的医院由具备资格的医师在有关部门或人员的监督之下进行,移植程序必须及时记录备案;④器官移植可能发生意想不到的并发症或其他不良反应,器官移植后对患者进行良好的照护,实时观察患者的状况。欧盟的质量与安全体系建立了跟踪警报系统,对器官捐献与移植过程予以追踪和报告,最终由国家主管部门确保各个过程的质量与安全。

(二)促成欧盟成员国间合作

器官短缺在所有欧洲国家均是一个常见的难题,国家间的合作与交流有利于提高一些国家的器官捐献率。欧盟国家中不乏器官捐献工作做得相对好的国家,如西班牙器官捐献率长期居于世界第一位,葡萄牙等也紧随其后。欧盟成员国之间存在分享专业知识与国家间的合作,最大化帮助器官捐献和移植,器官捐献率高的国家分享成功的经验甚至帮助器官捐献率不足的国家采取措施提高器官捐献率。

欧盟成员国间的合作不仅局限于信息与知识的交流,更在于捐献器官的交换甚至跨国捐献。尽管欧盟各国一直致力于提高器官捐献率,但捐献的器官仍然是杯水车薪。为此,欧盟的器官捐献与移植一体化的程度也日益深化。

五、综合小结

尽管欧洲关注器官捐献与移植问题时间较早,欧洲的"器官荒"仍颇为严重,但欧洲一直在以自己的方式采取积极的推动措施,推动器官捐献与移植事业的发展。欧洲器官捐献事业一直走在世界前列,不仅在于欧盟的努力,同时也源于各国的重视。

首先,欧盟从战略上将器官捐献与移植事业视为民众健康的重大问题。因此,在欧盟的健康计划中,几乎每年都有多个关于器官捐献或移植的项目通过欧洲委员会的批准,在全欧洲范围内展开活动,包括建立器官质量与安全体系,开展专业的卫生保健人员培训,推动欧盟成员国间的器官捐献与移植交换,确立全欧盟范围内的器官移植分配体制,将欧盟的努力深入器官移植的方方面面。

其次,欧洲各国也极度重视器官捐献与移植事业。大多数国家均设立了负责器官捐献与移植事项的组织体系,包括统筹机构、器官组织银行、器官协调员等,对器官捐献与移植事业实现科学有序的管理;欧盟大多数国家也建立了器官移植等待者名单和器官分配标准,如西班牙、英国、法国、葡萄牙等,通过名单与标准较为高效地进行器官配对,并完成器官移植;同时,各国在欧盟的带领下更是将器官捐献与移植事业升级为国际合作,通过国际合作提升了各国的器官捐献与移植水平,实现了国家间的互帮互助。

虽然迄今为止,欧洲的器官捐献水平仍不尽如人意,但从欧盟与各国当局重视的程度、采取的政策和实施的措施等方面来看,欧盟器官捐献今后一定能够得到长足与稳定的发展。

第六节 德国

一、德国器官移植法律文件

德国针对器官移植的立法草案最早出现于 1978 年,但是该立法草案由于议会内部在器官获取的条件究竟应采用"扩张的明示同意"[①]原则,以及是否应采用脑死亡

[①] 对于所谓的"明示同意"或者"扩张的明示同意"(Zustimmungslösung/ Consent Solution/ Expressed Consent)模式在后文之中将会有更详细论述。

第六章 世界各国和地区器官移植与捐献考察

作为死亡标准的态度等一系列问题上产生了无法调和的分歧，因而立法失败①。

20世纪90年代，德国再一次掀起了对器官移植立法的热议。当时对器官移植仅有的规定就体现在《德国刑法典》第168条对于"死者安息妨害罪"的规定中②，该条规定的内容仅就犯罪要件等进行了规定，并不能够在实践当中解决诸如活体移植等现实问题的判断。最终在德国卫生部及德国联邦议会、德国司法部的推动下，开始了针对器官移植立法的工作，并将器官移植犯罪构成等刑法范围内的问题也纳入了其中。在之后为立法进行的专家听证会和立法草案讨论会上，最受关注的仍是有关知情同意与脑死亡的定义这两个议题，两个党派之间就这两个问题产生了很多分歧。但由于器官移植问题的重要性，终于《器官移植法》于1997年1月1日在联邦议会通过。

德国在1997年1月1日《器官移植法》生效之后，还分别于2007年和2012年经历了两次法律修订。2007年《器官移植法》对于法律适用范围进行了大幅修订，在法律修订以后通常概念上所认为的血液和骨髓等人体组织不再被列入器官移植法的管辖之下，转而由《药品法》进行管辖。《药品法》第4条对于每一个类型的组织进行了详细的定义，特别是针对《器官移植法》第1条中没有涉及的关于细胞的问题进行了补充规定③。

在2012年的法律修订中，《器官移植法》对于公众对器官移植的登记等工作的开展进行了规定。在第2条中规定了联邦健康解释中心和医疗保险基金向公众提供有关其捐赠器官与人体组织的相关信息，特别是他们可以获取器官捐献证④。根据2012年对于《器官移植法》的修正案，现在所有的医疗保险机关都需要经常性地征询其16岁以上的投保人是否有死后捐献器官的意愿。

2012年欧盟法的制定，也是本次德国《器官移植法》修订的原因。根据《欧洲联盟基础条约》第168条第4款中对于器官移植标准与安全性的要求，欧盟发布了《关

---

① U/Schroth, P/König, T/Gutmann, Fuat Oduncu, Transplantationsgesetz Kommentar, C. H. Beck München 2005. ［DB/OL］.［2015-5-31］. https://beck-online.beck.de/default.aspx?vpath=bibdata%2fkomm%2fSchrKoeGutOduKoTPG_1%2fBuch%2fcont%2fSchrKoeGutOduKoTPG.vw1.htm.

② Strafgesetzbuch, §168 Störung der Totenruhe, 网址 http://www.gesetze-im-internet.de/stgb/168.html.

③ 该款法律条文的补充特别对于在精子捐献等方面的管辖权进行了更为明确的划分。对于《药品法》第4条组织（Gewebe）的定义参见网址 https://beck-online.beck.de/Default.aspx?vpath=bibdata%2Fges%2FAMG%2Fcont%2FAMG%2EP4%2Ehtm.

④ 参见 Gesetz zur Änderung des Transplantationsgesetzes vom 21. Juli 2012. In：BGBl I 35, S1601 http://www.drze.de/im-blickpunkt/organtransplantation/module/tpg-aenderungsgesetz-vom-01.-august-2012? set_language=de.

于人类器官移植安全与质量标准的欧盟指令》[1]。该指令主要希望能够在欧盟范围内提供相对统一的人体器官移植的标准,同时也通过这样的规定能够促进欧盟内部的各个国家生成一套更加有效率的器官移植系统来推动国家间的器官移植。该指令在器官捐献、器官获取、器官分配等实体性问题上并没有规定,而是留给成员国自己进行决定,因而德国法律上并没有修订这些内容。而且欧洲议会也制定了一个专门的《器官捐献与移植的行动计划(2009—2015)》[2]。该计划阐述了有关欧洲移植注册中心的建设及在各个医院设立专门的器官移植协调员等一系列内容,来进一步推进欧洲作为一个整体开展器官移植工作。

二、德国《器官移植法》的特色

德国《器官移植法》一共有八个章节,对于整个运行过程各个组织机构、获取医院、移植中心、资料保护等也都进行了严密而详细的规定。《器官移植法》条例清晰,法律体系完整,并且结合了《器官捐赠法》《脑死亡法》多项德国医师协会针对器官捐赠、器官分配登记等行业规范构成了一套完整而严密的法律体系。除了专门的立法、行业规范等,在《刑法》《民法典》中对于器官的性质、死者的遗体等围绕着器官移植存在的相关题目都进行了完备的规定。除此之外,《器官移植法》中还对于违反本法的法律责任进行了规定。

(一)同意模式及脑死亡标准

从德国《器官移植法》第 3 条及第 4 条中对于死亡的器官捐献者捐献同意的规定中不难发现,依据这两条规定,死后器官移植的情况下又分为两种:①死者生前有明确的对于是否进行器官捐献作出了意思表示;②死者生前对于器官捐献既没有作出明确反对,也没有积极赞成的意思表示。[3]

第一种情形之下,通过该捐献者是否已经脑死亡、死者生前是否有捐赠器官的意思及有无有行医资格的医师进行手术,这三个法律要件的判定就可决定是否可以进行移植手术。因而根据《器官移植法》第 3 条第 1 段第 1 句就可以知道,只有在死亡捐

---

[1] Directive 2010/45/eu of the european parliament and of the council of 7 July 2010 on standards of quality and safety of human organs intended for transplantation,网址 http://eur-lex.europa.eu/LexUriServ/LexUriServ.do?uri=OJ:L:2010:207:0014:0029:EN:PDF.

[2] Action plan on Organ Donation and Transplantation(2009-2015):Strengthened Cooperation between Member States 网 址 http://ec.europa.eu/health/ph_threats/human_substance/oc_organs/docs/organs_action_en.pdf.

[3] Transplantationsgesetz §3、4,Entnahme mit Einwilligung des Spenders, 网 址 https://beck-online.beck.de/?vpath=bibdata%2Fges%2FTPG%2Fcont%2FTPG%2EP3%2Ehtm.

献者生前作出了器官捐献的意思表示的情况下（如器官捐献证），才可能进行器官捐献手术。

而针对第二种情形，第 4 条中则规定了在死亡捐献者本人未有明确意思表示的情况下，则可由其近亲属决定是否捐献死者的器官。对于近亲属的定义及顺位次序，第 4 条第 2 款当中也进行了详细的列举。然而无论是对第一种或者是第二种情形而言，都必须满足第 3 条第 1 段第 2 款的规定，即对于捐献者脑死亡情形的判定。只有在有两名独立且未参与到任何器官获取或移植过程的、有行医资质的医师根据相应的医学知识作出了脑死亡的判定的情形下，才有可能进行器官的获取等手术过程。①

各个国家对脑死亡的定义也都争论不休，有很多国家都采用了所谓的心脏停止跳动理论，认定在正常体温下，心脏停止跳动 10 分钟以上就可以进行移植，而不必等到脑死亡的判定。德国采用的标准是中枢功能不可逆转的完全丧失。德国医师协会认为在有些时候还是存在心脏复苏的可能性，并且所谓心脏停止跳动 10 分钟是否一定会造成不可逆的中枢功能完全丧失，医学上也仍然有不小的争论。

（二）关于活体器官捐献的规定

对于活体移植而言，在德国《器官移植法》的规定中涉及到肝、肾及其他不可再生组织的捐献，仅限于近亲属之间或者拥有特别紧密的人身联系的个人之间，在第 8 条中法律也对于近亲属的层级进行了明确的规定——只有第一、二层级的亲属才具有资格②。但是对于所谓紧密的"人身联系"这一问题上则需要通过实质审查才能够作出明确的判断，由于这种"人身联系"法律并没有给出一个明确的解释，虽然能够适应人际关系的多样性，但在法律的执行过程中却面临了来自器官买卖的挑战。

根据《器官移植法》第 8 条中对于活体器官捐献者的资格所作的规定可以知道，要成为符合活体器官捐献者的资质的要件有 4 项：（1）要求捐献者本人为成年人；（2）要求当事人必须对所同意事项具有同意能力；（3）要求当事人必须通过医师的释明明确了解获取器官后潜在的后果，并且从医学角度适宜成为捐献者且在手术中没有可预见的风险。③

三、器官捐献协调组织机构

在德国法上，器官的捐献形成了一套严密而完整的协同配合体系。每一个器官移

---

① 《器官移植法》第 4 条第 1 款第 2 句中，指出了只有在满足了第 3 条第 1 款第 2 句中关于医生对脑死亡作出医学判定条件被满足的情况下，方能够进行手术。

② 所谓的第二级亲属就是指配偶、未婚夫/妻、注册的生活伙伴，详细参见第 8 条。

③ Transplantationsgesetz § 8 para. 1 TPG.

植的案例都是在多个机构共同的协调之下完成的，这些机构的专员们将会因此形成一个器官移植委员会。这个委员会的成员由法定医疗保险协会、德国医师协会和德国医院协会组成。在器官获取完成之后，该器官将会进入器官分配机构等待分配，与此同时器官移植委员会会监督并参与到器官分配机构的工作中。器官移植委员会需要监督德国器官移植基金会和器官分配中心所订立的合同，并且需要定期对器官分配机构所作出的器官分配决定进行审查。

对于死亡器官捐献，在实践中的移植、联络、分配、转运等工作则是由以下机构协同完成：器官移植中心（有器官移植资质的医院）；德国器官移植基金会；国际器官分配机构，即欧洲国家器官储运组织，也就是上文所述的器官分配机构。具体而言，在实践中，移植中心、器官移植基金会和器官分配机构，这三方的任务将分别如下文所述。

（一）以器官移植基金会为主导

医院的医生需要依照德国医师协会指定的器官移植指南对脑死亡进行诊断，并同近亲属进行沟通。在进行沟通后，医生还要联络最近的 DSO 的工作部门，以获取器官移植基金会对被捐献器官获取的批准，最常见的两种形式就是器官捐献证和近亲属对于死者生前捐献器官意志的确认。器官移植基金会批准器官的获取之后会与专业医师协同进行器官获取。

之后器官移植基金会的工作是对于被捐赠器官进行检验，以查看该器官是否具备被移植的资格。如果该器官通过了有关肿瘤、传染病等一系列疾病的测试之后，该器官的各项相关数据就会被器官移植基金会传输到欧洲国家器官储运组织的数据库中。欧洲国家器官储运组织之后将会通过电脑分析等一系列匹配程序寻找合适的受体。当受体被选定之后，欧洲国家器官储运组织就会同器官移植基金会和器官捐献者所在的医院共同合作展开器官运输工作。与此同时，器官移植的受体所在医院则会做好一切手术的准备。

（二）欧洲国家器官储运组织

德国器官移植主要是通过欧洲国家器官储运组织完成的。该组织主要负责的工作包括两个方面：一是高效的器官匹配与分配工作；二是器官运输的国际沟通工作。由于器官移植必须要在几小时内完成，器官储运组织的工作必须是高效而公平的。一套运行有效的团队与严谨细致的运行规则是实现这项"生死攸关"任务的关键。

所有欧洲器官储运组织成员国的器官获取与器官移植中心，都会在一个共同的数据库中登记各自病患（包括受体和供体）进行器官移植所必需的信息。一旦该信息进入了数据库中，各个国家的受体信息都会进入同一份等候名单，从而确保各个国家的患者都能够受到同等的公平对待。同时，该组织还对不同器官的移植等待时间的起算进行了详细的规定，如肾脏移植患者的等候起算点就是以第一次透析日作为起算的。

在一个器官捐献之后，德国器官移植基金会会对被捐献器官进行检测，以获取血型、组织特征等信息，这些信息之后会立即被汇总到器官储运组织的数据库中，然后就开始了供受体信息匹配的过程。该匹配过程则是由一套计算机算法构成的，决定匹配的两大主要原则是移植的术后效果与移植的紧急程度。《器官移植法》规定，器官移植中心还必须要负责器官移植候补名单，但是器官移植中心需要对所有进入候选名单的人进行一个资格的审核。如果移植的后续风险过高或者是成功的可能性太低就将排除其进入候补的可能性。当然医师并不能随意进行排除，必须遵从德国医师协会对候补名单的规则。除此之外，移植中心的医师还必须将候补名单的纳入与否等的原因通知患者并对所有相关事项进行记录[①]。为了避免医师违规修改器官移植紧急程度的问题，德国的器官移植委员会也会介入相关工作，双方共同监督以确保器官移植分配的公正与透明。

在依照患者匹配名单进行匹配后，器官储运组织会通知相应国家或地州移植中心的器官移植协调员与医师准备开展移植手术，同时也会通知在匹配名单上排序仅次于被匹配者的患者，最终由医师决定是否进行手术。如果决定进行手术，器官储运组织会负责联络器官获取中心和器官移植中心。

四、综合小结

总得来说，德国法规定下的器官移植和捐献鲜明地体现了法律规定的完备与成熟、多个机构相互协调运转相互监督的特征。虽然相较西班牙等国家，在一些制度设计的理念方面显得相对保守一些，并且相对获得器官的捐献而言，更受注重的是当事人自己的意志，但是仍然可以看到整个法律系统与制度设计有效地支撑了这种制度设计的理念。

在德国模式之下，整个德国器官捐献体系具备了完整而严密的操作流程样板，每个程序都是由多个机构相互协调、共同督办。其中德国器官移植基金会对于整个器官的移植过程起到一种主导作用，从而促进器官工作廉洁、高效地开展与运作。除此之外，通过法律规定中对于器官移植与器官分配工作程序的详细规定，从制度与程序上为器官获取和移植工作提供了有效的公平与保障。此外，积极寻求人道主义国际合作，在欧洲的各国间相互协调，尽可能地为患者创造更大的匹配可能性，展现了新时代欧

---

① Transplantationsgesetz § 16 TPG.

洲合作背景下的国际协调能力。

德国社会与历史等方面的影响造成了其在器官移植问题上相对保守的态度。但他们在这样的情形下，仍然能够设计这样一套完整而有效的体系，这对于我国制定一套完整、规范、透明、有效的器官捐赠体系的借鉴意义是巨大的。

第七节 英国

一、器官移植法律规定

英国于1952年制定《角膜移植法》，以后又将心脏、肾脏和肺脏等移植手术规定在内。1961年制定《人体组织法》（Human Tissue Act）（2004年修改[①]，适用于英格兰、北爱尔兰和威尔士；苏格兰于2006年修改[②]）。《人体组织法》第1条第1项规定，任何人都可以书面形式，或在临终之际在两名证人前以口头形式，将其身体或身体的一部分捐作医疗或医学教育研究之用，1989年通过《人体器官移植法》（Human Organ Transplants Act, 1989）[③]，规定在符合法定的条件下，允许活体捐赠，死后捐献需通过填写死后志愿捐献器官卡表达捐献意愿的做法。

在英国1989年《人体器官移植法》中，除了规定禁止商业贸易外，对于非亲属之间活体捐赠也作了规范。非亲属之间的捐赠由特殊的机构——非亲属活体移植管理局（the Unrelated Live Transplants Regulatory Authority）批准许可。1989年的《人体器官移植法》有关非亲属之间禁止移植的禁令不适于下列由注册医师（registered medical practitioner）向管理局提出的事由：（1）双方之间没有违反法律规定的禁止买卖或将来作出支付的行为；（2）将材料提交管理局的注册医师对捐献者有临床上的医疗职责；（3）摘除捐献者器官的首要目的是除为了捐献者的治疗之外，还必须满足《人体器官移植（非亲属）规定》［Human Organ Transplants（Unrelated Persons）Regulations, 1989］所规定的以下条件：①注册医师要向捐献者解释说明摘除其器官的医疗过程与所涉及的风险的性质；②捐献者理解了注册医师所作出的医疗

---

① Human Tissue Act 2004 http://www.legislation.gov.uk/ukpga/2004/30/pdfs/ukpga_20040030_en.pdf（Accessed June. 6, 2015）.

② Human Tissue Act 2006 http://www.legislation.gov.uk/asp/2006/4/pdfs/asp_20060004_en.pdf（Accessed June. 6, 2015）.

③ Human Organ transplants 1989 http://www.legislation.gov.uk/ukpga/1989/31/pdfs/ukpga_19890031_en.pdf（Accessed June. 6, 2015）.

程序与医疗风险的性质后，同意摘除器官；③捐献者同意捐赠器官没有受到胁迫或引诱；④捐献者知道其有权撤销同意，但是他（她）没有作出撤销表示；⑤代表管理局的相关工作人员要与捐献者和受赠者深度交谈，并向管理局汇报上述①～④条件符合情况，以及与捐献者和受赠者之间交流的困难和如何克服这些困难情况。

英国健康与社会安全部于1974年要求该国皇家医学会研究拟订脑死亡的定义与诊断方法。经过多次集合研讨后，皇家医学会终于在1976年公告脑死亡诊断标准并将之纳入立法。将脑死亡写进法律，并作为临床判断死亡的标准。①

二、英国器官捐献的同意模式

捐献的立法框架在英国是一个艰难的选择，2004年《人体组织法》使用术语"同意"（consent），2006年《人体组织法》使用"授权"（Authorization），但两者选择的均是"选择同意"的捐献模式，器官捐献者可以通过不同的方式——口头、书面通过访问NHS网站进行器官捐献者登记（ODR）②，所有方式均被视为同意死后器官捐献。

英国目前没有另外的法律规定捐献者家属能够颠覆捐献者希望死后捐献器官意愿，但就目前的情况来看，虽然立法规定捐献者的捐献意愿优先，但获取死者器官的机构在获取器官时，必须先经过家属或有资格的与捐献者关系最亲近的人的同意，如果家属不同意，通常难以取得捐献者的器官。

英国民意调查显示，多达90%的英国人支持器官捐献和移植。然而，另一个衡量社会支持的捐献率——家庭同意率却徘徊在60%③。这个差距反映了个体希望死后捐献而面临现实悲伤的家庭却难以同意的矛盾。如果家庭同意率增加到85%，将每年增加几乎500名额外的捐助者，因此取消家属阻止从死者身上移走器官的权利被广泛认为是增加器官捐献最需要改进的元素。但改变这一个元素，至今仍被英国的大部分地区顽固抗拒。

2008年11月，器官捐献研究小组发表了一份独立报告，反对政府采纳推定同意

---

① http://www.odt.nhs.uk/donation/deceased-donation/donation-after-brain-stem-death/（Accessed June.6，2015）.

② https://www.organdonation.nhs.uk/how_to_become_a_donor/registration/registration_form.asp（Accessed June.6，2015）.

③ http://www.odt.nhs.uk/donation/deceased-donation/consent-authorisation/（Accessed June.6，2015）.

模式，指出世界上其他国家的证据表明，这样的模式并不能有效提高捐献率。[①] 并且认为推定同意模式当前不适合引入英国，器官捐献模式转变虽然可能带来实际的好处，但也存在着使目前的状况更加恶化的风险。同年，时任英国首相布朗曾支持推定同意模式，表示不排除政府会采用推定同意模式的可能，除非死者已经声明不愿捐献器官或其家人表示反对，否则医院可以默认死者同意捐献，可以在没有得到许可的情况下进行移植。该项提议最终因为患者团体的反对而遭到否决。

然而，2011年11月，威尔士政府公布了介绍器官捐献推定同意模式的器官捐献法案白皮书。2012年年底，威尔士政府引入了器官捐献法案，预计将在2015年操作。[②] 但目前为止，该法案仍未得到通过，推定同意模式也并未在英国推行。

三、英国器官捐献与移植工作体系

（一）设立全国统筹机构

英国的器官捐献与移植事宜由国家卫生服务系统血液与移植管理处（National Health Service Blood and Transplant，NHSBT）管理，该机构的前身可以追溯到1972年成立的国家器官匹配和分配服务系统。该机构一直致力于改善和提高服务质量，稳定血液供应成本，统筹其他合作机构。其主要职责是：鼓励人们捐献血液、组织和器官；保证捐献血液、组织和器官的安全供应；辅助提高血液供应的质量、效能，改善临床成果；向其他国家医疗服务系统内的机构、卫生部门、行政部门等提供相关的专家咨询；给其他国家卫生服务部门提供适当的建议和支持；鼓励与推动相关项目的研发；积极参与、实施欧盟相关法律框架的建立和指导；更广泛地参与国际发展。

英国的器官捐献都是出于自愿的公益行为。如果英国公民希望捐献器官，可以到国家医疗服务系统血液与移植管理处进行登记。该机构内有一个国家移植数据库，其中包含所有器官捐献者和需要接受捐献的患者的详细数据，可帮助人们进行器官匹配和分配。为给患者提供方便，国家医疗服务系统血液与移植管理处提供24小时服务。

（二）成立器官捐献研究小组

为进一步了解国内器官移植现状，并加强器官捐献工作，受NHSBT委托成立了器官捐献研究小组（Organ Donation Taskforce）。研究小组在2008年1月公布了其

---

① Randhawa G, Brocklehurstc A, Patemanc R, et al 'Opting-in or opting-out?'—The views of the UK's faith leaders in relation to organ donation [J]. Health Policy, 2010, 96（1）：36-44.

② http://www.odt.nhs.uk/donation/deceased-donation/consent-authorisation/（Accessed June. 6, 2015）.

研究报告。①他们发现,尽管大多数的急救护理人员支持器官捐献,但这种支持达不到理想的状态,需要采取积极的措施促进器官捐献。该小组将促进器官捐献作为工作的核心,在研究报告中提出了十四条建议,构成了死后器官捐献的全新框架,并为四大地区的卫生部门全面接受。

框架分为三个部分,分别是国家卫生服务系统血液与移植管理处(NHSBT)、卫生部门和医院。NHSBT 的职责是成立国家捐献组织、协调器官捐献事宜;建立器官捐献网络,为器官捐献提供有效的协调与检索;促进各地区器官捐献合作;提供全民的器官捐献教育、培训和宣传;促进公众参与。卫生部门则负责解决器官捐献中所需要的财政资金、道德和法律问题;评估和监督器官捐献组织和各医院的工作;增强公众对器官捐献的认可度。负责器官捐献的各级医院则主要在临床上提供专业护士,为患者提供器官捐献的培训和指导,并成立捐款委员会,为器官捐献提供更多的资金支持。

(三)建立移植等待名单

英国为实现器官公平、公开的分配,更好地实现器官的最优化利用,建立了移植等待名单,由 NHSBT 部门负责管理。为保证器官的最优利用,英国所有终末期患者和移植绝对禁忌证患者将不在移植等待名单之中。②移植等待名单使得在可供移植的器官出现后,能够及时通过特定的网络系统更快地搜索到与之相配的移植受体。这提高了器官分配的效率,为实现器官的全国范围内的分配奠定了基础。

(四)确定器官分配标准

在英国,器官的需求量远大于供应量,因此须建立公正、公平、公开的分匹配系统,确保器官能够在系统范围内有序分配。1999 年以后,器官分配标准和分配程序由 NHSBT 全权负责。为保证有限的器官资源得到合理的分配,NHSBT 使用计算机程序选择确定最匹配的患者或者接受该器官的移植医院。器官的分配规则由医学专家、卫生健康专家和卫生部专家组共同讨论与制定,具体的分配标准根据器官种类的不同而不同。

血型、年龄、供患器官大小的匹配程度、器官移植等待者的紧迫性都是器官分配时要考虑的因素。如果器官不能在当地移植中心使用,该器官会根据"得分系统"③

---

① http://www.odt.nhs.uk/donation/deceased-donation/organ-donation-taskforce/(Accessed June.6,2015)。

② The Patient Selection and Organ Allocation policy. http://www.odt. nhs. uk/transplantation/guidance-policies/(Accessed June. 6, 2015)。

③ Patient Selection and Organ Allocation Policies Review and Approval(Organs)http://www.odt. nhs.uk/pdf/selec_and_alloc_ pols_review_and_approval_organs.pdf(Accessed June. 6, 2015)。

及各器官的特殊情况实现全国范围内的调配。如肾脏分配根据"得分系统"进行,但该系统除考虑组织配型、血型和地理位置等因素外,也会考虑特殊情况,肾脏会优先分配给孩子,因为他们做透析的效果并不好,并且会在成长过程中受到损害。

等待心脏或肝脏移植的患者根据移植医院评定的紧急程度进行分类。如果没有紧急的患者,器官将提供给非紧急患者等候表(根据血型、年龄排名)上排名最前的患者。分配器官时同样会考虑到获取和移植时间差。从儿童身上获取的器官通常还会移植给儿童,这是因为器官的大小更为匹配,如果没有合适的儿童受者时也会提供给成年人。

当全国范围内任意地方出现可用器官时,移植办公室必须立即作出反应。工作人员确定所有的移植中心里是否有紧急案例等待移植,快速进行血型、年龄的适配。有时全英国都没有适配的受者,本着互利互惠的原则,器官将提供给欧盟的其他国家。

(五)器官移植费用纳入二级保健系统

英国的 NHS 体系分两大层次。第一层次是以社区为主的基层医疗服务,如家庭医师(general practitioner,GP)、药房、眼科检查等。任何进一步的治疗都必须经由第一层次的基层医疗转介。第二层次医疗以医院为主,包括急症、专科门诊及检查、手术治疗和住院护理等。在免费医疗的模式下器官移植产生的手术费用可以由 NHS 支付,药品部分由器官移植接受者自行承担。此措施减轻了患者压力,器官移植纳入二级保健系统,解决了贫困患者进行器官移植的难题。此外,将器官移植纳入医保,使得英国的器官捐献、移植程序必须在医保部门的监督之下进行,减少了移植中可能存在的黑幕,保证了更加公平公正的移植活动。但英国免费医疗的璀璨外表下存在很大的效率和财政问题,"国家卫生服务体系"内部的浪费十分严重,效率低下。

(六)器官捐献费用报销

英国 NHS 于 2013 年出台了关于活体肾脏捐献费用报销的政策[①],这一政策被 NHS 血液和移植部门与 NHS 肾脏护理部联合开发和执行。这一政策的目的是确保活体肾脏捐献的成本是中立的,报销必须以公平和适当的方式执行,并符合《人体组织法案》(2004)和《人体组织法(苏格兰)》(2006)的规定。

这一政策的主要原则包括:①费用报销不应对器官捐献产生经济上的激励或抑制效应;②根据捐献者的收入,基于捐献风险,准确评估捐献所需的成本;③费用的报销将选择透明和一致的方式;④NHS 委员会(the NHS Commissioning Board)将通过个人信托方式付款,避免因间接付款造成的延迟;⑤潜在的器官捐献者不适合继续

---

① NHS Commissioning Board Commissioning Policy Statement: Reimbursement Of Expenses For Living Kidney Donors, First published: April 2013.

捐献也可能有资格要求报销差旅费用。

报销的费用主要包括：①只报销捐献者的费用；②捐献者的日常开销；③里程将按照 NHS 公共交通的速度进行补偿；④停车与拥堵收费；⑤捐献者住宿费用报销每晚最多在实际人均房间价格（依据 2011 年平均房价）[①]的基础上增加 85 英镑；⑥直接费用：住院费用，以及 12 周内的收入补偿；⑦如果有手术后的并发症，如伤口感染等，可能会进一步扩展预期住院费用等。

第八节　荷兰

一、器官移植和捐献法律规定

1991 年 10 月 18 日，荷兰国会审议了一项旨在调整器官捐献的法律提案，该提案即后来所称的《器官捐献法》（Organ Donation Bill）。2013 年 7 月 1 日《器官捐献法案》进行修正。这部法律修正的内容比较全面，涉及活体器官与遗体器官的获取、保存和分配等方面，但不包括器官植入患者体内的医疗行为。之所以将器官捐献行为排除在外，是因为这一行为在《医疗行为法》（Medical Practice Act）中已经作出了规定。

《器官捐献法》制定之前，荷兰《遗体处理法》（Disposal of the Dead Act）中已经有若干关于器官捐献的法律规定。根据《遗体处理法》的规定，荷兰采纳了自愿捐献模式，鼓励公民参与捐献登记，成年公民生前可以填写器官捐献卡，表达死后捐献器官的意愿。如果死者生前没有填写捐献卡，死者亲属在其死后可以同意将其器官捐献；12 岁以下儿童不得注册登记捐献器官，当一名 12 岁以下孩子死亡，必须得到父母或监护人同意，医师才能取得孩子的组织和器官；12～15 岁的未成年人可以登记为器官捐献者，然而其父母或监护人可覆盖其意愿，直至孩子年满 16 岁。

公民生前可以填写器官捐献卡，然后送至中央登记机构即可，也可以在遗嘱中附加捐献器官的意愿，写明日期，并签上自己的名字。公民事后反悔的，有撤销捐献意愿的权利，并且可以不受时间限制，随时予以撤销。如果死者生前没有作出上述两种形式的书面捐献意愿，死者的亲属可以按照一定的顺位表达捐献意愿。如果死者是未成年人，则由其父母或者监护人作出同意捐献的意思表示。

《器官捐献法》还对完善器官捐献准备和保存行为提出了要求。所谓准备行为，

[①] www.instituteofhospitality.org/news/2011-news/april-issue/uk_hotels_forecast（Accessed June. 6, 2015）.

如组织和血液的配型、预防病毒感染的检查等，这些检查活动发生在器官捐献的早期，如果时间不允许耽搁，就应当执行。保存行为泛指为了后续移植而需要保持器官处于良好状态的行为，如在医疗机构冷冻脑死患者遗体、继续对脑死患者做人工呼吸等。这些保存行为在获取捐献者家属同意之前也可以实施，但一旦有明显证据表明死者生前反对作为捐献者的，就应立即停止上述保存行为。从这一意义来说，法律也吸收了推定同意模式的某些合理因素。

荷兰移植器官中心基金会具有器官分配的权力，决定谁有资格获得一个器官或组织移植。根据护理观察确定合适的接受者，这一决定基于医疗数据，包括血型、组织类型、患者的身高和体重、医疗紧急程度和等待时间等。

移植只能由授权的医院进行。在荷兰，只有大学医院被授权进行移植手术。由于国内等待移植往往需要很长时间，有些患者试图找到国外的器官捐献者，但荷兰政府不鼓励"移植旅游"，"移植旅游"需由捐献者和受体自己承担主要风险。

在荷兰，人体器官买卖也是被禁止的。贩卖人体器官是一种犯罪行为，会被处以罚款或监禁一年。[1]

二、促进措施和经验

（一）宣传与公众教育

2007年，为进一步提高器官捐献的家庭同意率，荷兰移植基金会启动了一个项目来改进家庭的决策进程，与荷兰的财务部、卫生部一起开发了一个新的培训计划，为所有专业人士提供国家或组织的专业指导[2]。此培训具有欧洲捐助医院教育计划多年的经验，主要为荷兰各大学医院邀请的专业人士，在促进捐献领域进行培训。培训的主要内容是予以家庭身临其境的训练，假设专业人士需要劝说家庭成员捐献器官，应当如何应对不同家属可能持有的态度和反应，在深思熟虑的基础上更好地劝说家属。

培训只是宣传的一个焦点，其他的宣传焦点则在教育公众方面。在荷兰家庭拒绝率很高的情况下，荷兰卫生部发起"器官捐献总体规划"[3]，所有同行的器官捐献专

---

[1] http://www.government.nl/issues/organ-donation/rules-on-organ-donation（Accessed June. 6, 2015）.

[2] Nichon E. Jansen, Hendrik A. van Leiden, Bernadette J. J. M. Haase-Kromwijk and Andries J. Hoitsma; Organ donation performance in the Netherlands 2005-08; medical record review in 64 hospitals; Nephrol Dial Transplant（2010）; P: 1992-1997.

[3] Nichon E. Jansen, Hendrik A. van Leiden, Bernadette J. J. M. Haase-Kromwijk and Andries J. Hoitsma; Organ donation performance in the Netherlands 2005-08; medical record review in 64 hospitals; Nephrol Dial Transplant（2010）; P: 1992-1997.

业人员形成工作小组。这个计划的要点之一就是改善公众观念和教育公众，如脑死亡的概念和捐赠。另一个要点是提高捐赠的支持和刺激，使之成为医院促进器官捐献的新举措。

（二）注重保护患者的权利

在荷兰，患者是一个重点保护的群体，每个住在荷兰的人都有权利得到完整的医疗照护，这项权利由荷兰《特殊医疗法案》（Exceptional Medical Expenses Act）、《患者权利法》（Patient's Rights Act）及在荷兰《健康保险法》（Healthcare Insurance Act）之下的其他立法共同规定。①《患者权利法》颁布的目的是以立法的形式为患者权利的保护提供法律依据。2008年，荷兰政府实施了一项名为"患者七项权利：改善医患关系"的计划，这一计划以患者和保险提供者的磋商为焦点，改善双方关系。

《患者权利法》规定："患者的权利将适用于所有的医患关系，患者将有权接收信息，以方便选择；设立纠纷投诉委员会，确保患者更好地执行权利；患者将得到更多的医疗资金支持。"

荷兰重视对患者的权利保护，主要包括知情权、自我决定权和获得医疗保险的权利。除了需要手术、住院等的患者可获得医疗保险外，精神病患者也可进行医疗保险费用报销。

（三）给予捐献者适当的经济补偿

尽管器官捐献是无偿的，器官买卖被禁止，但这并不意味着不允许存在对器官捐献者与家属一定的补偿。荷兰通过采取一定的现金奖励、支付葬礼费用等金钱激励方式鼓励更多的人参与器官捐献，另外还采用发感谢信、荣誉奖杯等非经济方式补偿捐献者及其家属。器官捐献者捐献的目的完全是利他的，捐献者的捐赠行为挽救了其他人的生命，给予他们补偿和荣誉是社会对他们行为的肯定，是一种正当的奖励。对器官捐献者予以一定直接或间接的补偿，既可以树立一种正确的价值观和价值导向指引，鼓励更多的民众自愿捐献，又在一定程度上遏制了器官黑市的存在，保护了器官捐献人的利益。

第九节　西班牙

西班牙在国家器官移植协会（National Transplant Organization，NTO）基础上发展起来的一系列器官移植、捐献制度，取得了极大的成功，被世界各国及WHO认可，

---

① Patient's Rights（Care sector）Act（WCZ）.

由此被称为"西班牙模式"。

西班牙有着目前世界上最高的死者器官捐献率,近年来平均每百万人器官捐献人数为 34～35 人,2012 年每百万死者器官捐献率为 35.1pmp(per million population),这一比例是同时期土耳其的 7 倍,是英国捐献率的 2.1 倍,是美国的 1.5 倍[①](西班牙历年数据可参见本节图表 1)。将这一数据放在全球背景下,结果将令人称道:尽管西班牙只有 4470 万人,占世界人口总量的 0.7%,却在全球肝脏移植中占到了 6.0% 的比例(2009 年数据)[②],而且移植器官供体均来自西班牙国内。这一数据毫无疑问应被称为"奇迹"。取得这一成绩的背后离不开西班牙的器官移植体系,即所谓的"西班牙模式"。

一、西班牙模式简介

(一)西班牙模式的诞生

严格说来,西班牙器官捐献受到世界的关注始于 1989 年,这一年西班牙国家器官移植协会(NTO)成立,在西班牙国内建立了一系列的器官捐献制度。由于这种制度使得西班牙国内器官捐献率长期保持世界第一且持续增长,被尊为世界典范并广泛借鉴。

(二)西班牙模式的特点

西班牙模式的核心是在死者器官捐献过程中采取一套系统的、有组织的运作方法。目前,在西班牙脑死亡的患者捐献器官仍然是器官移植的主要供体来源。[③]因此,西班牙器官捐献制度以死者器官捐献为主。

简而言之,西班牙模式主要可归纳为如下特征:①推定同意的器官捐献立法模式提供了合法前提;②国家器官移植协会有效的管理并提供总体导向;③三级器官移植协调网络提供坚实的组织保障;④公平合理的器官分配制度是器官捐献良性循环的动力;⑤重视专业器官捐献知识的教育、培训、宣传,为器官移植提供质量保障;⑥透明的媒体合作关系及宗教观念的大力倡导提供了社会基础。

---

① Global Observatory on Donation and Transplantation report 2012,网址 ./http://issuu.com/o-n-t/docs/2012ad,last access 15th,November 2014.

② 数据来源引用 Global Observatory on Donation & Transplantation;available at http://www.transplant-observatory.org/Pages/Data-Reports.aspx,last access 10th,November 2014.

③ Rafael,Matesanz,Beatriz et al Spanish experience as a leading country: what kind of measures were taken?[J] Transplant international,2011,24(4)333-343.

二、西班牙器官捐献法规

（一）器官移植立法回顾

1. 第一阶段：1979 年立法

西班牙第一例器官移植源于 1965 年，在接下来 15 年里，全国范围内实施了不到 1000 例肾移植手术。[①] 在 1979 年立法之前，西班牙缺乏一个明确的法律体系，由此带来的一系列问题阻碍了器官移植治疗的发展。例如有器官捐献者的家庭成员提起诉讼，起诉获取死者器官的医师。

然而，随着器官移植医学技术的逐步改善，患者和医生的迫切需求促使西班牙议会于 1979 年通过了《器官获取与移植法》（the Organ Extraction and Transplantation Law）[②]。这部法律有广泛的社会共识，毫无争议地获得议会通过。诞生之初，它便顶着"先进的、拯救生命的医学技术"的光环。该部法律的主要内容如下。

（1）脑死亡在科学上、法律上和道德伦理上等同于传统的心肺死亡。脑死亡必须由一个独立的医疗小组诊断确定。政府可能随着科学技术的进步相应更新死亡标准。

（2）采取推定同意的立法，只有在获得供者或供者家属同意后，才能获取器官。

（3）捐献具有利他主义性质，不允许对捐献器官有任何形式的补偿，严禁买卖器官。

（4）必须按医学标准来决定可用器官的分配。

2. 第二阶段：1999 年修正了 1980 年部分行政命令

其修正内容包括以下 4 方面。

（1）脑死亡法律概念、突然性心肺呼吸抑制死亡器官获取等。对于遭受车祸等意外事故导致突然心肺呼吸抑制死亡患者，为争取时间，可以立即获取器官。

（2）规定不得泄露捐献者的资料给受者。

（3）西班牙坚持器官捐献无偿原则，明确禁止对器官捐献者或家属支付任何报酬。

（4）不允许为特定医疗院所或等待移植患者宣传、劝募器官，以免排挤其他等待移植患者。此阶段行政命令的修正，主要是针对器官获取和分配中新出现的问题进行了进一步的规范[③]。

[①] Gil-Diaz, Garlos, Spain's Record Organ Donations: Mining Moral Conviction [J], Cambridge Quarterly of Health-care Ethics, 2009, 18: 256-261.

[②] Law 30/1979 on Organ Extraction and Transplantation; available at http://www.boe.es/g/es/bases_datos/doc.php?coleccion5iberlex&id51979/26445（last accessed 10November 2014）.

[③] Bosch X Spain Leads World in Organ Donation and Transplantation [J]. Jama the Journal of American Medical Association, 1999, 282（1）: 17.

（二）关于推定同意的立法模式

西班牙在1979年就通过了器官捐献法，对器官捐献进行了全面规范。其中规定，在西班牙，所有公民都被视为器官捐献者，除非其本人"生前表达过反对的意见"[①]。

从以上陈述不难发现，西班牙采取"推定同意"的器官捐献立法，这种模式也被称为选择性退出模式。所谓推定同意，即按照法律规定每个人生来是一个器官捐献者，除非经合法登记选择退出器官捐献。一般可以这样理解：①假设一个人在生前被问到是否同意死后捐献器官的时候，推定他会同意，除非其登记退出；②当无法明确知悉死者对器官捐献真实意愿的时候，推定他是一个同意器官捐献的人。

根据西班牙立法规定，基于推定同意，所有西班牙公民在生前如果没有宣布反对器官捐献的，在死后，其遗体将会用于器官捐献。那些持有反对器官捐献立场的人经过登记，将不在器官捐献者之列。在这个过程中，个人的选择没有被排除在制度之外，个人意愿受到尊重。额外的登记排除责任落在那些不愿在死后将自己器官捐献的人身上。

尽管西班牙采取推定同意的立法模式，但是在实际操作中"获得死者家属的同意"这一步骤必不可少。尽管如此，西班牙器官捐献率一直保持在高水平并且稳步提高。"在美国，法律采取的是明示同意模式，死者生前意愿优先被尊重，亲属的同意并不是法定条件，但在实践中，大部分时候医师为了避免被起诉，也会争取家属的同意。"[②]

由此可见，西班牙虽法律规定推定同意，拒绝器官捐献者可以选择退出。另外在实际操作中，与采取告知同意的美国模式并无二致，均充分尊重死者家属的意愿。[③]

（三）器官捐献与"脑死亡"标准

医疗小组获取器官，首要条件便是一份脑死亡证明，脑死亡被定义为"脑功能完全不可逆转地丧失功能，且必须由三名与器官移植团队不相关的医师宣布"。然而，西班牙不同于美国，不需要有捐献者生前明确的同意材料以证明其同意器官捐献。

"脑死亡必须经3位与移植工作无关的医师证明，其中1位是神经外科医师或神经病学专科医师。脑死亡除符合临床征象外，还必须符合脑电图呈平直线达30分钟，必须完成2次测试且间隔时间不少于6小时；须排除患者处于低温状态或使用了抑制

[①] Miranda B, Fernándex Lucas M, de Felipe C, Naya M, Gonzálex-Posada J, Matesanz R. Organ donation in Spain [J]. Nephrology Dialysis Transplantation, 1999, 14（3）: 15-21.

[②] Kenneth Gundle. Presumed consent: an international comparison and possibilities for change in the United States [J], Cambridge Quarterly of Health-care Ethics 2005, 14（01）: 113-118.

[③] Cherkassky L, Presumed Consent in Organ Donation: Is the Duty Finally upon Us? [J] European Journal of Health Law, 2010, 17（2）: 149-164.

脑功能药物的情况后作出判断"[①]。

而对于"如何及时准确发现可能被宣称为脑死亡的患者,从而增加潜在的器官捐献者数量"这一问题,则涉及"西班牙模式"另一项制度,即器官协调员制度,详见下一节具体描述。

(四)推定同意的国际应用

截至 2012 年数据,已有 22 个欧洲国家和 19 个拉美国家在器官捐献方面采取推定同意的立法模式,如西班牙、奥地利、比利时、法国、意大利、芬兰、挪威、丹麦、波兰,亚洲的新加坡,大洋洲的澳大利亚部分地区,拉美的巴西、乌拉圭等。但是由于各国在死者生前"选择退出"的效果及是否征询死者家属同意方面具体规定不同,因此推定同意模式又可以细分为不同变种。

可以推测,各国纷纷采用推定同意这种立法模式,这种模仿背后不是单纯的跟风,而是从这种器官捐献法规的实效考虑的结果。[②]从法理上考量,推定同意显得有些偏激甚至极端,因为推定同意强加给所有公民一个登记退出的义务,否则便视为同意捐献器官,这种思路也是对"私人自治"这一法律原则的侵犯。即便如此,我们也看到,一向追求"自由",在面临器官供体缺口的困境下,也有一些法学家鼓吹采用推定同意的立法模式,或者加以变化,赋予公民捐献器官的"拒绝权"。英国则走得更远,在 2004 年和 2009 年,其两次提出推定同意的立法法案,但最终未获得议会通过。[③]可见,推定同意的立法模式有其独特魅力。

三、西班牙器官捐献制度

(一)西班牙器官移植协会

1979 年西班牙《器官移植立法》颁布后,实践成效是直接的,在法律通过后的 9 年里,西班牙年均器官移植比例大幅上升。但是,在 20 世纪 80 年代中期,这个体系遇到了瓶颈。其原因为:①对心脏和肝脏移植数量,产生了更大的需求;②器官捐献数量不稳定,在有些年份器官捐献数量会受到一些社会事件、舆论及死亡率等因素的影响,波动比较大;③缺乏一个统一的组织体系,器官捐献、移植及分配处在无组织

[①] 邓可刚,李幼平,熊玮,等.西班牙器官捐赠和移植立法成效的启示.医学与哲学,2001,22(9):3.

[②] Rithalia A,McDaid C,Suekarran S,et al. Impact of presumed consentfor organ donation on donation rates:a systematic review [J]. BMJ,2009,338:(Jan142):284-287.

[③] Lisa Cherkassky Presumed Consent in Organ Donation:Is the Duty Finally upon Us? Lecturer in Law,Bradford University Law School,UK. European Journal of Health Law 17(2010)149-164.

状态。

因此到了20世纪80年代中末期，器官移植体系几乎处于崩溃的边缘。为了解决器官移植供体不足的难题，西班牙政府甚至为此进行了广泛的社会动员。

1989年末，西班牙卫生和社会事务部设立了国家器官移植协会，NTO总部位于西班牙首都马德里，NTO的首任负责人为Rafael Matesanz博士。作为器官移植的协调机构，负责统筹全国的器官移植和分配工作，没有通过NTO的移植均被视为违法行为。

简单地说，NTO是一个以医院为基础的捐献系统（Hospital-Based Donation System）。NTO的宗旨是促进器官捐献，获得更多可用于移植的器官，同时用医学临床标准和地域标准来保障器官最恰当公正地被分配。在西班牙的器官移植系统中，协调工作是重中之重。NTO负责协调整个西班牙国内器官的捐献、获取、保存、分配和交换活动。这项工作不仅与医护人员有关，更涉及了法官、法医、救护车司机、飞行员和地勤、保安等各方面力量。协调组织分为三个层面：国家级、自治区级和医院级。

回顾这一机构在过去20年里所产生的影响，不得不承认这一机构的设立是非常成功的。到了2006年，累计器官移植手续达到了62 000例以上。从1989年西班牙每百万死者器官捐献人数为14.3人，10年之后即1999年，这一数据上升至每百万人遗体捐献人数为33.6人（即33.6 PMP），至今这一数据移植也一直维持在33~35 pmp。这一数据不仅在欧洲，在世界范围内长期保持着领头羊的地位。

西班牙在器官捐献领域采取的整体框架模型得到了世界卫生组织的认可，在国际上颇有名气，并为全世界不少国家所效仿。其中NTO起到的作用颇为关键，作为一个服务机构，NTO支撑着整个系统的运行，包括分配器官、组织运输、管理等候名单、进行统计和信息汇总、实施任何可能有助于完善捐献和移植过程的行动等。因此，如果评价说"没有NTO组织的设立与有效运转，便没有西班牙在器官捐献领域的地位"，本书认为并不为过。

（二）三级器官移植协调网络

西班牙器官移植体系另一个突出的特点就是三级器官移植协调网络。简而言之，就是器官捐献、协调活动在紧密相扣的三个级别进行组织和架构。其分别为：国家级（NTO总部）、地区级（17个地区协调机构）和医院级（主要由器官协调员组成）。

前两级的协调力量需要在纯粹的行政层面和专业人士之间建立一个接口，由国家和地区协调负责人组建器官移植跨地区咨询委员会（Transplantation Commission of the Health Inter-territorial Council），该咨询委员会是由NTO领导并由17个自治地区各派1名代表组成的。以协商一致的方式作出决定，也为器官捐献提供技术支持。对器官移植和遗体器官捐献方面的任何国家决定必须经由该咨询委员会批准。

与此同时，医院级别的协调人员则需要在其中进行更为有效和直接的干预。特定的医院必须经官方授权，才有资格获取遗体器官。这个由授权的医院形成的网络在1989年成立之初不足20家医院，而到了1992年就扩展到了118家医院。这一快速发展与政府的大力支持是分不开的，到了2013年这一网络已发展至179家医院。[1]

（1）国家级协调：国家器官移植协会总部，设在西班牙首都马德里。NTO有一个连续的工作系统，工作时间为全年每天24小时，包括24小时热线电话及电子网站，随时回答有关器官获取和移植方面的任何问题。国家级协调员负责管理NTO，在地方、国家和欧洲的卫生机构、医学专业人员与器官捐献和移植相关的各种社会部门和普通公众之间进行协调工作。中央协调办公室负责协调器官捐献和移植警报管理，确立规则和完成报告，向专业人员和公众提供与器官捐献和移植相关的信息，对移植物进行统计分析，参加和促进继续教育等。

（2）区域级协调：西班牙有17个自治区，每个自治区均在国家健康系统的常务器官、组织和移植物委员会中有1名代表。任何会影响多于1个自治区的有关移植的问题都要在此讨论。其工作重点是器官分配的政策，要根据前一年工作的经验教训来修改政策。对各种变量参数，如原发病、紧急手术的标准、血型、年龄、体重、居住城市等进行统计分析，确保每一组类型的患者都有同等的机会取得器官。这个委员会还负责支配矛盾委员会和透明度委员会，以保障整个系统的诚信。它在区域层面上具有与国家级协调类似的功能。

（3）医院级协调：医院级协调员是发现供者的直接人员，他们的任务最困难，同时是整个过程中最精致细微的部分。医院的器官协调员主要是重症监护病房医生及一些提供辅助工作的护士。他们兼职参与器官移植协调活动，与器官移植小组保持相对独立，受医疗主任指定并对其负责，他们属于医院的雇员。[2]

（三）器官移植协调员制度

1. 器官移植协调员简介

器官移植协调员负责器官获取过程的所有步骤的协调工作，主要为：①探知潜在的器官捐献者；②尽可能地取得家属同意；③做好家属回访及咨询宣传工作。

---

[1] 数据来源：http://www.ont.es/publicaciones/Documents/NEWSLETTER，另见：西班牙器官移植管理研究院院长 Marti maeyalich 演讲 http://health.sohu.com/20130820/n384627662.shtml，last access 10 November 2014.

[2] Programa de，Garantia de Calidad en el proceso de donacion. 2009 Report，NTO website. available at：http://www.ont. es.last access：18，November，2014.

西班牙移植协调员的概念与其他国家传统的概念不同。在西班牙，他们是专业医疗工作者，与其他专科医师具有同样的专业水平。一般来说，他们绝大多数是专业内科医师、重症监护专家或肾脏病医师，再加上一部分专业护士，这也将更大限度地扩大其参与器官捐献行为的可能。这些人一般兼职担任移植协调员，他们可以照常完成日常的医院工作。因此，他们既需要在该医院就职，行政上隶属于医院的管理而不是移植小组（Transplant Procurement Management，TPM），同时又必须在工作上和国家及自治区的协调机构挂钩。协调机构需要持续对协调员及相关医务人员进行培训，这能让他们清楚地了解捐献过程的各个步骤：发现捐献者，了解法律规定，与家属进行面谈，组织、管理和沟通等。如果有一天他们不再做移植协调员，或者所在医院的死者器官捐献数量较少，他们的专业基本不会受到影响。[①]

西班牙医疗体系中已经建立了器官捐献协调员的网络，无论是在全国还是地方范围内，这些协调员的主要工作就是在各大医院的急诊病房里寻找到那些脑死亡的潜在器官捐献者，并与他们的家人协商沟通，询问死者生前是否表达过拒绝捐献遗体的想法。他们也会尽量争取获得死者家人的理解和支持，如果家人实在不愿合作，也不会勉强。正是在这些协调员的努力下，捐献者家人的反对意见才从20世纪90年代的30%降低至2011年的15.3%。[②]

一般情况下，医院协调员都是作为副业存在，他们的主业是各自领域内的医师，尤其是那些处理危重症的医师——这将会更大限度地扩大他们参与器官捐献行为的可能。

2. 获得死者家属同意

一个成功的器官移植体系需要供体资源并广泛参与。为了保证充足的器官移植供体资源，NTO创造了一个医院协调员网络。医院器官移植协调员的主要工作一方面是尽量探知潜在器官移植供体，另一方面是获得更多的死者家属同意。虽然前文已经论述西班牙所采取的推定同意的立法模式，推定每一个公民为潜在的器官捐献者。但在实践中，毫无例外地取得家属的同意，这既是对家属的尊重，也更能获得家属和社会认可。

NTO不单单是在器官获取过程中引入良好的组织技能，也深入了解西班牙社会学，以及死者家庭同意器官捐献的动态。NTO从20世纪80年代器官捐献锐减的历史中吸取了教训，其认为之所以公众会拒绝推定同意，是因为这将死者的直系亲属排

[①] 参见网页信息：http://news.ebioe.com/show/18011_3.htm，中国医学论坛报，last access：November，2014.

[②] 家属拒绝捐献率因不同自治地区而不同，在西班牙有些自治区拒绝捐献甚至远低于15%。

除在外。因此，NTO 确信，尽管这种方法被西班牙议会认为是获取可移植器官最好的立法方式，这种推定同意的方法在家庭纽带十分紧密的西班牙不会起多大作用。

事实证明，NTO 的看法是正确的。一份 1993 年的民意调查显示，60% 的民众认为推定同意是对国家权力的滥用，有 7% 的人认为这是对亲属的直接伤害。为了将"同意"融入西班牙社会伦理背景，NTO 重新规范了器官协调员如何获取捐献者亲属同意的方法。

（1）确保死者家庭成员没有被疏远：这就意味着在器官获取后，必须对遗体的外观进行特别护理，以保证葬礼上传统的开棺验看死者仪容成为可能。换句话说，捐献者遗体必须看起来就如同未被获取器官一样。

（2）绝不强迫家属同意器官捐献：这就要求器官移植协调员避免与潜在器官捐献者的家属谈及任何法律规定，而是应该提供咨询和支持服务。最重要的是应该尊重死者家属拒绝的权利，即使死者已经被合法地定义为一个器官捐献者。

（3）努力识别家属的道德信念：这就要求器官协调员分辨死者及其家属对器官捐献可能持有的立场。因此，提前了解死者及其家属对于死亡、遗体及器官捐献方面所持有的立场非常关键，这样能有效避免陷入死亡悲痛中的家属受冒犯。

以上措施双管齐下，达到了预期的目标。尽管推定同意是法律的一部分，这种器官捐献体系起作用是因为人们在道德方面相信它。医院器官协调员作为与家属直接沟通的一方，承担了大量抚慰工作，因此他们所表现的人文关怀和沟通协调技巧十分重要，这些技巧一方面来源于实践经验，另一方面也与 NTO 专门的系统的培训课程有关。

3. 家属访问制度：器官协调员的关怀措施

推定同意的立法规定使器官获取的前期准备措施合法化。然而，实践中没有亲属同意的话，这个过程是不完整的。获取家属同意需要沟通和关怀，这些体现在 NTO 器官移植协调员对死者家属的访问中。家属访问虽然不是直接获取同意过程，但是家属访问是着眼于未来的伟大实践，也是保证长期高水平器官捐献的法宝。

（1）家属访问是多期进行的惯例，器官移植协调员为此接受特殊的培训：家属访问的目的是帮助死者家属理解器官捐献的价值。家属访问的内容主要是向家属解释"脑死亡"是什么，并努力找出死者捐献器官所基于的价值观，如团结、遗赠、互惠等。社会经济方面的问题也被减到最小并得到解决，并提供诸如死亡文书的处理、葬礼的安排，或是遗体的长途运输等帮助，这种帮助是无偿的，并不是获得器官捐献的交换条件。

（2）家属访问同样将道德伦理和家属同意的过程联系在一起：在一些针对拒绝捐献器官的家属行为动机方面的科学研究表明，对脑死亡含义的误解及对遗体完整性的担忧是拒绝的主要动因，甚至强于"不知道死者生前是否同意捐献"这一原因。

（3）器官协调员的访问是基于"善意"，并且本着为这些家属提供帮助的原则，以上提到的问题能轻易得到解决。这就是为什么西班牙拒绝捐献率从20世纪90年代的40%~70%下降到2006年的15.2%，这一拒绝的比率是世界最低的。2011年，在西班牙国内，当被问到是否同意器官捐献时，有85%的人表示同意其亲属死后进行器官捐献。①

（4）访问尽量不要给那些拒绝捐献的家属带来负罪感，也即是说即使家属拒绝死者器官捐献也不能谴责他们。在西班牙东部，针对同意捐献和拒绝捐献家属的一项事后调查显示：很多先前选择拒绝器官捐献的人，如果再次面临是否捐献的选择时会选择同意。② 毫无疑问，这种意愿与他们在表明拒绝捐献意愿后所受到的对待方式是息息相关的，如果受到尊重和关怀，那么以后拒绝捐献的可能性自然会下降。

（四）公平的器官分配制度—良性循环的动力

西班牙器官捐献制度之所以获得社会民众的广泛认可和信任，重要原因就在于西班牙器官移植过程中采用的公平合理的器官分配制度。西班牙的医疗保障制度非常全面，在国内，有99.8%的居民享有平等的医疗卫生服务条件，同样也享有器官移植平等的机会。即使在非本国国籍居民方面，在2006年，8.45%的器官捐献者无西班牙国籍，而这一比例实际上也和西班牙国内非本国国籍居民比例是一致的。这一数据表明外国移民已经成功地融入西班牙医疗卫生制度，作为器官捐献者或是器官移植受体均享有同等的机会。③

在实践中，每个器官都应根据分配标准进行独立的评估。O级急诊具有国家级优先权。其他级别的急诊要严格地根据优先分配标准来分配。分配标准分为医学临床标准和地理标准。

（1）医学临床标准每年由所有的移植协调组和NTO代表建立和修订。医学临床标准根据器官供体年龄、器官状况、受体身体健康状况、匹配程度，以及相关临床操作的成功率、存活率等多种因素来综合考虑。医学临床标准是为了提高器官移植的

---

① 数据来源：http://www.who.int/bulletin/volumes/90/10/12-021012/en/ last access November 30th, 2014.

② Frutos MA, Blanca MJ, Rando B, et al J. Actitudes de las familias de donantes y nodonantes de o'rganos [J]. Revista Espan͂ola de Trasplantes 1994, 3: 163-169.

③ CARLOS GIL-DI'AZ, Spain's Record Organ Donations: MiningMoral Conviction, Cambridge Quarterly of Healthcare Ethics (2009), 18, 256-261. Printed in the USA. Copyright 2009 Cambridge University Press 0963-1801/09.

综合效能。

（2）地理标准由国家卫生系统跨地区间理事会来制定。地理标准将西班牙分为6个区域，每天刷新每个区域的序号。器官的分配由从里到外的顺序进行，即器官获取医院→市→自治区→区域→国家→国外。每个级别都有内部的本地排序（area turn）和总排序（general turn），序号随着前一天移植的情况变化。如果在国内没有合适的受者，器官将通过位于巴塞罗那的"Catalan 移植组织办公室"提供给其他国家和其他欧洲移植组织。

（3）因西班牙的器官捐献工作为世界领先，许多外国人希望在这里得到器官，但因等待的人数太多，除急诊外，非定居外国人分配优先权排在西班牙人之后。一旦在名单上发现最适合的受者，医院移植协调人即通知移植小组。所有供者的资料和提供器官的医院操作方面的具体情况，尤其是器官获取的时间和其他要求均要提供给接受器官的移植小组。植入器官的小组作最后的评估，决定是否进行移植，如果拒绝，则轮到下一个序号；如果接受，则通知器官获取医院，安排运输和主要操作过程的时间表。[①]

正由于有了如此公平的器官分配的工作框架，使得器官移植和器官捐献获得了国内居民的认可和信任。有了信任，NTO 开展宣传工作就更能获得认同，各医院的器官协调员在获取家属同意方面，被拒绝的概率就相当低了；有了充足的供体，在一定程度上使得器官移植等待者名单减少，器官移植的质量更有保证，如此形成了一个良性循环。

（五）重视专业的培训和教育

大力开设不同种类的医疗专业培训课程，主要对象为器官移植协调员、重症监护病房的医师和护士、急症科医师护士、其他医疗健康专家。对于民众则通过与新闻媒体的合作进行宣传教育。包括以下两个方面：首先，要通过大众媒体对器官捐献进行宣传，让公众了解器官捐献的重要意义，并且充分了解现在有多少患者在等待器官移植，多少患者已经做过器官移植；其次，进行健康专业的职业培训，需要让专业的医学人员了解、认识到器官移植及器官协调小组的重要性。

在专业培训方面：一方面进行系统的专业知识培训，培训方式比较灵活，既可以通过面对面的培训，也可以通过网络的培训；另一方面，授予培训人员相应的学位证明，拿到这个证明之后，便会证实其具有进行器官协调工作的资格。

[①] 刘斌，原载于《中国医学论坛报》，原网页链接点击无效，新链接可见于"中国生物技术信息网"，网址 http://www.biotech.org.cn/information/8292，最后一次访问时间为 2014 年 11 月 29 日。

由于西班牙在器官捐献方面的制度设计精细并且具有可操作性，许多其他国家的器官移植结构包括世界卫生组织纷纷与 NTO 合作，由 NTO 协助提供专业化的培训服务。截至目前，据不完全统计，接受 NTO 培训课程的人已达到 11 000 名以上，他们散布在不同国家，正在为器官移植和捐献工作作贡献。

四、社会因素

（一）信息透明的媒体关系

保持和大众媒体的紧密联系：一方面，通过大众媒体对器官捐献的意义做持久宣传；另一方面，通过大众媒体的监督维持器官移植和捐献管理组织公平公益的社会形象。

器官捐献在西班牙如此深入人心，和西班牙 20 年来的广泛宣传是分不开的。截至 2012 年，西班牙第五电视集团已经连续 12 年坚持不懈地开展一项名为"12 个月，12 个理由"的器官捐献宣传活动。2012 年活动的主题是"你对别人来说是完美的"，第五电视台旗下的 7 个频道从当年 2 月开始推广这项活动，旨在让电视观众更深入地了解成为一名器官捐献者对那些亟待救助的病患的重要性。

NTO 与媒体间形成了一种开放、活跃和诚信的关系，而不是限制与公共舆论活动的互动和交流。在面临舆论危机时，NTO 唯一的应对策略就是对家属和媒体公开透明，这一举措往往能成功地化解危机。

透明公开的舆论媒体关系，对于器官捐献体系的可信度发挥了重要作用。信息和实践操作透明化，才更能获得社会和民众的认可，信息透明公开是制度公平的外衣。

（二）宗教文化因素

最近研究表明，除了组织结构、法律制度、舆论教育等因素外，对西方国家而言，宗教信仰对同意或反对器官捐献方面有一定的影响。[①] 此处不作详细解说。

五、综合小结

总得来说，器官移植和捐献的"西班牙模式"称得上是世界典范。西班牙在器官捐献方面取得如此大的成功，首先在于享有一个有优势的法律基础。法律规定的推定同意模式使得对于潜在捐献者的器官的获取不至于触犯法律。但是西班牙模式的真正特殊之处在于其实际操作层面，注重结合社会伦理道德，毫无例外地取得死者家属的同意，尊重国家的社会价值观并维持了器官移植体系的可信度。这种"在草根阶层中

---

① Alkhawari FS, Stimson GV, Warrens AN. Attitudes toward transplantationin U. K. Muslim Indo-Asians in west London [J]. Am J Transplant, 2005, 5: 1326-1331.

实行，面对面式的人际互动"方式，显示了比公共信息运动更加有效的结果。

其次，无论是家属同意获取还是器官的获取、分配和移植各个流程，均可看见器官协调组织的身影。西班牙建立的以 NTO 为主导，医院级器官协调员为主力的三级器官捐献和移植协调组织，是西班牙模式维持运作的坚实的组织基础。公平的器官移植分配制度，是器官捐献可持续的动力所在。数据显示，一些器官移植分配不透明的国家，同时也是器官捐献率最低的国家，这不能不引起我们的反思。

最后，将器官捐献制度深深嵌入西班牙社会伦理和宗教文化背景之中，获取广泛的社会认同和深厚的群众基础，是这一制度保持常青的重要法宝。

在整个西班牙模式中"精细的制度设计，全面实用的人性化问题考虑"的理念，值得我国在器官捐献和移植工作中借鉴与吸收。

第十节 土耳其

一、土耳其简介

土耳其共和国是一个横跨欧亚两洲的国家，地理位置和地缘政治战略意义极为重要，是连接欧亚的十字路口。土耳其人是欧洲人种的地中海原始居民的混血后裔，与中亚诸国有着亲密的血缘和文化关系。土耳其在器官捐献领域，是中东地区穆斯林国家中做得最好的。尽管远低于西方国家的死者器官捐献标准，但是土耳其在死者器官捐献方面比其他国家做得更好。[①]

在国际器官移植领域，土耳其有着很大的影响力，通过加强器官移植方面的国际交流和合作，树立了其在该领域的组织领导地位。土耳其国内器官移植相关机构做了大量工作，使国内死者器官捐献率有较快提升，在活体器官移植每百万人捐献数方面，自 2009 年以来一直排在世界第一位（2009 年每百万捐献人数为 32.8 人，同年西班牙仅为每百万人捐献数为 5.6 人；而到了 2017 年，土耳其为 47.5 人，同期西班牙为 7.6 人）。[②]

但如果仅从每百万人捐献器官率数值来看，土耳其在推动公民逝世后器官捐献方

---

① Akbulut S, Yilmaz S, Liver transplantation in Turkey: historical review and future perspectives, Transplant Rev（2014）, http://dx.doi.org/10.1016/j.trre.2014.12.002, last access 10th May, 2015.

② 数据来源，参见国际器官捐献和移植登记机构（IRODaT）官网，网址为 http://www.irodat.org.

面并不算成功,和西班牙、美国、意大利等基督教文化影响国家相比,土耳其远远落后。国际器官捐献和移植登记机构(IRODaT)公布的2016年度数据显示,土耳其死者器官捐献每百万人数2016年为7.06人,同期西班牙则为43.4人。[①] 这种较低的死后器官捐献率是与土耳其传统习俗和文化直接相关的。那么土耳其是如何克服文化障碍,又采取哪些有效措施来缓解器官移植难题的呢？这是值得我们学习的。

二、器官移植历史

由于宗教文化等因素的影响,土耳其境内的器官移植活动并不活跃,直到1969年,实施了2例心脏移植手术,但均以失败告终。1975年土耳其实施了第一例活体器官肾脏移植手术。1978年实施了第一例死者器官捐献肾脏移植手术,器官供体是由欧盟器官移植组织提供的。1979年,《关于器官和组织获取、存储、移植法》生效。1988年,取得了另一项突破,即成功实施了第一例死亡捐献者肝脏移植手术。[②] 1982年1月21日,土耳其器官移植法案(2594号)进行了一些补充,对于遭受意外事故或自然灾害死亡人员的器官利用条件作了规定。[③]

1990年,土耳其器官移植学会(Turkish Organ Transplantation Society)成立,各成员和组织者均抱有极大的热情与信心,这一联盟已经举办了多次国际科学大会。

1999年,土耳其开发了国家器官分享项目,使得器官在全国范围内分配,并增加器官移植中心间的交流沟通。死者捐献的器官用于移植的案例增多。

2001年,土耳其卫生部将所有相关资源集合在一个联盟组织之下,成立了国家协调中心(National Coordiantion Center,NCC)。该中心的宗旨是推动器官移植活动,特别是死者捐献器官的获取活动。如果将土耳其器官移植数据按NCC成立时间做一个间隔,会发现NCC成立后3年的肝脏死者捐献器官移植数量超过了之前23年的总数,成立后3年的数量也是前23年的2/3。这一数据无疑显示了这一新设立器官协调系统的成功,全国范围内的器官移植活动日益增多,但是死者器官捐献率仍然远低于预期水平。教育领域和协调部门的改善应该增加器官移植活动的数量与质量。这一新设组织NCC在推动土耳其死者器官捐献工作方面开了一个好头。

---

① 数据来源同上,并与全球器官移植观察组织信息经对比验证,GODT官网网址为http://www.transplant-observatory.org/Pages/Data.

② Moray G, Arslan G, Haberal M. The history of liver transplantation in Turkey [J]. Exp ClinTransplant, 2014, 12 (1): 20-23.

③ Karakayali H and Haberal M. The history and activities of transplantation in Turkey [J]. Transplantation Proceedings, 2005, 37 (7): 2905-2908.

1. 器官移植法案

1979年6月3日,土耳其器官移植法案(2238号)生效,分为4个章节:总则、从活体供者获取器官或组织、从死者供体获取器官或组织、惩罚性条款。

主要包含以下内容:

(1)禁止为经济或其他收益买卖人体器官或组织。

(2)禁止获取未满18岁的未成年人或精神病患者的器官或组织用于器官移植。

(3)死亡宣告应由包括1名心脏病科医师、1名神经内科医师、1名神经外科医师和1名麻醉科医师组成的小组的一致同意通过。

(4)进行捐献者死亡宣告的医师不得从事与此相关的器官移植手术。

1982年1月21日,土耳其器官移植法案(2594号)进行了一些补充,对于遭受意外事故或自然灾害死亡人员的器官利用条件作了规定:潜在器官捐献者近亲属不存在或者无法取得联系,死者的生命终结是由于意外事故或者自然死亡,满足本法第11条的情况下,合适的器官和组织可以被用于器官移植,而无须死者近亲属的同意。

关于器官移植的2238号和2594号法案通过,为器官获取、储存和移植扫除了法律障碍。最终,这些措施起到了效果,土耳其政府出台了器官获取、存储和移植的法律,由于法律制定得足够先进和科学,被其他许多国家用作范本。[①]

2. 关于同意模式及脑死亡的立法规范

在1979年的《关于器官和组织获取、存储、移植法》中,土耳其对同意模式进行了如下规定。

在该法第二章(活体器官捐献规则)第6条中,表述为"从18岁以上的精神状态良好的成年人身上获取器官或组织的,必须有该捐献者的书面同意协议,并且捐献人请2名见证人口头见证[②]"。由此可见,按照土耳其法律规定:①不得获取18岁以下或者精神状态不正常的人的活体器官用于器官移植;②成年人可以书面同意捐献其活体器官,但是应签署书面协议,并经2名见证人当场见证;③1979年法案并没有规定对于死者器官捐献由何者同意的规定,但在1982年2594号的修正案中,规定了特殊情况下死者近亲属无法联系的情况下,可以未经近亲属同意而获取器官用于移植。

由以上分析可知,土耳其器官移植的模式仍然为"明示同意"模式,对于活体器

---

① Haberala M, MorayaG. Transplantation legislation and practice in Turkey: a brief history [J]. Transplantation Proceedings, 1998, 30(7): 3644-3646.

② Haberala M, MorayaG. Transplantation legislation and practice in Turkey: a brief history [J]. Transplantation Proceedings, 1998, 30(7): 3644-3646.

官的获取，应经本人书面同意并经见证人当场见证；对于死者器官获取的，应取得近亲属的同意，只有在近亲属不存在或者无法联系的情况下才能未经近亲属同意获取死者器官。

土耳其的器官移植与捐献法律法规对推动国内器官捐献工作起到了推动作用。但长期以来，土耳其死者器官捐献率低的状况并没有得到较大改善，活体器官捐献仍然是器官移植供体最主要的来源。为缓解这一问题，土耳其的立法机构力图增加脑死亡宣告来提高器官捐献率，"1993年制定了《器官移植中心管理规定》（Regulation on Organ Transplantation Centers），其中确定了脑死亡的认定标准，并在2012年制定的《组织和器官移植服务管理规定》（Regulation on Tissue and Organ Transplantation Services）中重申了脑死亡标准的认定"①。

三、器官移植社会组织

（一）土耳其移植和烧伤基金会

土耳其移植和烧伤基金会（Turkish Transplantation and Burn Foundation）是与器官移植有关的最先设立的组织，成立于1980年；1983年推出名为《透析、移植和烧伤》杂志，致力于推动器官捐献工作，通过本杂志，传播器官移植知识，使人民明晰器官捐献的概念。尽管公众对器官捐献和移植仍存有怀疑，但随着活体器官捐献和死者器官捐献的逐渐增多，土耳其境内器官移植手术数量在不断增加。（详细信息请参见 http://www.dty.org.tr.）

（二）中东器官移植学会

中东器官移植和透析基金会（Middle East Dialysis and Organ Transplant Foundation）成立于1984年，后于1987年更名为中东器官移植学会（the Middle East Society for Organ Transplantation，MESOT）。MESOT积极开展国际交流活动，在土耳其国内团队的领导下，尽管中东地区存在着国际问题，MESOT继续着它的使命，自成立以来，每隔两年分别在8个不同国家举行一次大会，第一届和第九届是在土耳其首都安卡拉举行的。成员国持续地进行交流合作，分享在解决社会文化相似难题方面的经验和教训。最近的一次会议是第14届大会，该次MESOT会议于2014年9月10日至13日在伊斯坦布尔举行，来自国际的合作者共同参与。不可否认，其他组织和社会的帮助是器官移植发展与进步的基石，同时，开展器官移植活动也提升了土耳其的国际形象

---

① Sert G, Guven T, Gorkey S. When organ donation from living donors serves as the main source of organ procurement: A critical examination of the ethical and legal challenges to Turkey's recent efforts to overcome organ shortage [J]. transplantation proceedings, 2013, 45（6）: 2102-2105.

和国际影响力。

（三）土耳其器官移植学会

土耳其器官移植学会成立于 1990 年，其任务是鼓励与促进器官移植领域的教育和研究，参加国内外科学活动，保证各器官移植组织间的交流和合作。该学会的组成结构分为 3 个部分，即全体大会、董事会和监事会。（详细信息请参见 http://www.tond.org.tr/）

（四）其他组织[①]

土耳其器官移植中心协调员协会（Turkish Transplantation Centers Coordinators Association）成立于 1994 年，是由 55 家移植中心资助设立的，其目的在于加强移植中心间的交流和协调沟通（详细信息请参见 http://www.tonkkd.org）。肝脏移植协会（Liver Transplantation Society）成立于 2005 年，针对肝脏移植医师的访问地址，这一机构的网络包含为患者答疑的网络连接，并为土耳其境内的医师参与国内外器官移植中心的培训提供经济补助（详细信息请参见 http://www.karacigernaklidernegi.org）。

四、其他措施

（一）卫生部的大力支持

卫生部将器官移植作为一个全国性的政策，并且设立一个独立的单元，名为"细胞、组织、器官和透析服务部"。这一部门编写称为"土耳其器官和组织信息系统"的软件程序，自 2011 年 1 月运行良好，这一信息系统包括等待者名单的患者和已经接受器官移植手术的患者信息[②]。

国家器官分享系统开始于 1989 年，旨在协调全国器官移植中心和公平地分配死者遗体捐献器官。之后，卫生部于 2001 年设立了国家协调中心（NCC），分配死者捐献器官。

根据土耳其地理区域和人口分布和交通状况，在 9 个大省设立 9 个国家级协调中心，其余的 72 个省附属于最近的协调中心。协调中心优先向本地紧急器官移植患者提供器官，如果本地没有匹配的器官移植接受者，这些协调中心会将器官提供给其他区域。为了保证系统良好运行，卫生部起草了名为"国家器官和组织移植协调系统"的指令。和指令一致，器官协调员会接受"器官如何分配（何人优先）"相关的培训。

[①] Akbulut S, Yilmaz S, Liver transplantation in Turkey: historical review and future perspectives, Transplant Rev（2014），http://dx.doi.org/10.1016/j.trre.2014.12.002.

[②] 该信息系统网址参见，https://organ.saglik.gov.tr/organ/Login.aspx.

卫生部制定了专门的法规"器官移植中心指令",来规范器官移植中心(医院)的设立和管理,规定任何医院设立器官移植中心必须符合该指令。移植中心的资质由国家器官和组织移植协调委员会授予,移植中心成立后,每年将接受卫生部的检查。这些获得资质的医疗移植中心每年必须实施一定数量的器官移植或者器官获取手术,未满足数量要求的移植中心首先将收到委员会的警告,若之后仍然在器官移植方面未有改善或者未满足特别要求的,将被取消器官移植资质[1]。

(二)教育宣传上不遗余力

推动器官捐献工作的第一步,也是最重要的一步是在各行各领域的教育活动。另外积极安排国内和国际活动,鼓励成功接受器官捐献的人参加活动,证明器官移植手术可以为这些之前有严重疾病的患者提供了一个完全正常的生活方式。

目前,土耳其将每年的11月3日至11月9日定为"器官捐献周"[2],在这个时间段在全国范围内组织器官捐献和移植专门栏目。社交网络平台普及,如Facebook和Twitter的流行,为器官捐献宣传活动提供了新的方式。广播电视监管委员会要求全国范围内所有的广播和电视频道推出公益广告:突出器官捐献的重要性。

土耳其一些医院与土耳其公共部门合作,提供关于器官捐献益处和社会责任的教育活动。死者器官移植的消息通过电视、广播和纸质媒体传播给公众。通过这些措施,公众能够看到患者经过器官移植手术后健康地生活。突出这些事例,努力说服议会官员、宗教事务部官员、卫生部及其他政府部门的人员:器官移植能拯救生命。

五、综合小结

土耳其在国际器官移植领域有着很重要的国际地位。在器官捐献与移植方面,虽然其器官移植主要是活体器官移植,但是土耳其通过各种措施推动公民逝世后器官捐献。土耳其国内器官移植相关机构做了大量工作,使国内死者器官捐献率有一定的提升。

在器官捐献立法方面,土耳其国内立法相对比较传统。沿用"明知同意"的捐献模式,并且立法确认了脑死亡的判定标准。土耳其器官移植立法深受欧洲器官移植和捐献立法的影响。

从社会文化方面来看,土耳其器官公民死后器官捐献率低是受到其宗教文化的制

---

[1] Akbulut S, Yilmaz S, Liver transplantation in Turkey: historical review and future perspectives, Transplant Rev(2014), http://dx.doi.org/10.1016/j.trre.2014.12.002.

[2] Akbulut S, Yilmaz S, Liver transplantation in Turkey: historical review and future perspectives, Transplant Rev(2014), http://dx.doi.org/10.1016/j.trre.2014.12.002.

约,这种情况在中东地区特别是深受宗教文化影响的国家和地区比较普遍,但土耳其又是伊斯兰教国家中器官捐献工作做得最出色的国家。这源于其国内器官移植与捐献系统的建立,相关机构采取各种措施进行宣传教育。

第十一节 拉丁美洲概览

一、拉丁美洲简介

拉丁美洲是由地理上毗邻、语言文化上有共同历史的一些国家组成。在地理上包括美国以南的一些中美洲国家(如墨西哥、洪都拉斯)、南美洲国家和加勒比海的诸个国家。由于拉丁美洲历史上曾是西班牙或葡萄牙的殖民地,当地通用语言往往以西班牙语或葡萄牙语为主。

拉丁美洲器官移植技术开始得很早,该地区第一例肾脏移植手术开始于1957年的阿根廷。世界上第一例活体肝脏移植手术发生在1989年,是在巴西实施的,世界上第一例手移植手术发生于1964年的厄瓜多尔[①]。

在拉丁美洲地区,器官捐献体系深受"西班牙模式"的影响[②],西班牙取得的世界瞩目的成绩及文化与拉丁美洲地区彼此联系,因此其器官捐献制度被拉丁美洲国家成功地复制过来。它们纷纷建立类似的器官移植和捐献系统,促进器官获取,推动器官捐献项目,培训医院级器官协调员队伍。虽然限于经济文化发展水平,未取得如同西班牙式的辉煌,但是"西班牙模式"跨大洲的制度移植成功,也验证了"西班牙模式"的实效价值。

国际器官捐献和移植登记机构(International Registry in Organ Donation and Transplantation,IRODaT)2018年6月发布的Newsletter数据统计显示,在2017年,拉丁美洲地区各国中乌拉圭(20.4pmp)、巴西(16.6pmp)和阿根廷(13.7pmp)分列前三,接下来是古巴(12.7pmp)、智利(10.0pmp)和哥伦比亚(8.8pmp)[③]。从拉丁美洲地区各国的总体成果来看,拉丁美洲地区死后器官捐献率高于亚洲地区、中

[①] Mizraji R, Alvarez I, Fajardo R. Organ donation in Latin America, Transplantation Proceedings [J]. 2007, 39(2): 333-335.

[②] Mizraji R, Alvarez I, Fajardo R. Organ donation in Latin America, Transplantation Proceedings [J]. 2007, 39(2): 313.

[③] 数据来源: International Registry in Organ Donation and Transplantation, 即IRODaT, 2017年度报告,参见该机构网址http://www.irodat.org/.

东地区和非洲地区平均水平（亚洲韩国和新加坡成绩突出）。在过去十年里，拉丁美洲地区平均器官捐献率提高了1倍，但仍然低于欧洲地区和北美地区。

在拉丁美洲器官移植地区合作中，2001年召开的"拉丁美洲和加勒比海移植学会"上，由器官捐献和移植协调员形成了"蓬塔卡纳集团"（Punta Cana Group），其宗旨是登记器官捐献和获取信息，促进器官捐献和获取系统的进步。这一集团拥有独立的网站，网址为http://www.gpuntacana.net。该网站记录拉丁美洲国家的器官捐献和移植活动的相关信息。目前，在拉丁美洲地区，有18个国家设立了国家肾脏协会，15个国家设立了国家移植协会，14个国家有专门的机构管理器官移植活动。

二、拉丁美洲地区器官移植法规

拉丁美洲第一部器官移植相关立法产生于巴西，于1963年颁布（目前该法已失效），后于1968年进行了修订[①]。接下来，各国相继制定了器官移植框架性规定。1971年乌拉圭的器官移植立法建立。在加勒比海岛国中，古巴于1982年首先制定器官移植法案。在中美洲地区，洪都拉斯于1982年制定第一部器官移植和捐献法案，接下来是1994年哥斯达黎加[②]。

拉丁美洲地区最后制定器官移植法规的国家是尼加拉瓜。从2009年开始，许多医学杂志和国家器官移植登记机构批评说尼加拉瓜是拉丁美洲地区唯一的没有制定器官移植法规的国家[③]。因此从2009年开始，尼加拉瓜开始启动立法工作，并于2013年10月通过了847号器官移植法案，即《人类细胞、组织、器官移植和捐献法》。从巴西立法至今，拉丁美洲的器官移植和捐献立法工作已经走过了半个多世纪。

据统计，拉丁美洲地区所有国家均有器官移植立法，大部分均涉及脑死亡诊断、同意和拒绝的形式、限制活体捐献、鼓励遗体器官捐献、禁止商业化、器官分配的医学标准、惩罚性规定等。"在捐献者及家属同意方面的立法规定上，有8个国家仿照西班牙，采用推定同意的方式，包括阿根廷、哥伦比亚、秘鲁、哥斯达黎加、巴拿马、巴拉圭、多米尼加、厄瓜多尔。其他拉丁美洲国家如巴西、古巴、智利、乌拉圭等国

---

① Law No. 4. 280, November 6, 1963. Provisions for the removalof organs and tissues from deceased persons. Brasilia, OfficialGazette, Section 1, 11/11/1963. Page 9482.

② G López. A, Consummation of the Legislative Map of Transplantation in LatinAmerica: Law on Donation and Transplantation NicaraguaeThe LastPiece of the Puzzle [J]. Transplantation Proceedings, 2014, 46（9）: 2945-2946.

③ Duro García V, Niño A, Santiago-Delpin E. Latin AmericaTransplantation Report; 2011. pp. 25.

采取的是知情同意的方式。"①

三、拉丁美洲地区医疗保障政策

拉丁美洲各国的经济发展水平不同，各国的医疗政策体系也有差异，因此，各国的医疗保障覆盖范围有很大区别。拉丁美洲许多国家并没有全面覆盖的医疗保障体系，医疗保障支付范围并不包含透析治疗和移植手术费用。在器官移植医疗费用承担上，有的国家对全民实施全额的医疗费用政府负担，甚至包含医疗手术前的抗排异药物费用。而在另一些国家，会有选择地支付某些脏器移植费用（一般仅支付肾脏和肝脏移植费用，政府不承担其他脏器移植费用）。如乌拉圭、阿根廷、巴西、古巴实施覆盖全民的普遍的医疗保障制度。而另一些国家，国家医疗保障体系仅覆盖国内的一部分民众，如墨西哥（60%）、秘鲁（30%）、玻利维亚（20%）②。

国家医疗保障支付制度的不同及对器官移植费用负担的政策差异，是导致各国器官移植和捐献成果最主要的原因。在国家医疗保障制度健全的国家和地区，相应的器官移植和器官捐献工作往往有突出成效。

四、综合小结

"西班牙模式"在拉丁美洲国家有极大的影响力，这是由特殊的历史背景造成的，这也许是这些国家器官捐献率提升较快的原因。从全球形势来看，拉丁美洲地区的器官捐献与移植整体状况优于亚洲和非洲地区，低于北美和欧洲地区。对于"西班牙模式"的借鉴和吸收，各国根据本国情况进行一定程度的改变，如在同意模式上，有的国家沿用推定同意模式，而有的国家如巴西，前期采用推定同意模式，后期通过法规修改采取明示同意模式。在具体措施上，各个国家分别建立了器官捐献与移植网络体系，通过器官协调员的出色表现来推动公众认识到器官移植的积极意义，并且通过地区间的合作和交流分享成功经验。

然而，不容忽视的是，拉丁美洲地区不同国家的经济文化发展水平不平衡，医疗保障水平和医疗体系差异巨大，有些国家的医疗保障体系并没有广泛覆盖，对器官移植治疗费用的政府承担比例不高，是制约器官移植和捐献的最主要障碍。但在医疗保障水平比较高的国家如巴西，其器官捐献与器官移植的比例和绝对数量上，取得了令

---

① Mizraji J，Alvarez I，Palacios R I，et al. Organ donation in Latin America［J］，BerriosTransplantation Proceedings，2007，39（2）：333-335.

② Mizraji R，Alvarez I，Palacios R I，et al. Organ donation in Latin America［J］. Transplantation Proceedings，2007,39（2）：333-335.

人羡慕的成效。

未来,拉丁美洲医疗工作的目标是扩大医疗保障覆盖范围,增加死者器官捐献工作,在所有国家均完善国家级器官捐献管理体系,并进一步增进器官移植和捐献跨地区间的交流与合作,将是拉丁美洲地区器官捐献和移植工作的重点。

第十二节 巴西

一、巴西器官移植简介

根据2012年数据,巴西是世界第七大经济体,国内生产总值的8.8%用于公共卫生领域。从资源投入和器官移植捐献效果来看,巴西是拉丁美洲地区成效最突出的国家。

根据巴西人体器官移植学会(Brazil Organ Transplant Society)公布的官方报告数据显示[1],在器官移植绝对数量方面,2012年度拉丁美洲地区实施器官移植手术最多的国家是巴西(5385例),接下来是墨西哥(2646例)和阿根廷(1252例)。国际器官移植登记机构数据显示[2],在2013年度,拉丁美洲地区各国中死者器官捐献率方面,乌拉圭(18.3 pmp)、阿根廷(13.5 pmp)和巴西(13.2 pmp)分列前三。

巴西活体器官捐献和死者器官捐献率均每年上升,但是仍然无法满足国内器官移植需求。随着人体器官获取网络项目的扩展,器官捐献工作经过更好的组织,未来几年有望取得更大突破。

二、关于器官捐献的法规

巴西是拉丁美洲地区最早制定器官移植相关立法的国家,第一部法规制定于1963年(已失效),后于1968年进行了修订[3]。目前有效力的器官捐献法案有两部,分别是1997年2月颁布的9434号法案,以及2001年3月颁布的10211号法案。

---

[1] 数据来源:Brazilian Transplantation Registry offical report of Brazilian Organ Transplantation, 2013.

[2] 数据来源,IRODaT,官方网站 http://www.irodat.org.

[3] Law No. 4.280, November 6, 1963. Provisions for the removalof organs and tissues from deceased persons. Brasilia, OfficialGazette, Section 1, 11/11/1963. Page 9482. Law No. 5.479, August 10, 1968. Provisions for the withdrawalof tissues, organs and body parts for transplantation therapyand scientific purposes, and other measures. Brasilia, OfficialGazette of the Union No. 5479, 1968.

第六章　世界各国和地区器官移植与捐献考察

20世纪90年代，巴西的器官供体远不能满足器官移植的需要，以1996年为例，仅2.7%的等待器官移植的患者接受了器官移植手术。低水平的器官捐献率既有文化观念方面的原因，也有地理和交通方面的原因。在文化风俗上，死者遗体受到特别尊重，并且火葬并不普遍。许多巴西人不同意器官捐献，许多死者家属认为从亲人遗体上摘除器官是对死者的亵渎。另外，在地理上，一些偏远贫困地区与大城市的远距离也阻碍了器官的成功运输，到达移植医院的器官仅有10%可被用于器官移植。又由于乡村医院缺乏移植手术专业设施和专业医疗人员，绝大数移植手术在大城市实施。

为了解决器官移植供体器官的紧缺难题，巴西政府决定采取法律措施增加可用于移植手术的人体器官捐献。于是，巴西于1997年颁布了法案（于1998年1月1日生效），宣布所有的成年人都是潜在的器官捐献者，除非他们登记拒绝捐献器官。如果死者亲属干预器官获取过程将可能被起诉。根据法律规定，摘除死者器官的医师有权利不考虑家属是否同意捐献的意愿，即使违背家属意愿摘除了推定同意死者的身体器官也是合法的。

尽管巴西面临严重的人体器官不足，学者、医疗团体及普通大众均表达了对此立法的反对。批评者担心这部法律会使得贫困地区和受教育程度低的民众由于不了解法律的规定，实际上成为了潜在的器官捐献者。甚至有的反对者认为，这部法律会使得器官获取手术者倾向于伪造文件，过早结束非自愿捐献者的生命。"这部法律颁布后备受批评，民众对于器官捐献的反对比例增加，1995年75%的民众不反对成为器官捐献者，而到了1997年这一数据下降到63%。在法律正式生效前，在有些城市，80%的民众由于担心腐败和权利侵犯，纷纷登记拒绝捐献器官。"[①]

尽管反对的声音很多，1997年巴西器官移植立法确实取得了一些实效。1997年法案生效后，基于这一法案的规定，卫生部制定了指导意见，以期望为器官衰竭患者提供公平的器官移植机会，对死者捐献的器官实行公平的分配政策。在1997年法案颁布前，等待器官移植患者的名单由私立医院登记，一旦有了可供移植的器官，公立医院和私立医院轮流获得移植器官（私立医院往往获得更多机会）。然而，实际上在私立医院等待者名单中，谁更富有，谁就能够优先获得捐献的器官，这种不公平的分配方式也受到指责。

1997年法案生效后，虽然法律规定很严格，但是巴西实际操作上学习西班牙的做法，实际医疗操作中采取灵活的方式，名义上采取推定同意，但是尽量尊重家属及

[①] Should the State Have Rights to Your Organs? Dissecting Brazil's Mandatory Organ Donation Law Everton Bailey，The University of Miami Inter-American Law Review Vol. 30，No. 3.

死者对于器官捐献的意愿。2001年巴西通过了新的器官移植法案（10211号法案），废除了推定同意的立法模式，规定医师摘除器官前须获得家属的书面授权。2001年法案除包含器官移植和捐献的一般性规定外，主要内容有以下规定。

（1）器官捐献法案切合当地的社会价值观念，要求家属的书面授权同意书。

（2）法律上认可"脑死亡"作为个人死亡标准，但是脑死亡必须经医学临床检验，验明死者脑内无血液流动。

（3）活体捐献者器官移植由国家规范，对于捐献者与受者之间无亲属关系的案例，必须经过司法授权才可以进行器官移植。

（4）巴西法律禁止器官买卖和非法交易，从事此类行为将受到犯罪指控。

近年来，器官移植中心的资质由中央卫生部授权。数据显示，授权的器官移植中心数量增加，每年实施的器官移植手术数量也有所增加。

三、组织机构

巴西器官移植协会（Brazilian Association of Organ Transplantation，ABTO）成立于1987年4月14日，是一家非营利性组织，设立了全国范围内的器官移植信息登记，并据此分析器官移植的动态结果，为巴西器官移植和捐献工作提供信息支持。

根据最新数据显示，约有5万名患者登记在透析治疗名册中，这些花费由国家卫生医疗系统全额负担。卫生部已经规范了各州卫生部门对器官捐献网络的设立。器官获取组织基本上依托于大学附属医院。各州登记器官移植患者名单，捐献器官的分配则高度集中，由国家卫生部负责（卫生部设有专门的信息系统指导分配），器官的分配由总检察长办公室负责监督。

四、器官分配制度

1997年之前，巴西的遗体捐献器官的获取和分配缺乏统一的中央政府监管，仅在一些州有地区性的器官信息分享体系，如1987年"圣保罗内部移植"（Sao Paulo Interior Transplant，SPIT），仅包含一份肾脏移植等待者名单，范围仅涉及20个城市。

一些医院有自己的移植受者等待名单，并根据自己的标准自由分配。因此，经济因素经常直接干预器官的分配政策。在一些州，器官获取委员会使用政府公共资金支持，而州的卫生部门秘书长却无法参与医院的器官分配政策的制定。

一些器官移植中心提前预测获取器官的时间，并相应安排器官移植外手术的日期。因此，公立医院和私立医院器官移植患者的等待时间有巨大差异。

1997年2月，巴西政府批准了一份关于器官移植活动的全国性法案。基于这一法案，卫生部制定了指导意见，以期望为器官衰竭患者提供公平的器官移植机会，对死者捐献的器官实行公平的分配政策。圣保罗州也根据这一法律开发了国家器官移植系统（State Transplant System，STS），以期望保证器官分配的道德性和公平性[①]。

国家器官移植系统是根据巴西器官移植协会的建议，以"圣保罗内部移植"为蓝本设立的。其主要特色是中央集中的、有控制的器官分配政策，分散化的器官获取程序和方式。巴西将各州根据人口划分为10个相等的区域，每个区域均有一个OPO，各OPO由一家公立医院或者大学附属医院协调。

STS创立了一个中央的协调模式和一个地区性协调组织（regional coordination）负责大城市和沿海区域，一个区域协调机构负责其他区域。国家协调员负责STS政策，区域协调机构的职能为：①监管OPO的活动；②接收脑死亡信息；③制订和维护等候者名单；④根据国家专家委员会设立的标准，为死者捐献的器官确定匹配的受体患者名单。为保证器官捐献和分配的公平性，卫生部专门开发计算机软件系统来管理和控制器官移植工作。

以上计算机系统是一个评分系统，对于死者捐献器官的分配主要根据以下标准分配：血型匹配情况、等候时间、体重差异匹配、年龄及其他紧急情况下的例外规定，以上情况均有一个对应的评分。

STS的工作流程如下：①地区协调员获知医院的脑死亡患者信息；②地区协调员确定相应的器官获取组织关注该病例；③一旦捐献条件具备，器官获取组织通知区域协调员并确定获取器官时间；④地区协调员优先在本区域内确定包括20名患者的名单提交至配型实验室作交叉配型检测；⑤地区协调员通知器官移植中心最佳配型接受者，移植中心接受或拒绝；⑥一旦受体确定，器官获取组织将获取的器官移交给器官移植中心的移植手术小组。

STS并不是完善的，各器官分配的标准相对比价简单机械，为了向患者提供公平的移植机会，而在一定程度上忽视了"医疗效果的最大化"。自20世纪90年代，政府关注国内器官获取和移植活动的交通运输，并修正更科学合理的器官分配标准。STS对于在发展中国家开展器官分享活动是一个有效的模式，STS完全透明的管理方式也为拉丁美洲各国所称道。

---

① Ferraz A S, Pereira L A, M C Corrêa, Transplants With Cadaveric Organs in the State of São Paulo, Brazil: The New Organizational Model and First Results [J]. Transplantation Proceedings, 1999, 31 (7): 3075-3076.

五、其他器官移植支持制度

（一）卫生医疗保障制度

应该说，巴西国内医疗保障水平比较高，移植器官和透析治疗项目的分配在巴西各政治区划辖区内是有差异的，巴西分为5个大的地区，分别是北部、中西部、东北部、东南部和南部地区。其中南部和东南部地区器官移植和捐献工作发展最快，家属拒绝捐献器官的比率也相对较低。

公共卫生系统支付巴西国内95%的器官移植费用，在私立医疗机构实施的器官移植费用较高，通常由社会医疗保险机构或者患者个人承担[①]。公共卫生系统也为登记患者无限制地提供抗排异药物和器官移植术后维持药物。这种政府支持系统是巴西器官移植工作开展的支柱，政府为器官衰竭患者提供药物和治疗的模式同巴西控制艾滋病的方式类似。

得益于这种公共卫生服务体系，从器官移植绝对数量上来看，巴西排在世界第三（前两名分别为美国、中国）[②]。如果综合考虑到巴西卫生费用总支出仅占到GDP的8.8%这一比例，巴西器官移植项目取得的成效远超过了预期。

（二）器官移植医护人员的教育培训

巴西国内从事器官移植手术的医师受教育程度都很高，绝大多数医师均接受过欧洲或美国专业的医学训练，并取得留学研究生学历。而这些医师接受外国留学教育的费用由政府专门资助[③]。

目前243家器官移植中心，器官移植医务人员充足。因此，对于巴西器官移植体系来说，其并不缺乏实施器官移植手术的医疗设备、医疗技术和专业的医疗服务人员，高水平的医疗保障水平免除了患者的经济忧虑，唯一缺乏的就是可用于器官移植的人体器官。

（三）登记信息系统及术后根据跟踪

在建立信息系统时，巴西注重器官移植患者全面的信息收集工作，不但做好器官捐献登记、器官移植患者等待者名单登记，也将信息系统覆盖到术后跟踪方面，这体现了对器官移植手术质量的重视。

同时，对于收集和记录接受器官移植患者的术后跟踪数据，进行科学分析，以评

---

① J. O Medina-Pestana, Vaz. M. L. Sand Park. S. I, Organ Transplant in Brazil [J]. Transplantation Proceedings, (2002), 34: 441-443.

② 数据对比参见 IRODaT，2013年度报告。

③ Garcia VD, Santiago-Delpin E. Transplantation in Latin America, 2009 report: 1Y86.

价国内器官移植效果。从某种程度上说，提高器官移植手术者存活时间也是对器官捐献者的尊重，对捐献器官的充分有效利用。

六、综合小结

综合巴西器官捐献与移植的突出特色，可以简要概括为：①在借鉴西班牙器官捐献立法的同时，根据国内国情和民众的认识适当修订，以获得民众的支持；②为了保证公正合理的器官分配，巴西采用器官分配评分系统，减少人为干预，提高分配的科学性；③在器官捐献和移植体系组织建设上，将全国划分为10个区，并且一个区仅设一个OPO，依托于公立医院或大学附属医院，避免地区冲突或地区协调不畅；④在医疗人员培养上国家给予了大量的辅助，在器官供体缺乏的困境下，通过提高移植手术的质量来发挥器官的功用。国家提供资金给予器官移植医师深造的机会，良好的职业化和专业知识的培训是器官移植质量的保证；⑤在医疗保障水平上，器官移植医疗费用的覆盖程度高，为贫穷的患者提供了器官移植的机会，保证了器官分配和移植的公平性。

尽管巴西的器官移植工作仍有不足，但在器官移植工作中的成绩有目共睹。这有赖于政府对于器官衰竭患者提供类似于艾滋病控制的优惠治疗条件，政府卫生部门在器官移植工作中在规范、器官分配、资金支持和政策执行方面积极参与，这些要素是巴西如今取得器官捐献成绩不可或缺的因素。

第七章

我国器官捐献与移植的运行机制

自 2010 年 3 月，原卫生部与中国红十字会总会共同启动了公民逝世后器官捐献试点工作，并于 2013 年 2 月在全国范围内开展以来，在原国家卫生和计划生育委员会与中国红十字会总会的通力合作下，人体器官捐献与移植工作取得积极进展。2010年至 2019 年年底，已累计完成公民逝世后器官捐献 2.7 万余例，捐献体积较大器官突破 7.8 万个。2019 年，全国完成公民逝世后器官捐献 5818 例，捐献器官数量 17 728 个，实施器官移植手术 19 449 例。捐献、移植数量均位居世界第二位[1]。

自 2007 年 5 月 1 日实施《人体器官移植条例》以来，国家卫生健康委员会（以下简称"卫健委"）陆续出台了 30 多个配套文件，初步形成我国人体器官捐献与移植工作体系，具体包括五个组成部分：①人体器官捐献体系，由中国红十字会总会作为第三方参与人体器官捐献的体系；②人体器官获取与分配体系，实现规范的器官获取和信息化的器官分配与共享；③人体器官移植临床服务体系，由 169 所具有开展人体器官移植技术临床服务资质的医院组成；④人体器官移植后科学登记体系（目前已改称为人体器官移植质控体系），由人体捐献器官获取和移植等质控中心组成；⑤人体器官移植监管体系，卫生健康行政部门负责人体器官捐献与移植的监管工作。随着体系建设的不断完善和捐献率的提升，形成了获得国际社会广泛赞誉的人体器官捐献"中国模式"。

在器官捐献率日益提升的今天，为了让这个光荣的事业行稳致远，我们还需要进一步思考，以使得我国的人体器官捐献和移植事业能够健康发展。

---

[1] 数据来源：国家卫生健康委员会对十三届全国人大三次会议第 7532 号建议的答复，2021 年 2 月 10 日发布。

第一节 器官捐献与移植管理机构

为了进一步加强器官捐献与移植管理工作,国家卫生健康委员会和中国红十字会总会设立了中国人体器官捐献与移植委员会、中国人体器官捐献管理中心(CODAC)。截至目前,我国已建成人体器官捐献和移植体系,涉及多个部门机构,包括国家卫生健康委员会、中国红十字会总会、中国人体器官捐献管理中心、器官获取组织、器官移植中心(医院)。未来,我国应该进一步明确参与器官捐献和移植工作的各个组织机构的职能与权责,理顺各个组织机构之间的关系,结合我国目前的国情,同时借鉴器官捐献和移植事业推进良好的国家的先进经验,形成一套公正合理、权责清晰、分工明确、运行高效的组织架构和工作体系。本节在梳理各方职能划分、组织人事、业务开展权限方面关系的基础上,对今后各方的角色定位及职责提出更加明确的建议,通过对各方角色定位和职责的梳理,希望能够确保国家统筹器官捐献管理工作的权威,保证器官捐献和移植工作的有序进行。

一、建立国家卫生健康委员会主导下的器官移植行政统筹管理与监督机构

人体器官移植作为特殊的医疗卫生服务,具有一定的公共性,但因移植的器官是私人的,因而具有公共性和私人性的双重属性,其双重属性决定了既不能交由市场自由交易,又不能违背个人意愿强行分配。因此,这就需要政府的公共政策和行政手段加以规范。作为医疗卫生事业的一部分,建立全国人体器官捐献与移植网络体系,国家卫生健康委员会责无旁贷。作为政府卫生事业主管部门,其也有优势整合器官捐献与移植各种资源与各方利益关系。

我国现行的器官捐献和移植体系由人体器官捐献体系、人体器官获取与分配体系、人体器官移植临床服务体系以及相关质控体系和监督管理体系等五个部分组成。以澳大利亚器官捐献与移植体系为例,澳大利亚器官捐献和移植体系包括以器官捐献管理局为核心的行政管理机构进行器官捐献登记、器官移植登记、器官获取、器官分配。两者相比,面向未来我国器官捐献和移植体系,应完善行政主导的全国统一的器官捐献和移植网络体系,这也是我国卫生健康部门应有的职责。

《人体器官捐献和移植条例》第3条规定:"国家通过建立人体器官捐献和移植工作体系,推动人体器官捐献,规范人体器官获取和分配,加强监督管理。"我国器官捐献和移植工作由国家卫生健康委员会负责全面统筹和监督管理。《伊斯坦布尔宣言》《WHO关于人体器官捐献指导原则》等国际性文件也要求各级政府建立器官捐

献与移植监督管理体系。政府在中国各个部门中，国家卫健委和地方各级卫生健康部门更易于整合和管理器官捐献的各类信息，建立科学全面的信息系统，协调全国医院进行器官移植手术，负责监管器官移植工作。国家卫健委对器官捐献移植工作的统筹管理工作具体表现为以下三个方面：

第一，就规章制度制定来看，国家卫健委在器官捐献与移植工作方面应承担如下职责：制定与器官捐献和移植相关的政策法规、规章条例，为我国器官捐献和移植事业的运行提供切实可行的法律依据与法律保障，使得我国器官捐献和移植事业能够依法运行，促进器官捐献和移植工作制度化、法治化、规范化。

第二，就统筹管理来看，国家卫健委负责全国的统筹管理工作，对器官捐献与移植的统筹监管属于国家卫健委的法定职能。同时，因为器官捐献管理工作有其专业性，广泛且细碎，可借鉴澳大利亚、英国等国家的经验，专设器官捐献管理机构，该机构接受卫健委的直接领导，全权负责全国器官捐献体系设计和运行等工作。基于现实情况考虑，也可以由中国人体器官捐献管理中心承担一定的职责。

第三，就制度监督来看，卫生健康行政管理部门应当对涉及器官捐献与移植的各方主体实行严格的监督，主要包括对器官捐献协调员、器官获取组织（OPO）、器官移植医疗机构等的监督管理，以确保器官捐献和移植事业行稳致远。

二、建立以器官捐献管理中心为核心的器官捐献运行机构

建立一个全国的组织网络，需要中央和各级卫生行政部门的推动力量与资源投入，在我国整合资源的专门执行机构便是中国人体器官捐献管理中心（CODAC）。从国外器官捐献与移植管理体系建设的经验来看，器官捐献体系建设离不开运行机构的统一管理。美国卫生部虽不直接管理器官捐献工作，但设立了由政府授权的器官获取和移植网络（OPTN）/器官资源共享网络（UNOS）来规范与管理移植中心及器官获取组织；西班牙卫生和社会事务部设立了国家器官移植协会（NTO），作为器官移植的协调机构，负责统筹全国的器官移植和分配工作，没有通过NTO的移植均被视为违法行为；英国的器官与移植事业则由国家卫生服务系统血液与移植管理处（NHSBT）管理，该机构的前身可以追溯到1972年成立的国家器官匹配和分配服务系统，经过多年发展，已经摸索出了一套有效管理人体器官捐献的办法；澳大利亚器官组织捐献和移植管理局（OTA）于2009年1月1日组建成立，致力于具体改革措施的实施，并建立了包含整个国家所有地区在内的以器官捐献管理机构为主导、专门的医疗和护理专家为基础、联系器官捐献人和移植受体的全国性协调网络。

我国器官捐献与移植体系建构之初，器官捐献体系由卫健委与红十字会共同管

理，具体由国家卫健委与红十字会共同指导的中国人体器官捐献管理中心作为器官捐献和移植的管理机构。中国人体器官捐献管理中心成立于 2012 年 7 月，其人事隶属于红十字总会，组织结构设置依托于红十字会。在职责上，中国人体器官捐献管理中心统筹负责全国人体器官捐献宣传动员、报名登记、捐献见证、公平分配、激励救助、缅怀纪念及信息平台建设等工作。

根据新修订的《人体器官捐献和移植条例》第 5 条的规定，红十字会依法参与、推动人体器官捐献工作，开展人体器官捐献的宣传动员、意愿登记、捐献见证、缅怀纪念、人道关怀，此外还应加强对人体器官捐献组织网络和协调员队伍的建设和管理工作。就目前运行情况看，中国人体器官捐献管理中心作为器官捐献统筹协调机构，主要负责全国器官捐献与移植工作的管理，从权限上来看，应当包括以下内容：①做好全国人体器官捐献登记工作；②参与器官捐献过程并予以见证；③搭建全国器官捐献和移植信息平台，收集、整理、分析并共享全国范围内的器官捐献和移植数据与信息；④受理捐献者的器官捐献申请，制作并维护捐献者名单；⑤定期组织器官捐献和移植工作人员的培训学习；⑥与红十字会配合，做好为器官捐献的社会动员工作和宣传教育工作。这些工作也都在《人体器官捐献和移植条例》第 5 条的授权范围内容，仍然需要大力推动，且在法定职能之外探索新的形式，以推动我国器官捐献事业的发展。

此外，中国人体器官捐献管理中心在器官捐献与移植管理工作中为统筹协调机构，离不开其他部门和社会团体的帮助。以目前器官转运现状为例，移植医院在运送供移植器官时，由于供移植器官具有紧迫性和时效性，离不开交通运输行业的配合。原国家卫生计生委等六部门曾联合下发了《关于建立人体捐献器官转运绿色通道的通知》，航空公司、机场、空管等相关单位联手，开通了空中"绿色通道"[①]。此次新修订的《人体器官捐献和移植条例》将该做法吸收规定于第 22 条，同时将遗体器官运送的"绿色通道"由航空扩展到铁路和交通运输部门。因此，器官捐献管理中心除履行自己分内的职责外，也应当协调公安、民政、交通部门等资源，配合做好器官捐献工作。

三、建立以各级红十字会为主体的器官捐献业务指导机构

红十字会作为从事人道主义工作的社会救助团体，以发扬人道、博爱、奉献精神，保护人的生命健康，促进人类和平进步事业为宗旨，《中华人民共和国红十字会法》

---

① 2016 年 5 月 10 日首例"绿色通道"转运人体器官成功. 来源：北京日报，网址 http://news.xinhuanet.com/health/2016-05/10/c_128972477.htm.

中规定中国红十字会应当履行的职责包括:"普及卫生救护和防病知识,进行初级卫生救护培训,组织群众参加现场救护;参与输血献血工作,推动无偿献血;开展其他人道主义服务活动。"

追溯红十字会参与器官捐献工作的授权,可源于两份具体的法律文件。一是2007年颁布的《人体器官移植条例》第4条第2款规定:"各级红十字会依法参与人体器官捐献的宣传等工作。"2023年修改的《人体器官捐献和移植条例》第5条进一步确认了红十字会的职权。二是2010年1月25日,原卫生部向中国红十字会总会发出《关于委托中国红十字会开展人体器官捐献有关工作的函》(卫医管〔2010〕25号),正式委托红十字会开展器官捐献有关工作。另外,国务院2012年颁布的《关于促进红十字事业发展的意见》中明确指出:"支持红十字会依法开展遗体、人体器官捐献工作,探索在省级以上红十字会设立人体器官捐献救助基金,为捐受双方提供必要的人道救助。"①

因此,根据《人体器官捐献和移植条例》赋予其的责任,红十字会作为人道主义工作的社会救助团体,组织开展人体器官捐献工作,不仅是"人道、博爱、奉献"精神的体现,更是国家法律文件的要求和政府的信任。

2023年新修订的《人体器官捐献和移植条例》第5条明确规定,"红十字会依法参与、推动人体器官捐献工作,开展人体器官捐献的宣传动员、意愿登记、捐献见证、缅怀纪念、人道关怀等工作,加强人体器官捐献的组织网络、协调员队伍的建设和管理。"应该说,这一条的规定,不仅明确了红十字在器官捐献中的法律地位,而且列明了红十字会在器官捐献工作的具体职能,有助于红十字在既有基础更加深度地参与人体器官捐献事业。

四、建立以人体器官捐献与移植委员会为中心的政策制定机构

2014年3月,原国家卫生计生委与中国红十字会总会将人体器官移植技术临床应用委员会与中国人体器官捐献工作委员会合并,成立中国人体器官捐献与移植委员会。中国人体器官捐献与移植委员会由原国家卫生计生委主导,受原国家卫生计生委和中国红十字会总会领导。同时,由省级卫生行政部门和省级红十字会共同设立省级人体器官与移植委员会,负责本省的相关器官捐献与移植工作。

从职能上看,中国人体器官捐献与移植委员会是专门负责我国器官捐献和移植事

---

① 《国务院关于促进红十字事业发展的意见》国发〔2012〕25号,网址 http://www.gov.cn/gongbao/content/2012/ content_2198881.htm.

业的政策制定机构，主要职能在于对全国人体器官捐献和移植的管理工作进行顶层设计，并拟定有关政策措施。

第一，人体器官捐献和移植委员会的成员构成应尽可能地囊括与我国器官捐献与移植事业有关领域的人士。除现职或退休的卫生健康部门官员和红十字会方面的相关人员外，中国器官捐献与移植委员会的成员还应该包括移植医学专家、法律专家、伦理学家、计算机信息技术专家等。

第二，中国人体器官捐献与移植委员会的具体职责应作如下安排：①制定器官捐献与移植的相关政策、规章制度及管理办法，设计并优化我国器官捐献与移植的工作体系和工作流程；②对人体器官捐献体系、人体器官获取和分配体系、人体器官移植临床服务体系、人体器官移植术后登记体系、人体器官移植监管体系进行统一协调和指导；③评估审核医疗机构人体器官移植临床技术能力及管理水平，并将评估结果上报卫生健康行政部门进行依法管理；④垂直领导中国人体器官捐献管理中心（办公室），监督管理中国人体器官捐献管理中心（办公室）的运营。

五、发展依托区域医疗机构的器官移植机构

医疗机构在器官捐献和移植工作中起着关键作用，在器官捐献知识的宣传和讲解方面有专业优势，在捐献器官的获取、保存、移植和术后追踪环节中医疗机构（医务人员）不可或缺。因此，在构架我国人体器官捐献体系过程中，发挥医疗机构的作用，科学定位医疗机构的工作流程，协调我国人体器官捐献管理组织和医疗机构的作用尤其重要。

医疗机构与器官捐献和移植相关职能主要为：器官获取组织（OPO）、器官移植中心（OTC）、器官协调员（coordinator）。以上组织（小组）均依托各医院开展业务，OPO和OTC的资质由各省级卫生行政主管部门审批，而医院器官协调员均须经中国人体器官捐献管理中心统一组织实施的培训和资格考试。

在构建我国人体器官捐献工作体系中，医疗机构主要承担"人体器官移植临床服务体系"和"人体器官移植质控体系"的建设。为了进一步规范医疗机构与器官移植相关组织的行为，本书提出如下政策建议：

第一，做好医院器官协调员的培训与队伍建设。以器官捐献为兼职工作，行政隶属上仍然属于医院，发挥在器官捐献宣传劝解中的专业优势，各地方器官移植管理机构提供工作经费和补贴。

第二，以省级区划为标准，整合器官获取和器官移植设备、医疗人力资源，各省将器官移植资质归定点医疗机构（一个省仅特定3~5家医院作为定点，定在重点城

市，以整合器官移植资源，协调器官移植、分配及社保配套制度）。

第三，OPO 的设置可以脱离移植手术的医疗机构。设立不依托于特定医院的独立 OPO，器官获取、保存与器官移植组织可相对分属于不同的医疗机构。获取的器官在省级或全国范围内按地域和医学、伦理要求进行科学分配。

六、建立以区域为单位的器官获取组织

以国外器官捐献管理工作的经验来看，OPO 大多以区域为单位存在，在全国范围内形成统一的器官获取组织。以美国、澳大利亚为例，美国的器官移植系统中包括了 59 个 OPO，为全美 287 移植中心提供死者器官。在这 59 个 OPO 中，有 50 个是独立的（私营、非营利性），有 9 个是与公立医院共建的。每个 OPO 都要成为 OPTN 的成员，并受 UNOS 的监督和管理。澳大利亚则通过非营利组织库获取器官，澳大利亚器官捐献的眼睛和组织银行（Eye and Tissue Banks，ETB）由器官移植和捐献管理局（TGA）授权与监督。因用于器官移植的器官存在一定地域可及性，因此 ETB 多以不同的器官和州为单位存在。澳大利亚范围内的 ETB 组织联系成一个整体的网络，通过各州的 ETB 机构，可得到全澳大利亚储存和组织银行提供的器官相关信息，从而为患者获取相适应的器官和组织提供了更广阔的平台。

参考上述国家器官获取组织的工作体系，本书认为：

第一，我国也应在全国划分若干个 OPO 服务区，每个服务区中的 OPO 负责该区的器官获取工作并为该区的移植中心提供可供捐献的合格器官。我国的器官获取组织要严格遵守中国人体器官捐献管理中心所制定的准入标准及相关工作规范，通过管理中心的认证并接受管理中心的管理和监督。

第二，我国 OPO 的主要职责应包括：①及时识别、发现潜在捐献人，通过积极的宣传教育工作动员器官捐献。② OPO 还需要对促进器官合理分配的信息进行迅速的交流，并且依据其所服务的地区和相关政策，促进对器官进行公正合理地分配。例如，每个 OPO 在其所服务的地区内如果发现有潜在合格器官捐献者时，应通过器官分配与共享计算机系统进行配对查询，如果没有合适的受体时再扩展到其他服务区。③询问捐献者的捐献意愿，采集捐献者信息，并为捐献者及家庭成员捐献器官提供便利。④与潜在捐献者家属沟通，并评估潜在捐献者的身体状况和医学条件。⑤与移植中心协调获取、保存、运输器官事宜。

即使这两年的数据有所上升，但我国器官捐献和移植事业所面临的核心难题仍是器官捐献率较低，即可供移植的器官来源不足。上述问题虽然在一定程度上与我国传统文化和国民的伦理观念有关，但解决问题的关键仍在制度设计、组织架构、流程安

排等工作体系方面。

未来，我国应该进一步明确参与器官捐献和移植工作的各个组织机构的职能与权责，理顺各个组织机构之间的关系，从而形成一套公正合理、权责清晰、分工明确、运行高效的组织架构和工作体系。

第二节　人体器官捐献协调员

在各国器官捐献与移植管理工作中，均离不开人体器官捐献协调员的付出。协调员在器官捐献过程中起着无可替代的桥梁作用，有人形容协调员："如果说器官捐献者是天使，那么协调员就是引导器官捐献者进入天堂的使者。"这句话实际上也表明了协调员在器官捐献工作中的重要性。器官协调员可以说也是器官捐献管理工作的一大窗口，直接影响着民众对器官捐献者的知晓率和认同感。因此，协调员对器官捐献工作的整体运行具有重要意义。

协调员在我国一度被称为"劝捐者"，很显然，这样的称呼对协调员的工作存在一定的误解。协调员的工作并不是劝患者或家属捐献器官，而是提供器官捐献的信息、资源、方法和意义，让患者与家属全方位地了解器官捐献，在全面了解器官捐献后自愿作出是否捐献器官的决定，无论捐或不捐，患者和家属的选择都将得到尊重。当然，协调员的工作并不仅限于此，协调员可能存在分工的不同。美国的器官协调员就按照分工不同而分类，一是家庭服务协调员（FSC），二是移植协调员（TC）。前者属于全职雇佣，是经过严格训练过的专业人员，在与捐献者家庭沟通中具有丰富的经验。考虑到美国的具体国情，FSC覆盖了各个肤色的种族人群，以便于同种族的协调员与器官捐献家庭之间能进行有效的沟通。而TC尽管也进行了支持和帮助捐献家庭的培训，但他们作为已登记在册的护理人员，具备一定的临床经验，则更多侧重于器官捐献者的医疗管理和移植手术的辅助支持工作。在英国，器官捐献协调员的工作主要是发掘潜在供体，申请获取器官，评估供体和器官质量，登记捐赠供体等。

大部分国家协调员的工作贯穿在器官捐献与移植工作始终，是使器官从获取到移植能够得以实现的关键一环。协调员专业素质的高低影响着器官捐献工作的全局，好的协调员对器官捐献和移植事业的快速发展具有强劲的推动作用，特别是在这一事业的发展初期，国外器官捐献开展较好的国家，其成功的关键因素，除了在器官捐献的规则、立法和管理体系构建与运行等方面已经规范化和制度化外，更在于这些国家和地区普遍建有一支受过特殊培训的专业素质强、管理规范、职业化的器官捐献从业队伍。①

一、我国器官捐献协调员行业现状

早在 2010 年我国正式启动人体器官捐献试点工作时，我国人体器官捐献协调员这一新兴行业已经应运而生。在短短几年内，我国器官捐献协调员做了大量艰辛、繁杂而不为人所知的工作。我国的器官捐献协调员大部分为兼职，出身大多为医生或护理人员。2010 年第一批器官捐献协调员产生，2013 年开始正式要求持证上岗，截至 2021 年 10 月，我国现有协调员总计 2252 人，其中红十字会 950 人，医院 1302 人②。器官捐献协调员在我国是一个新兴且还不被大众所知的行业，目前还存在诸多需要解决的问题，尤其是加强器官捐献协调员工作队伍建设刻不容缓。

（一）法律规定

中国人体器官捐献管理中心是具体承担人体器官捐献工作的国家管理机构，该中心隶属于中国红十字会总会，其负责人体器官捐献的宣传动员、报名登记、捐献见证、公平分配、救助激励、缅怀纪念及信息平台建设等相关工作。2010 年 1 月，原卫生部依据《人体器官移植条例》，委托中国红十字会建立人体器官捐献工作队伍。根据 2013 年 9 月 1 日我国正式施行的《人体捐献器官获取与分配管理规定（试行）》第二章第 9 条对器官捐献协调员应当履行的职责进行了明确规定："向其服务范围内医疗机构的相关医务人员提供人体器官捐献专业教育与培训；发现识别潜在捐献者，收集临床信息，协助器官获取组织的医学专家进行相关医学评估；向捐献人及其近亲属讲解人体器官捐献法规政策及捐献流程，代表 OPO 与捐献人或其近亲属签署人体器官捐献知情同意书等相关法律文书；协助维护捐献器官的功能；组织协调捐献器官获取与运送的工作安排，见证捐献器官获取全过程，核实和记录获取人体器官的类型及数量；人体器官捐献完成后 7 日内，向捐献人近亲属通报捐献结果。"

根据《人体捐献器官获取与分配管理规定》第 3 条：人体器官获取组织（OPO）由外科医生、神经内外科医师、重症科医师及护士、人体器官捐献协调员等组成。实践中，我国人体器官捐献协调员并不都是医务人员，部分由红十字会志愿者转化而来，在实践工作中可能因为缺乏相关医学背景存在一定的工作难度，随着器官捐献和移植

---

① 以西班牙为例，其医疗体系中已经形成了一张从全国到地方的器官捐献协调员网络。正是在协调员的努力下，器官捐献者家属的反对率从 20 世纪 90 年代的 30% 降至 2013 年的 15.3%，使西班牙成为全世界器官捐献率最高的国家。根据西班牙国家移植协会的数据显示，全球每 100 名器官捐献者中至少有 7 名是西班牙人。

② 数据来源于 2022 年 12 月对中国人体器官捐献管理中心主任侯峰忠的访谈。

工作的展开与逐渐成熟，我国无医学专业背景的器官捐献协调员或将退出人体器官捐献协调员岗位。中国人体器官捐献管理中心印发《人体器官捐献协调员管理办法》规定，器官捐献协调员是承担捐献者的器官维护、捐献见证等多项任务的一个专业岗位，需要通过专业的技术培训及考核，"省级人体器官捐献办公室对人体器官捐献协调员资质每年审核一次，兼职人体器官捐献协调员经本人申请，并经省级人体器官捐献办公室对其工作态度、业务水平进行评估后，可成为专职人体器官捐献协调员"。今后，我国的器官捐献协调员应以医学专业人士为主，此前以红十字会志愿者身份出现的专职协调员如果无法通过专业的技术培训及考核，将退出协调员队伍，但仍可以作为志愿者参与器官捐献宣传员工作。

（二）资格认定

《人体器官捐献协调员管理办法》规定，"人体器官捐献协调员应符合以下条件：热爱人体器官捐献事业；红十字会或医疗机构的正式或聘用人员；掌握一定的专业知识；无不良行为记录"。

人体器官捐献协调员由人体器官捐献管理中心统一管理。无论专职和兼职人体器官协调员均须本人申请，经所属医院同意后，报省级人体器官捐献管理办公室批准，经省级人体器官捐献管理办公室批准后，报中国人体器官捐献管理办公室备案，颁发由中国人体器官捐献管理办公室统一认证的人体器官捐献协调员证件。

（三）行为规范

根据我国协调员的分类不同，其职责也不尽相同。专职协调员的职责包括：负责开展人体器官捐献的知识普及、宣传和咨询工作；与潜在捐献者家属进行沟通交流，讲解器官捐献的基本常识和重要意义及相关政策等；指导捐献者或其亲属填写捐献志愿书、登记表；见证器官分配，联系器官获取组织；见证器官获取和运送过程；负责捐献完成后相关资料（本人或家属签名的人体器官捐献志愿书、登记表、户口本、身份证、死亡证明、结婚证、出生证明等）的收集、整理和上报；参与协调对捐献者家属的慰问及缅怀纪念等工作；人体器官捐献管理办公室安排的其他工作。兼职协调员的工作主要在于普及人体器官捐献基本知识和发现潜在的器官捐献者，并及时通知专职人体器官捐献协调员。

无论是专职还是兼职协调员，都必须"遵守国家相关法律法规，认真履行职责；每个器官捐献案例原则上应由两名人体器官捐献协调员负责办理，具体由人体器官捐献管理办公室根据实际情况安排；在实施人体器官捐献前，应确定捐献手续齐全有效，并将捐献者情况及人体器官捐献志愿书、登记表报告省级人体器官捐献管理办公室；充分尊重人体器官捐献者及其家属的捐献意愿，严格保护器官捐献者及其家属的隐私及其他相关信息；不得以人体器官捐献协调员身份从事任何营利或其他违背社会公德的行为"。

（四）职业发展

器官捐献协调员在我国目前作为一个新兴职业，因其工作属性既存在发展的希望和曙光，也有一些问题亟待解决。

首先，协调员的定位应逐步专职化。专职协调员和兼职协调员，两类协调员的职责不同。兼职协调员的任务就是宣传器官捐献并在发现潜在的捐献者后通知专职协调员。专职协调员的工作则贯穿器官捐献始终，理论上器官捐献工作应当以专职协调员为主，兼职协调员为辅。但在实际工作中，兼职协调员因为直接接触患者的原因，承担了捐献者信息收集的重要工作，专职协调员却因为数量少，红十字会的其他工作或者工作地点的不定，缺乏承担收集信息工作的条件。但往往捐献之前的信息收集和说服工作是器官捐献工作的重头戏。因此，实际操作中器官捐献协调员的工作职责分配不清，兼职协调员既要处理自己的本职工作，又要承担过重的器官捐献工作；既要进行自己本职工作的学习，又要参加器官捐献协调员的相关培训和学习，工作任务重，压力大，难以长久承担。因此，我们应发展一批有医学实践背景的专职协调员队伍。

其次，协调员的职业待遇有待明确。协调员在我国虽然是新兴职业，具有很大的发展潜力，但目前我国协调员的工作基本靠情怀，无论是兼职还是专职协调员，都是没有报酬的，他们作为协调员的收入只有红十字会发放的少量补贴。此外，协调员面临的精神压力大，协调员在开展器官捐献协调工作时面对的一边是众多迫切等待移植的患者，另一边是刚刚或即将失去亲人的家属，无论是哪一方面，无论理不理解协调员的工作，协调员所面临的精神压力都是沉重的。由于协调员的薪酬体系不完善，工作任务重、工作时间不固定、工作压力大，工作内容被误解，种种原因造成了协调员的大量流失，协调员队伍人数不足，导致器官捐献事业难以顺利开展。

最后，协调员的考核有待进一步规范。协调员作为器官捐献工作开展的主力，入门门槛应当较高，除具备一定的相关专业医学知识、良好的沟通协调能力和工作态度外，还必须经过一定的专业培训，并通过考核后才能执业上岗。国家卫健委应协调人力资源与社会保障部进一步规范器官捐献协调员的准入制度。

人体器官捐献协调员队伍建设问题既是一个职业问题，又关乎整个器官捐献管理整体工作的运行，如何改善协调员行业现状，建设一支高质量的协调员队伍是开展器官捐献管理工作首先要考虑的基础性问题。

二、器官捐献协调员队伍建设的重点

人体器官捐献协调员作为一个国家器官捐献管理工作开展的对外窗口，直接影响着民众对器官捐献工作的认知与配合度，好的器官捐献协调员能带领器官捐献工作的顺利开展，推动捐献事业健康、快速发展。因此，如何建设高质量的器官捐献协调员队伍是器官捐献管理工作开展的关键。

（一）专业培训与考核

器官捐献协调员的工作任务繁杂，既要熟知捐献过程中遇到的医学问题，又要协调医院、患者、家属、捐受双方等各方主体，还要解决可能遇到的患者家属的不解。因此，一名合格的器官捐献协调员其具有的专业素质不仅包括专业的医学知识、良好的协调沟通能力、熟悉有关器官捐献的法律法规和医学伦理学知识，还要具有一定的心理排压抗压技巧。现在我国还严重缺乏这类人才，这些只有通过系统、专业的培训和严格、规范的考核走专业化与职业化的道路才有可能实现，并需要政府机构、医疗机构、高等院校等多个部门的共同参与协作，通过职业准入、职业定位、教育培训、考核评定等一系列程序和环节才能切实保证。

未来可以考虑通过设立全国统一、规范的器官捐献协调员从业资格考试，保证作为一名合格的器官捐献协调员所需的专业素养和相关法律法规知识；对考试合格的器官捐献协调员定期进行专业的心理抗压能力和技巧培训，重点培养他们的沟通、协调等能力；对已经执证上岗的器官捐献协调员设立专业的定期考核机制和继续教育制度，使之最终能够符合对器官捐献协调员的能力要求，组建一支高质量的器官捐献协调员队伍。

（二）制度监管与法律约束

器官捐献事业是一项关系到每个国民切身利益的事业，器官分配是对社会稀缺资源的分配，只有赢得了公众的信任和支持器官捐献这一项公益事业才能良性发展。而器官捐献协调员作为器官捐献管理工作对外的窗口，只有将其出众的工作能力和良好的职业道德操守展现给公众，才能真正受到公众的信任和认可。

如何规范器官捐献协调员的管理也是目前我国器官捐献管理工作迫切要思考的问题。本书认为必须从伦理规范上强化其职业伦理和道德操守意识；从法律上制定严密的法律法规将其行为严格限定在应有的权限框架内，以确保器官捐献行为合规合法，保证供体器官质量，实现捐献者或捐献者家属的夙愿，并且更好地保障移植接受者的安全性，赢得公众对整个人体器官捐献体系的信任和信心；从制度上建立良好的器官捐献协调员监督制度，器官捐献协调员的工作不应仅接受卫生管理部门、红十字会的监督，更应能够接受各地区、各医院伦理委员会的监督及社会各界的监督，监督制度的设计要保证器官捐献协调员的工作能够公正、公开、合理、透明地进行。

（三）薪酬体系与工作报酬

优秀的器官捐献协调员不仅要经过专业医学知识的培训和教育，还需要通过资格考试，并接受定期考核和相关能力培训，既掌握了专业的医学知识，又具备良好的沟通协调和突发事件处理能力，能够保证24小时随叫随到，还能以良好的心态应对他人的误解，这样的工作性质和工作能力要求高薪待遇并不为过。即使协调员抱着帮助更多需要帮助的患者重获生命希望的愿望进入这一行业，但情怀并不是能够支持这一行业持续稳定发展的动力。组建高质量的协调员队伍，就不应该也不可能要求协调员只依赖情怀工作。如果将协调员作为一个职业，就要保证其对高质量人才的吸引力。因此，设计良好的薪酬体系是保证器官捐献协调员行业健康发展所需。

协调员的薪酬应与其付出相匹配，卫生主管部门在发展器官捐献事业之初应对器官捐献事业给予一定的扶持。因此，器官捐献事业初期，协调员的薪酬应由卫生主管部门负担，随着器官捐献事业的发展，可以筹建人体器官捐献管理基金，协调员的薪酬可以由人体器官捐献基金自行负担。协调员的薪酬体系要科学合理，既要体现协调员的工作价值，又不能损害患者和捐献者的利益，科学合理的协调员薪酬体系既对吸收更多协调员具有促进作用，又能保证协调员的工作积极性，从而促进器官捐献事业的健康发展。

第三节 人体器官获取组织

器官捐献与移植工作中，捐献器官严重不足已经成为众所周知的难题。随着各国对器官捐献的愈加重视，如何有序地获取器官，进行器官获取组织（OPO）的建设和管理，大多数国家都有各自的思路和路径。以美国为例，美国是器官移植工作开展较早，在经历了一段无序化管理后，已逐步建立了比较健全的公民死亡器官捐献与移植管理体系。2003年，美国健康和人类服务部提出了"器官捐献突破性协作"项目，并于同年10月正式实施，短短几年间，美国的捐献率得到了显著增长。美国根据地区分布建立了59个OPO，OPO分布在美国不同的地区，每个OPO都要成为OPTN的成员，并受UNOS的监督和管理[1]，形成了器官获取网络体系，对器官捐献与移植

---

[1] Howard M. Nathana, Suzanne L. Conrad, Philip J. Held, et al. Organ donation in the United States [J]. Am J Transpl, 2003, 3（4）: 29.

起着重要作用。

一、我国对器官获取的法律规定

《人体器官捐献和移植条例》第 17 条规定："获取遗体器官前，负责遗体器官获取的部门应当向所在医疗机构的人体器官移植伦理委员会提出获取人体器官审查申请。"器官获取应当经过人体器官移植伦理委员会通过，否则不得获取器官。

人体器官移植伦理委员会负责管理、监督人体器官的获取。《人体器官捐献和移植条例》第 18 条规定，"人体器官移植伦理委员会收到获取人体器官审查申请后，应当对下列事项进行审查：①遗体器官捐献人的捐献意愿是否真实；②有无买卖或者变相买卖遗体器官的情形。经 2/3 以上委员同意，人体器官移植伦理委员会方可出具同意获取人体器官的书面意见"。

《人体器官捐献和移植条例》第 29 条对医疗机构获取活体器官应履行的义务也进行了相关规定。获取活体器官的义务包括："①向活体器官捐献人说明器官获取手术的风险、术后注意事项、可能发生的并发症及其预防措施等，并与活体器官捐献人签署知情同意书；②查验活体器官捐献人同意捐献其器官的书面意愿、提供活体器官捐献人与接受人存在本条例第 11 条规定关系的证明材料；③确认除获取器官产生的直接后果外不会损害活体器官捐献人其他正常的生理功能；④从事人体器官移植的医疗机构应当保存活体器官捐献人的医学资料，并进行随访。"规定获取遗体器官，"应当在依法判定遗体器官捐献人死亡后进行。从事人体器官移植的医务人员不得参与捐献人的死亡判定"。

根据国家卫生健康委员会颁布的《人体捐献器官获取与分配管理规定》，"省级卫生行政部门必须在国家卫生健康委员会的统一领导下，成立一个或多个由人体器官移植外科医师、神经内外科医师、重症医学科医师及护士等组成的人体器官获取组织（OPO）"。OPO 是国家授权省级卫生行政部门成立的官方器官获取组织，OPO 的有关管理规范由国家卫生健康委员会另行制定。除 OPO 外，任何获取器官的单位或组织均为非法组织。

《人体捐献器官获取与分配管理规定》规定我国 OPO 的职责为："①对其服务范围内的潜在捐献人进行相关医学评估；②依照《人体器官捐献的移植条例》的规定，与捐献人或其配偶、成年子女、父母签订人体器官捐献知情同意书等人体器官捐献合法性文件；③维护捐献器官的功能；④将潜在捐献人、捐献人及其捐献器官的临床数据和合法性文件录入中国人体器官分配与共享计算机系统；⑤使用器官分配系统启动捐献器官的自动分配；⑥获取、保存、运送捐献器官，并按照器官分配系统的分配结果与获得该器官的人体器官移植等待者所在的具备人体器官移植资质的医院进行捐献器官的交接确认；⑦对捐献人遗体进行符合伦理原则的医学处理，并参与缅怀和慰问工作；⑧保护捐献人、接受人和等待者的个人信息，并保障其合法权益；⑨组织其服务范围内医疗机构的相关医务人员参加专业培训，协助卫生行政部门对人体器官捐献协调员进行定期的培训和考核，开展学术交流和科学研究；⑩向社会公众提供人体器官捐献知识的普及、教育、宣传等。"

OPO 由人体器官捐献协调员构成，按照规定："OPO 必须组建具备专门技术和资质的人体器官捐献协调员队伍，制定潜在捐献人识别与筛选医学标准，建立标准的人体捐献器官获取技术规范，配备专业人员和设备，以确保获取器官的质量。"

二、我国器官获取组织的建设

（一）器官获取组织建设的现状

我国器官获取组织（OPO）建设开始于 2011 年，我国首家 OPO 于 2011 年 7 月 1 日在广州军区总医院挂牌[①]。广州军区总医院 OPO 的诞生，是对我国器官捐献与移植事业作出的有益探索，标志着我国器官捐献过程中器官获取工作的起步。

为贯彻落实《人体器官移植条例》，积极推进我国人体器官捐献与移植工作体系建设，国家卫生健康委员会人体器官移植技术临床应用委员会决定成立中国医院协会 OPO 联盟[②]。该联盟专注于我国 OPO 的行业管理，严格依据《人体器官移植条例》规定，积极协助国家卫生行政主管部门，制定 OPO 行业准入标准和技术规范，实施 OPO 资质行业认证，对地方 OPO 实行业务指导与行业监督，参与人体器官捐献人道主义救助工作，为联盟会员提供技术培训、组织国内外学术交流活动等。

（二）器官获取组织建设对策

器官获取组织（OPO）是专门为器官捐献获取而成立的，器官获取实际上是器官捐献与移植的中间环节，如何设计这一环节，又该如何将 OPO 放在正确的位置是目前 OPO 建设的重点。OPO 专门为了器官获取而成立，是非营利性的组织，通过获取捐献器官，将捐献器官信息录入器官分配系统，等待移植器官分配后将分配好的器官运送给移植医院，完成与移植医院的交接。

本书认为 OPO 作为承担器官获取任务的机构，必须要具备相当程度的器官获取能力。因此，器官获取机构不可能独立于医院而单独存在，如何保证 OPO 运营的合

[①] 参见网易新闻网新闻：2011 年 7 月 4 日国家首家器官获取组织（OPO）挂牌。网址 http://news.163.com/11/0704/12/784BCHGL00014JB6.html.

[②] 参见中国医院协会网官方网站，http://www.cha.org.cn/plus/list.php？tid=309.

规应从以下三点入手：①器官获取与器官捐献流程分割开来。由红十字会的专职协调员负责器官捐献事宜，包括器官捐献宣传、提供捐献信息，以及筹备器官捐献相应的手续。OPO 的兼职器官捐献协调员在发现潜在器官捐献后立刻通知专职协调员，而非自己与之沟通。②接受伦理委员会的监督[①]。OPO 获取捐献器官之前，应当由伦理委员会对器官捐献者进行审查，由独立的专家团队判定脑死亡，然后才能由 OPO 获取器官，器官获取过程应接受伦理委员会与红十字会的监督；③ OPO 获取的器官由器官分配系统分配。器官分配不进系统是滋生私下交易的温床，也是难以取得民众信任的罪魁祸首。因此，任一 OPO 获取的任何器官都要经由器官分配系统，按照器官分配基本原则和核心政策进行分配。

第四节　我国人体器官分配管理

尽管目前组织工程器官已经取得新进展，但迄今为止及未来一段时间内，器官移植所需要的器官都完全来源于器官捐献。就目前数据来看，器官捐献的数量远低于等待移植的患者数量，随着各国对器官捐献与移植问题的愈加重视，这一问题可能会得到一定好转，但器官不足的状况在短时间内难以得到转变。因此，如何珍惜每一个捐献器官，保证器官的公正分配，发挥其最大效用，是器官分配的基本准则。

曾经，无论什么途径得到的器官都由医师来分配，医师决定应该移植给哪位患者，医师对器官的分配具有决定性的话语权。然而医师的分配标准是否科学，在分配过程中是否纳入了某些私人感情，或者有没有夹杂经济纠葛，这种器官分配方法遭到质疑。因此，器官的不足问题凸显，器官移植等待者数量激增，器官分配问题受到广泛关注。随着各国器官捐献与移植管理工作的开展，器官究竟如何分配，成为器官捐献与移植工作研究的重点。

目前，器官分配工作较为成熟的是美国。美国的器官分配联合网络为 UNOS，是一个独立的非营利组织，1986 年 UNOS 与美国人类和健康服务部签订协议，代表政府管理 OPTN。UNOS 致力于通过管理一个公正有效并覆盖全国的器官移植网络，来持续满足器官移植需求。根据美国联邦法律规定，美国的器官移植中心、器官获取和移植组织、器官组织配型实验室、器官移植科研中心等必须经过 UNOS 的认证，接受 UNOS 的监督。美国的 UNOS 负责建立、维护并运营全国器官分配网络系统，用

---

① 参见"器官能否捐献，伦理委员会说了算"2012 年 12 月 26 日正义网 - 检察日报。网址 http://news.sina.com.cn/o/2012-12-26/061925894920.shtml。

以收集、整理、分析、处理并共享全国范围内的器官捐献和移植数据和信息；制定器官分配政策、完善器官分配制度，以促进器官公正、合理分配。美国的器官分配体系在世界范围内也得到了一定推广，日本的器官移植网络即以美国的 UNOS 为蓝本而建立。

自 2007 年颁布《人体器官移植条例》以来，我国的器官分配得到了原卫生部的重视，并推动相关体系的建设。我国的器官分配体系分为两大部分：一是国家制定的器官分配政策，二是依据器官分配政策设计的器官分配系统。

一、器官分配政策

根据 2023 年颁行的《人体器官捐献和移植条例》第 20 条规定："遗体器官的分配，应当符合医疗需要，遵循公平、公正和公开的原则。具体办法由国务院卫生健康部门制订。"[①] 根据《人体器官捐献和移植条例》的这一规定，卫生健康部门有权制定器官分配的管理办法。我国卫生健康部门先后出台了两个器官分配管理相关的文件，确定了我国器官分配的基本原则和核心政策，分别为原卫生部 2010 年出台的《中国人体器官分配与共享基本原则和肝脏与肾脏移植核心政策》和 2013 年颁布的《人体捐献器官获取与分配管理规定》。2018 年国家卫生健康委员会对 2010 年下发的《人体器官分配与共享基本原则和核心政策》进行了修订，形成了新版的《中国人体器官分配与共享基本原则》以及肝脏、肾脏、心脏、肺脏分配与共享核心政策。（简称：2018 年版《基本原则与核心政策》）。2019 年国家卫生健康委员会的国卫医发（2019）2 号文下发了新版的《人体器官获取与分配管理规定》，由此可见，我国在器官的获取、分配和共享的工作在不断推进、优化和完善。

（一）基本原则

《WHO 人体细胞、组织和器官移植指导原则》原则九规定了"器官、细胞和组织的分配应在临床标准和伦理准则的指导下进行，而不是出于钱财或其他考虑，由适当人员组成的委员会规定分配原则，该原则应该公平、公正、透明"。这意味着世界卫生组织要求器官分配的核心原则为"公平、公正、公开"。我国在器官捐献与移植管理工作中的器官分配工作也秉持这一原则。我国器官分配的两个文件对这一原则均有规定。2018 年版《基本原则与核心政策》第 1 条第 1 款规定："人体器官分配与共享应当符合医疗需要，遵循公平、公正和公开的原则。"根据 2019 年版《人体捐

---

① 修订后的《人体器官捐献和移植条例》第 20 条规定："遗体器官的分配，应当符合医疗需要，遵循公平、公正和公开的原则。具体办法由国务院卫生健康部门制订。"

献器官获取与分配管理规定》第 25 条规定："捐献器官的分配应当符合医疗需要，遵循公平、公正、公开的原则。"多个文件对"公平、公正、公开"原则的强调体现了该原则在我国器官分配工作中的核心地位。

在"公平、公正、公开"根本原则的指导下，我国器官分配的基本原则包括：

（1）人体器官分配与共享应当符合医疗的需要。

（2）移植医院应当根据医疗的需要，为器官移植等待者选择适宜的匹配的器官。

（3）人体器官分配与共享按照移植医院等待名单、联合人体器官获取组织区域内的移植医院等待名单、省等待名单、全国等待名单四个级别逐级进行器官的分配和共享。

（4）人体器官分配与共享过程中应当避免器官的浪费，最大限度地增加患者接受移植手术的机会，提高器官分配效率。

（5）在确保尽量降低移植等待名单的患者死亡率的前提下，优化捐献器官与移植等待者的匹配质量，提高移植受者的术后生存率和生存质量。

（6）保证器官分配的公平性，减少因生理、病理和地理上的差异造成器官分布不均的情况。

（7）定期对人体器官分配与共享政策进行审核和适当修订。

（8）中国人体器官分配与共享计算机系统负责执行人体器官分配与共享政策，人体器官必须通过中国人体器官分配与共享计算机系统进行分配与共享。

这些分配原则围绕着"公平、公正、公开"的根本原则展开，细化了该原则的要求，并针对我国国情和实际工作中可能遇到的情况，对器官分配工作作出了基本规定。

（二）核心政策

核心政策主要是器官分配的具体执行政策，2018 年 7 月国家卫生健康委员会的国卫医发〔2018〕24 号文件下发了关于肝脏、肾脏、心脏、肺脏的四项核心政策，对器官分配作出了具体而又细致的规定。按照《基本原则和核心政策》的规定，器官分配分为两个阶段：一是数据收集阶段，二是器官分配阶段。

1. 数据收集

数据收集主要用来建立移植等待者名单，按照规定，移植医院必须在分配系统中提交真实、完整、有效的《移植等待者数据收集表》，用于采集移植等待者加入等待名单所需的医学信息以及在等待期间发生的医疗变化。

根据各移植医院提供的《移植等待者数据收集表》建立移植等待者名单。移植等待名单是在未获得器官捐献者器官医学特征的情况下，按照排序规则输出的一个有序的、等待移植手术的患者名单。排序规则根据器官不同而不同，以肝移植等待名单为

例,其排序规则包括:

(1)医疗紧急度评分:所有肝移植等待者在列入肝移植等待名单之前都必须获取一个有效的医疗紧急度评分,按照一定的评分规则评价紧急状态划定分数。

(2)移植等待时间:为消除主观判断和人为因素引起的不公平性,客观地反映肝移植等待者真正等待肝移植的时间,肝移植等待时间的计算应当与肝移植等待者医疗紧急度评分和每个评分的停留时间相结合。

2.器官分配阶段

在得到器官捐献者的器官医学信息后,根据器官捐献者器官的医学特征、移植等待者的医疗紧急度、等待者与捐献者的匹配程度等因素,在分配系统中输出一个有序的移植等待者匹配名单,器官分配给等待者匹配名单首位的等待者。

影响匹配名单排序的主要因素根据器官不同而不同,以肝移植匹配名单为例,主要因素依次为:

在同一个分配区域内的肝移植等待者按照不同的医疗紧急程度进行排序,根据医疗紧急程度由高分到低分进行排列。医疗紧急度评分:符合超紧急状态的肝脏移植等待者在全国分配层级优先分配,不符合者,根据以下地理因素等从高到低进行排列。

地理因素:以移植医院内的移植等待者名单作为基本的分配区域进行器官移植等待者的排序与器官的匹配,并按照移植医院、组建、联合人体器官捐献组织(OPO)的移植医院、省级人体器官获取组织(POPO)分配区域、全国四个层级的移植等待者名单逐级扩大分配区域,直到匹配到合适的等待者。

年龄因素:12岁以下的儿童捐献者的肝脏优先分配给12岁以下的儿童肝移植等待者。血型匹配:肝移植等待者与器官捐献者的ABO血型应当相同或相容。

公民逝世后器官捐献的优先权:为鼓励器官捐献,弘扬器官捐献者挽救他人生命的奉献精神,遗体器官捐献者的直系亲属或活体器官捐献者如需要接受肝移植手术,排序时将获得优先权。活体器官捐献仅在肝脏捐献者需要进行肝脏移植手术治疗,在排序时可以获得优先权。

等待时间:在同一个分配层级内、医疗紧急度评分相同的肝移植等待者,根据等待时间与血型匹配的综合得分进行排序。

根据上述规定,我国器官分配的流程为收集器官移植等待者信息,录入器官分配系统,形成器官移植等待者名单,根据捐献者的器官医学特征列出符合要求的器官匹配等待者名单,给器官匹配者中得分最高的人进行器官分配。

二、器官分配系统

《人体捐献器官获取与分配管理规定》第26条规定："捐献器官必须通过器官分配系统进行分配，保证捐献器官可溯源。"第27条规定："移植医院必须将本院等待者的相关信息全部录入器官分配系统，建立等待名单并按照要求及时更新。"按照上述规定，器官捐献和分配的信息都应录入器官分配系统，并有器官分配系统进行分配。

我国官方器官分配系统为中国人体器官分配与计算机共享系统（COTRS）[1]，2009年由原卫生部委托香港大学李嘉诚医学院研发的，自动分配且不受人干预的器官分配系统[2]。分配系统包括潜在器官捐献者识别系统、器官捐献者登记及器官匹配系统、器官移植等待者预约名单系统。所有器官捐献者的信息都录入分配系统，系统会根据每位患者的病情、等待时间等因素，给予动态评分，依得分高低自动分配捐献器官。这一系统拥有一套复杂的运算系统，它的运算是基于国家卫健委2018年版的《中国人体器官分配与共享基本原则以及四类脏器分配与共享的核心政策》，这套运算系统能在1分钟内自动运算出最匹配的患者名单，且立刻将信息发送给移植医院。

在分配系统中，所显示的等待移植患者的信息只有其相关的编号和所在医院，以及医院器官移植负责人的联系电话，没有任何与患者身份、社会地位或者经济能力有关的信息，负责触发器官分配的器官获取组织甚至也看不到匹配到器官的患者姓名。一旦出现器官捐献者，系统将根据等待者的自身条件与病情，利用复杂数学模型自动进行移植优先顺序排名，并将自动向前5名移植等待者发送短信通知，没有任何可以进行人为干涉的过程。因此，按照系统设计，在完全器官分配的情况下，能真正实现公正透明、非人为干预的器官分配。[3]

三、器官分配建议

我国器官分配的基本原则为公平、公正、公开，如何保证器官分配原则和核心政策的严格执行，其根本手段为保证每一器官都进入计算机分配系统，严格执行器官分配系统的分配结果。

首先，以法律形式规定、落实器官分配的强制性。2019年，卫生健康委员会出台《人

---

[1] 中国人体器官分配与共享计算机系统官网 https://www.cot.org.cn.
[2] 参见搜狐健康专题："如果生命可以分配。"网址 http://health.sohu.com/s2013/cotrs/.
[3] 参见凤凰资讯："中国器官分配：每天17例通过计算机自动分配。"网址 http://news.ifeng.com/a/20150825/44512640_0.shtml.

体捐献器官获取与分配管理规定》，其中明确规定，每一枚捐献的人体器官，都必须进入中国人体器官分配与计算机共享系统。然而，这一规定仅为卫生健康委员会出台的部门规章，器官分配仍然缺乏强制性，后来，2023年底新修订的《人体器官捐献和移植条例》第21条规定：遗体器官应当通过国务院卫生健康部门建立的分配系统统一分配。第40条则规定了未通过分配系统分配遗体器官，或不执行分配系统分配结果的负法律责任。在未来，有必要以法律形式规定器官分配的强制性，宣布未经"人体器官分配系统"分配的器官移植为非法行为，细化法律责任规定，以便促进其进一步落实。

其次，完善器官获取与移植流程。器官分配进入分配系统的前提是器官获取单位OPO将其取得的器官信息录入器官分配系统，在器官获取环节要确保OPO将其取得的器官录入器官分配系统，加强对OPO的管理和监督，保证每一捐献器官能进入系统。另外，各移植医院的OPO团队与移植团队要分离开来，即使为身在同一医院的器官供体和受体，也只有符合器官分配条件时才能予以移植。

第五节 器官捐献与移植的监督机制

相对于在人体器官移植技术层面的迅速发展，我国在人体器官捐献管理机制的建设方面还显相对落后。面向未来，如何解决器官捐献体系建设过程中存在的诸多问题，有效监督器官捐献管理体系，使得我国的人体器官捐献与移植体系能够有效发挥作用，需要有效监督，保证器官捐献与移植体系在合乎伦理道德和法律的基础上有序运行、发展。

一、我国器官捐献与移植的监督现状

人体器官捐献与移植行为不由市场调节，而是因其公共性，作为一项社会公共事务，由国家行政机构依法管理，政府应当通过行政管理和监督有效保证其公共性，杜绝市场机制在现实中影响器官捐献与移植事业，引发器官买卖、资源配置不公和伦理缺失等社会问题。目前我国的器官捐献与移植监管主要分为两大部分：一是卫生健康部门的监管，二是各单位人体器官移植伦理委员会的监督。

二、我国器官捐献与移植的机制设计和法律规定

按照我国的法律与相关文件设计，宏观层面上，器官捐献与移植管理体系接受国家卫生主管部门的监督，各级卫生主管部门监督其管辖区域内的器官捐献与移植；微观层面上，器官捐献与移植行为受到移植医院人体器官移植伦理委员会的审查和监督。

《人体器官捐献和移植条例》第 4 条规定，县级以上地方人民政府卫生健康部门负责人体器官捐献和移植的监督管理工作。第 7 条规定："任何组织或者个人对违反本条例规定的行为，有权向卫生主管部门和其他有关部门举报；对卫生主管部门和其他有关部门未依法履行监督管理职责的行为，有权向本级人民政府、上级人民政府有关部门举报。接到举报的人民政府、卫生主管部门和其他有关部门对举报应当及时核实、处理，并将处理结果向举报人通报。"

《人体器官捐献和移植条例》第 17 条规定："获取遗体器官前，负责遗体器官获取的部门应当向其所在医疗机构的人体器官移植伦理委员会提出获取人体器官审查申请。"第 18 条规定："人体器官移植伦理委员会收到获取人体器官审查申请后，应当对下列事项进行审查：①遗体器官捐献意愿是否真实；②有无买卖或者变相买卖人遗体器官的情形。经 2/3 以上委员同意，人体器官移植伦理委员会方可出具同意获取人体器官的书面意见。"该规定实际上将器官捐献资格，能否进行器官移植，以及在捐献与移植实际操作中的监督权赋予了各移植医院的伦理委员会。

三、我国器官捐献与移植监督体制需要社会共治

人体器官捐献与移植事业不仅涉及这一体系内的多方主体，还可能涉及社会、伦理、司法、教育、文化等诸多方面，需要发展改革、公安、交通、教育、民政、宣传等多个政府部门的配合和支持。因此，各政府部门在协调器官捐献与移植工作时，也可以对医疗卫生行业内的器官捐献与移植事业实行监督，建立互联、互补的合作关系，更有效地保障器官捐献与移植体系的构建和发展。

器官捐献与移植事业作为一项公共卫生事业，关乎公民的人身安全，与每个公民存在紧密的联系，应接受各界媒体和民众的监督。但我国目前医患关系紧张，且部分媒体在面对医患问题上博取眼球，在未了解事情真相时误导民众，引发民众的不满情绪。在民众和媒体监督器官捐献与移植时，一定要保持冷静和理性，在了解事情真相之后发表看法，站在公平、公正的角度进行监督。同时，新闻媒体应当积极开展人体器官捐献公益宣传（《条例》第 12 条第 2 款）。随着政府相关部门和社会各界的逐渐重视，我国器官捐献与移植管理工作取得了包括器官捐献统筹机构成立、器官分配系统上线、器官获取组织的建设及运输等部门合作的诸多成绩，器官捐献管理从无到有，器官捐献与移植管理体系从起步到初步发展，器官捐献与移植管理工作在近几年取得了飞跃性的发展。

同时我们必须清醒地认识到，我国完善器官捐献体系还有很长的路要走。随着器官移植水平的创新与发展，器官捐献水平能否进一步提高，最终决定着器官移植事

业发展的高度。如何进一步提高器官捐献水平，我们既要"立足现实"，即现有的政策和措施应考虑我国已有的政治组织构建、经济发展水平、文化观念和社会风俗，又要"面向未来"，科学的制度构建应具有延续性，这就需要改革者具有长远的眼光，考虑政策的长期逻辑，也要培养一批富有责任感和奉献精神的推动者。此外，还要动员全体民众，使他们认识到器官捐献的积极意义。人民群众作为器官捐献事业发展的基础，得到他们对器官捐献的认可和支持，才能最终实现器官捐献工作的稳定与健康发展。

第八章

器官捐献激励制度

自器官移植技术发展至今已有半个多世纪的历史，随着医疗技术的不断进步、器官保存技术的改进、新的免疫抑制药物的问世，器官移植的种类越来越多，成功率越来越高。它从根本上改变了身患器质性病变的患者只能等死的历史，成千上万患者都可以通过器官移植来延续生命。

目前，器官移植技术日益成熟，公民自愿器官捐献成为全球器官移植中供体器官唯一来源的情况下，单纯的技术进步已不能完成治病救人的初衷。供体短缺已严重阻碍了器官移植救人的步伐。

如何改善供体不足的问题，国内外法学界、伦理界和医学界曾开展过多次讨论，也提出了诸多解决方案。各国为提高器官捐献水平作出了不懈的努力，包括器官捐献与移植体系建设、器官捐献激励制度设计等。

与世界上其他国家相比，我国的器官移植水平自20世纪60年代以来，已经有了快速的发展，就器官移植数量来看，我国已经居于世界前列。但由于我国人数众多，等待移植患者人数多，相比其他国家，捐献率极低。因此，基于我国目前器官捐献国情，建构一套行之有效的激励制度，具有极为重要的理论和现实意义。

第一节　器官捐献激励制度的理论依据

世界各国为促进器官捐献，规范器官捐献行为，打击犯罪，相继开展了器官捐献和移植立法，大多数国家都采纳世界卫生组织的决议精神，禁止器官买卖。禁止器官买卖的理由在于器官是人体的组成部分，虽具有私人性，又因其在医疗活动中的作用而具有了公共性，并不具有商品属性。"商品是为交换而产生的对他人或社会有用的劳动产品"，而器官虽然对他人或社会有用，但其目的在于维持人体的生理功能而不在于交换，且器官不是劳动产品，很显然不符合商品的定义。1983年，美国联邦政府就为立法规定禁止器官买卖提出议案，1984年该法案通过并成为法律实施至今；

澳大利亚现行法律规定，买卖人体器官者将判处监禁和罚款；我国《人体器官捐献和移植条例》第3条规定："任何组织和个人不得以任何形式买卖人体器官，不得从事与买卖人体器官有关的活动。"

自愿捐献的现状并未因禁止器官买卖而得到有效改善，如何提高器官捐献率，是否要建立器官捐献激励制度，首先要解决的就是其正当性的理论依据问题。

一、合理补偿原则

（一）合理补偿原则的内涵

《世界卫生组织人体细胞、组织和器官移植指导》原则五规定，细胞、组织和器官应仅可自由捐献，不得伴有任何金钱支付或其他货币价值的报酬。购买或提出购买供移植的细胞、组织或器官，或者由活人或者死者近亲出售，都应予以禁止。禁止出售或购买细胞、组织和器官不排除补偿捐献人产生的合理和可证实的费用，包括收入损失，或支付获取、处理、保存和提供用于移植的人体细胞、组织或器官的费用①。

该条指导原则包含两个方面的含义。一方面，禁止任何形式的器官等的买卖，只允许器官等无偿自由捐献，不允许伴有任何金钱支付或有其他货币价值的报酬，为器官付款。为细胞、组织和器官付款具有多种弊端，如很可能会导致不公平地利用最贫穷和最脆弱群体的现象发生，破坏无私捐献，引发违法犯罪活动。另一方面，允许补偿捐献费用（包括活体捐献人的收入损失和器官移植相关的医疗支出），以免打击捐献的积极性。这是该条指导原则后半部分的内容，被称为合理补偿原则。只要人体及其器官不成为财务收益的来源，支付捐献人因器官捐献导致的收入损失，以及获取供移植的人体细胞、组织和器官并保证其安全、质量和功效的合法费用也可得到接受。

合理补偿原则是建立在无偿自愿基础上，对无偿自愿捐献原则的合理有益的补充，旨在通过为供者提供一定的物质或精神奖励，让其充分感受到社会对其行为的认可。合理补偿是对供者捐献行为的进一步肯定，与追求利润的器官交易是截然不同的。

（二）合理补偿原则的依据

器官捐献行为是一种利他行为，作为一个以传统文化见长的礼仪之邦，我国一直推崇"乐于助人"等利他行为，认为帮助他人是一种良好的道德品质而应广泛宣扬。在器官移植领域，供者捐献器官，为等待者提供了救治机会，为促进他人健康、拯救他人生命作出了卓越的贡献。

---

① 卫生部. 卫生部印发《世界卫生组织人体细胞、组织和器官移植指导原则》[J]. 中国药房, 2008, 19 (23): 1.

与其他"乐于助人"的行为不同,器官捐献是一项可能损害自身身体健康或者在自己死后才发生效力的"利他"行为。无论何种利他行为,最终都是有利于他人的,但崇尚利他行为也只要求最终利他的客观效果,如果利他,同时可以利己,何乐而不为呢?且从社会生活的角度看,如果利他,对自己又没有损失,还能获得别人的理解和尊重,没有人会不乐意的。

此前,由于器官捐献体系尚未建成,导致器官捐献无门的状况时有发生,甚至为了捐献器官,捐献人要四处奔波,且自己承担相应费用。这样的好事做起来麻烦且耗时耗力,原本愿意做好事的人也退却了。在目前的大环境下,器官捐献体系已经不断完善,捐献人只要表达自己的捐献意愿,就有专门的协调员来协助其办理器官捐献相关事宜,捐献过程中所产生的任何费用都由相关部门和机构承担,捐献过后能获得一定的"乐于助人"的荣誉。我们相信,当捐献人能获得器官捐献所带来的合理激励,器官捐献事业会更加蓬勃发展。

(三)合理补偿原则与器官交易的区别

合理补偿与器官交易有着本质的区别:

(1)器官交易的过程中,器官被作为商品对待,追求的是利润。而我们所说的补偿是精神奖励意义的,表示社会对捐献行为的认可和表彰,供者追求的是受者的康复,器官完全是利他主义的"礼物"。而且"激励"远小于"购买"的力度,捐献者不是"出卖"自己的器官。

(2)器官交易是以获取金钱为目的的,而器官捐献行为是典型的捐献,合理补偿只不过是器官捐献过后对器官捐献者的一种嘉奖,是整个社会知恩图报的表现。

(3)器官交易反映的是一种赤裸裸的金钱关系,有很强的功利性,是对人的整体性社会价值的一种贬损,很容易使人物欲化和庸俗化。而合理补偿则体现的是人与人之间充满人情味的互助和理解,有利于提升人们的精神境界,体现了"我助人人,人人助我"的理念。

二、捐献激励并非器官买卖

器官捐献激励包括两个方面的内容,一是精神激励,一是物质激励。精神激励一般不存在问题,只存在以何种方式进行精神激励。大多数人的质疑在物质激励上,物质激励究竟是不是一种变相的器官买卖?

首先,买卖的定义是什么?买卖一般是指双方通过实物或者货币进行交换以换取自己所需物品或服务。主体是交易双方,客体是实物与货币或实物与实物,在主体之间发生的客体交换行为被称为买卖。买卖要求交易双方均有交易的意思表示,然后将各自手里的物品或者物与货币进行交换,三大条件缺一不可,而器官捐献激励不符合买卖的定义。器官捐献激励缺乏交易双方,根据制度设计,器官捐献供体与受体在器官捐献中并无任何交流,器官捐献供体并不是将器官捐献给特定的主体,而是将器官捐献出来,由特定的系统进行分配后才能确认器官捐献的受体。且两者之间并不存在交换问题,受体不需要为捐献者的捐献承担物质上的补偿义务,也不因得到器官而付出使用费。因此,器官捐献既无符合条件的交易主体,又无交换行为,不能称之为买卖。

其次,捐献激励是什么?激励是指"激发、鼓励",意思是指国家通过一定的奖励手段鼓励公民进行遗体器官捐献。激励的前提当然要求国家充分尊重公民的真实意愿,在尊重公民意愿的前提下,国家通过一系列法定的原则和制度给予捐献者一定方式的鼓励,通过这种手段,希望能够推动更多的人捐献器官,帮助等待移植的患者。器官捐献激励主要包括两个部分,一是对已发生的相关费用的补偿,二是对捐献者的慰问和表彰。我们认为,器官捐献作为一种利他行为,在死后进行器官捐献并不损害捐献者的身体健康和任何其他利益,通过对即将火化掉的器官的再利用,能够拯救一个甚至多个正在苦苦挣扎的生命,这种行为普遍被认为是一种值得鼓励和颂扬的行为,那么为什么不能对其进行一定的物质奖励呢?

中国人讲究"投之以桃,报之以李""滴水之恩,当涌泉相报",器官捐献作为一种牺牲自我、成就他人的行为,是值得以可见的方式进行合理的赞赏与补偿。

综上,我们认为物质性的器官捐献激励制度并不是器官买卖,而是对器官捐献行为的表彰手段,物质激励虽然和精神激励方式不一样,但其性质和属性都是相同的,也应当得到社会的接纳和认可。

三、捐献激励是公平正义的体现

1985年10月在比利时举行的第37届世界医学大会(World Medical Assembly)上,与会国签署了《制止人体器官交易宣言》,号召全球各国政府采取有效措施制止人体器官的商业化利用。世界卫生组织在1988年向联合国大会提交的报告中总结并宣布:对于带有商业性质的器官转让行为,对于为有偿移植或转让而为自己或他人制作或发送广告的行为,对于医疗机构或个人未经合法授权而进行器官存贮以图牟利的行为,均应作为犯罪论处。

各国的器官捐献与移植相关法律均规定,"杜绝非法买卖,使器官沦为买卖标的""捐献人体器官实行自愿、无偿的原则,禁止以任何方式买卖人体器官"。器官捐献的无偿原则自此基本确立。

人体器官只能通过无偿捐献来得到,造就了它的稀缺性,应该允许对器官捐献环节设置激励机制促使器官短缺问题得到缓解。器官捐献激励制度对器官捐献者来说并不是使其获利,而是因其高尚的行为而获得表彰和奖励,是光荣又正当的。且根据世界卫生组织的决议精神,禁止的是器官交易与买卖,这其实并不代表器官捐献者不能因为器官捐献行为而获得一定的奖励,如同我们对见义勇为的予以奖励,并不因此而使见义勇为的行为成为了买卖,对器官捐献行为进行奖励也是基于此。且器官捐献有时可以救多人之命,堪比见义勇为,值得像对待见义勇为的行为一样嘉奖。

第二节 器官捐献激励制度的现实基础

一、器官捐献激励制度有一定的社会认知基础

器官捐献激励制度在我国目前大环境下有一定的群众基础。目前大多数人认为器官捐献是一件高尚的事情,大多数人情感上都愿意在死后或者亲属去世后捐献器官,但实际捐献过程中可能存在一些顾虑。首先是保证死者遗体完整性的问题。我国一直以来受传统思想深刻影响,认为死者为大,"全尸"意识浓厚,但随着火葬逐渐普及,对遗体是否完整已不再像以前那么看重,除了部分习俗较为落后的地区,这一问题已经有所缓解。其次是部分捐献死亡亲属器官时,害怕面临社会的不理解和非议,特别是捐献逝去长辈器官时,害怕被认为是不肖子孙,这类人群重视他人的评价和自己的面子。但国家只要能确定器官捐献的"利他"定性,从政府角度鼓励及正面宣传器官捐献行为,这一社会误会会随之破解。即使存在器官捐献的物质奖励,出于民众对政府公权的信任,也不会认为这是出卖自己亲属器官的行为。

器官捐献行为作为一个利他行为,不损害个人利益是根本,所以对器官捐献者的支出给予一定的补偿是必需的。至于对捐献者的奖励,出于器官捐献这一利他行为的赞赏也能被民众所接受,且能够切实起到提高器官捐献率的作用。

二、我国的器官捐献与移植体系为器官捐献激励的实施提供了制度基础

随着我国器官捐献与移植事业的发展,我国的器官捐献与移植管理体系也日益发展和健全,在器官捐献过程中,由专业的器官捐献协调员负责与器官捐献者(家属)联系和沟通,并引导器官捐献者完成在器官捐献过程中所需要经历的流程。在器官捐献后,由器官捐献者所在医院对捐献者的相关医疗费用进行核算,由器官捐献协调员负责对器官捐献者及其家属给予补偿及精神激励,为器官捐献者颁发国家认可的器官捐献荣誉,甚至为死亡供者的丧葬相关事项提供一定的帮助。器官捐献与移植体系的

建立为这一切提供了相应的制度和程序保障,为器官捐献激励制度的执行提供了所需的制度基础,保证器官捐献激励政策能够有效地执行。

三、器官捐献激励制度的现实意义

在我国目前器官捐献水平极低,器官捐献激励制度能够有效提高器官捐献水平的情况下,制定器官捐献激励政策具有紧迫而又强烈的现实意义。

(一)减轻困难家庭的医疗费用负担

我国目前医疗保险覆盖率较高,但仍处于医疗保险发展的初级阶段。由于我国经济水平与医疗水平发展的地区差异大,基本成正相关,医疗保险又未实现全国联网,异地报销制度在报销种类和报销比例上存在较大的限制,身处经济水平低地区的人一旦身患重病,必须前往别的地区治疗,所产生的巨额医疗费用报销比例低,因此承担的医疗费用较高,一般家庭难以承受。基于这种国情,为器官捐献者提供一定的经济补偿,减免一定的医疗费用能够减轻患者家庭的经济负担,实际上是为贫困家庭提供了另一种经济补助,在减负的同时实现了资源的又一次分配。

(二)彰显国家对器官捐献行为的表彰

政府对器官捐献的态度会影响民众对器官捐献行为性质的认知。如果政府对器官捐献行为充分认可和鼓励,给予器官捐献者一定的赞赏和荣誉,会体现国家对器官捐献行为的态度,从而引导民众正确理解器官捐献行为,提高对器官捐献行为的接受程度,从一定程度上增强社会对器官捐献者家属的认可,为在乎他人看法的器官捐献者家属提供一个良好的舆论环境。

(三)有效提高器官捐献水平

从各国在器官捐献激励制度建设的经验和结果来看,激励制度能够在一定程度上解决器官捐献者面临的实际问题和困难,并因为其受到国家官方的认可和奖励,得到社会民众的理解,因而从物质上、精神上都能缓解器官捐献者及其家属的顾虑,不仅为器官捐献扫平障碍,更为器官捐献拓宽道路,增加器官捐献的可能,从而提高器官捐献水平。

第三节 我国台湾地区及其他国家器官捐献激励制度经验

为了鼓励公民进行器官捐献,提高器官捐献率,很多国家和地区都尝试通过一定的社会奖励和补偿来增加器官捐献的数量,相继构建了具有各自特色的器官捐献激励制度。完备而合理的激励制度能够有效地提高器官捐献的数量，从而不断满足器官移植的需求，挽救更多等待器官移植患者的生命。

一、我国台湾地区

我国台湾地区的《人体器官移植条例》规定，直辖市或县（市）政府可以对家境清寒的捐献者家属酌情补助其丧葬费，家境清寒的捐献者亲属还可以向卫生主管机关申请补助丧葬费，并出台了《捐赠遗体器官移植丧葬费补助标准》，对捐献者家属的丧葬费补助作了较为详细的规定。台湾地区卫生主管机关具体补助标准是：捐献遗体器官、捐献角膜者，补助新台币5万元；捐献角膜以外之器官或捐献多重器官者，补助新台币10万元。所定补助丧葬费的经费，由台湾地区卫生主管机关编列预算支应。

二、英国

英国NHS于2013年出台了关于活体肾脏捐献费用报销的政策，这一政策被NHS血液和移植部门及NHS肾脏护理部联合开发和执行。这一政策的目的是确保活体肾脏捐献的成本是中立的，报销必须以公平和适当的方式执行，并符合《人体组织法案》（2004）和《人体组织法（苏格兰）》（2006）的规定。英国报销的费用包括：①只报销捐献者的费用；②捐献者的日常开销；③里程将按照NHS公共交通的速度进行补偿；④停车与拥堵收费；⑤捐献者住宿费用报销，每晚最多比实际人均房间价格的基础上增加85英镑；⑥直接费用：住院费用，以及12周内的收入补偿；⑦如果有手术后的并发症，如伤口感染等，可能会进一步扩展预期住院费用等。

虽然英国的这一政策严格按照花销的费用报销制度执行，属于严格的合理补偿原则的体现，但近年来英国拟出台政策，为器官捐献者提供丧葬费用，得到了多数民众的支持。

三、美国

美国的器官捐献激励制度在其器官捐献与移植运行系统中拥有着不可替代的地位，美国提倡对捐献者及其家属给予一定的社会激励，其中包括精神激励和物质激励。美国的精神激励主要包括两个方面：一是直接性精神激励，是指直接给予器官捐献者或其家属荣誉感和道德表彰，如美国部分州和地区允许捐献者在自己的车牌下面表明捐献者身份，制作捐献卡证明，给捐献器官的个人和家属颁发荣誉奖章等；二是通过媒体、公益组织对器官捐献中"利他精神"的宣传，在社会中形成一种"器官捐献是无私的、高尚的"道德氛围和舆论环境，从而在精神层面鼓舞和感召更多公民参与到器官捐献中。

美国的物质激励主要是指对器官捐献者及其家属给予的一定物质补偿，包括覆盖供体在器官捐献过程所支出的费用或成本（如已故捐献者的丧葬费、捐献者家属的差旅费、住院费、移植手术费、术后护理费等）。美国部分州也曾设立了一定的补助标准，但为了避免补助金额被公众理解为器官捐献的"对价"，进行了一定程度的调整，更多的州和地区则是通过允许一定额度的税务贷款甚至免税奖励来达到间接激励的效果。

四、新加坡

新加坡在2009年通过了人体器官移植修正法令，器官捐献者最高可得到5万新元的补偿金。这项措施保障了器官捐献者与受者双方的利益，受到国民的普遍欢迎和支持，使器官捐献率从2009年的4.6/百万增加到2010年的5.1/百万。

各国依据其具体国情设计的器官捐献激励制度，对其民众的影响较深，在鼓励器官捐献的道路上起到了有效作用。我国可以借鉴其他国家构建器官捐献激励制度的经验，基于我国社会主义初级阶段的实际国情，建构一套行之有效的激励制度，从而帮助提高我国器官捐献水平。

第四节 我国器官捐献激励制度设计

从其他国家的经验来看，尽管大家都接受了器官捐献激励的理念，但各国在器官捐献激励制度建设过程中所选择的方式和手段不一。器官捐献激励制度要发挥其效力，最重要的是建设符合国情、能够为广大民众所接受以及能够吸引更多民众进行器官捐献的激励制度。

一、制定器官捐献激励制度的法律依据

激励制度的构建首先必须有固定的法律依据。器官捐献激励原本就是一个容易被误解为器官买卖的制度，如果缺乏国家相应的法律依据支持，会带来器官激励的任意性，滋生器官交易的可能，因此，器官捐献如何激励，以何种方式、何种手段、何种程度，激励主体及其调节权限等，都应由具体的成文法律予以规定。其次，由于我国各地区经济和文化发展存在较大差异，器官捐献激励制度的法律依据可交由各地方把握，由卫生主管部门出台相应的器官捐献激励政策与指导意见，指导器官激励捐献制度的具体执行。

二、构建人体器官捐献表彰机制

国家认可的人体器官捐献表彰实际上是对器官捐献行为的弘扬,如前文提到的,由于受我国传统心理的影响,我国部分民众更为在意的是名誉问题。国家出面表彰人体器官捐献行为,既能摒除他人对家属捐献器官行为的误解,又能使器官捐献者获得荣誉,一举两得,具有很大的现实意义。

因此,在开展器官捐献管理工作时,可以根据当地实际情况,积极采取多种多样的激励措施,如为死者召开追悼会,将死者集中安葬,为死者建立纪念馆、纪念碑或者纪念林等;对捐献者亲属进行表彰;设立网络纪念园;赋予捐献者近亲属优先权等。这些措施的落实既需要法律或者文件加以明确,更需要有关部门的配合,建议国家出台有关规定,加以保障。

除了精神表彰外,为了切实帮助捐献者家属解决实际困难,在政策上可以借鉴国家对军(烈)属给予社会优待的做法,出台相关政策,对捐献者家属在教育、医疗、就业、住房保障、参军入伍、社会养老等方面提供优惠措施,在同等条件下给予优先考虑。

三、建立人体器官捐献困难救助机制

我国目前经济发展水平还处于上升时期,部分器官捐献者家庭困难,尤其因捐献者本身在治疗疾病期间花费了大量医疗费用,捐献者过世后,捐献者家属可能存在各种各样的困难,如有的亲属患尿毒症,有的家属患有精神疾病,有的家属需要赡养,有的子女需要上学等,对生活困难的捐献者家属进行救助,甚为必要。

借鉴发达国家和地区器官捐献实务中的做法和经验,结合我国特殊国情,困难救助项目初步设计可以包括捐献所发生的直接费用、慰问金和发生困难时的救助金三部分。

第一,直接费用予以报销。包括给付差旅费和丧葬费。差旅费是指捐献者家属在照顾捐献者期间支付的交通费、食宿费等。丧葬费是为了给捐献者办理后事而给付的费用,建议省级红十字会参照本地区殡葬收费标准,制定适用于本地区的丧葬补助标准,不宜全国统一确定具体数额。

第二,慰问金。遗体器官捐献者近亲属在刚刚失去亲人时,作出了捐献亲人器官救助他人的高尚行为,提倡红十字会出面代表政府予以慰问,慰问其丧亲之痛,表彰其捐献器官救助他人使生命得以延续的高尚大义的行为。

第三,困难救助金。该项费用可以依申请进行,如果捐献家庭事后遭遇经济困难,可以向红十字会申请困难补助。此项补助可以用于减免捐献者在疾病治疗过程中一定限额的医疗费用,补助一时的经济困难。此项困难救助金在操作中,除了减免医疗费用外,一般采取非即时补助,即只有遇到困难时有捐献者家属申请,并根据困难情况进行评估后才予以发放。

四、设立人体器官捐献救助基金

国务院颁布的《关于促进红十字事业发展的意见》中明确指出:"支持红十字会依法开展遗体、人体器官捐献工作,探索在省级以上红十字会设立人体器官捐献救助基金,为捐受双方提供必要的人道救助。"红十字会作为从事人道主义工作的社会救助团体,应当设立器官捐献救助基金,提供激励制度所需的资金和相关资源,为器官捐献者提供必要的补偿和激励的资金由该器官捐献救助基金承担,救助基金接受包括政府、医院、患者家庭、社会爱心人士等社会各界的捐赠和国家的扶持。设立这一基金,同时可以作为隔离机制的载体,改变过去器官买卖中存在的一对一性质,以多对一的帮助机制而存在,也从另一方面割断了器官捐献过程中可能存在的与器官买卖的联系。

第五节 结语

人体器官捐献行为,对拯救器官移植等待者的生命具有重要意义,捐献的器官可谓是逝者留给这个世界最后的礼物。器官捐献的意义不仅对个体意义重大,更对发扬互帮互助的精神,实现更美好的社会环境具有非同一般的意义。具有如此重大意义的器官捐献行为理应受到多方鼓励和赞赏,对器官捐献行为给予一定的补偿和激励,符合道德与伦理的要求,弘扬了社会的正能量。

世界各国对器官捐献行为均构建了一定的激励制度,随着器官捐献与移植事业的发展,各国的激励制度已日益发展和成熟,器官捐献激励制度对提高器官捐献水平也发挥了相当程度的影响,为提高器官捐献率作出了一定的贡献。

我国也应构建符合我国国情的器官捐献激励制度,由于我国社会的性质,精神和荣誉激励能够为我国器官捐献提供非常有利的条件;又因经济发展水平的限制,物质激励也能为器官捐献者解决实际中遇到的困难。我国可以针对不同地区的具体情况,发展侧重不同的器官捐献激励政策,以达到更好的效果。

但器官捐献激励不是一蹴而就,并非一朝一夕就能发挥作用的,激励制度的制定和发展应当是一个长期并逐步发展的过程。随着经济水平和民众素质的逐步提高,激励手段也应当相应地发展,激励会更多地倾向于精神激励,而物质激励会逐渐淡化乃至退出。但不管怎样,我们都应充分尊重社会现实和需求。

第九章

脑死亡立法问题研究

长期以来，我国将心脏死亡作为死亡判定标准，传统的"心肺死亡说"根深蒂固，随着心脏临时起搏及呼吸机的使用，脑死亡标准应运而生。但自20世纪50年代提出脑死亡标准以来，我国仍未广泛接受脑死亡标准，我国有关脑死亡的立法标准（立法草案）已由卫生部六易其稿，但目前为止，仍没有正式、权威的脑死亡立法出台。

原卫生部办公厅于2011年发布了《关于启动心脏死亡捐献器官移植试点工作的通知》[①]。该通知的附件《中国心脏死亡器官捐献分类标准》中的中国一类标准提出，可以在经过严格医学检查后，各项指标符合脑死亡国际现行标准和国内最新脑死亡标准，通过原卫生部委托机构培训认证的脑死亡专家明确判定为脑死亡。同时要求必须得到家属完全理解并选择按脑死亡标准停止治疗、捐献器官，以及获得案例所在医院和相关领导部门的同意与支持。2019年国家卫生健康委员会脑损伤质控中心，以五年临床实践为基础，以病例质控分析结果为依据，以专家委员会、技术委员会和咨询委员会意见为参考，修改完善并推出了中国成人《脑死亡判定标准与操作规程（第二版）》，据此判定脑死亡的先决条件是昏迷原因明确，且排除了各种原因的可逆性昏迷。临床判定标准有三部分：①深昏迷；②脑干反射消失；③无自主呼吸。以上三项标准必须全部符合，方可判定为脑死亡。

自2003年以来，我国医疗界就有先行者判定了多起脑死亡病例，但由于缺乏脑死亡立法，对脑死亡的判定仍然存在争议，实践上仍普遍以传统的"心跳、呼吸停止"作为死亡的诊断标准，脑死亡判定踌躇不前。目前脑死亡在我国的立法仍属空白，究竟是否采用脑死亡标准，如果采用脑死亡标准将如何对脑死亡进行立法，采用何种立法模式，何种立法体例等都是亟待解决的问题。

---

① http://www.nhfpc.gov.cn/yzygj/s3586q/201105/03ddc86c0d974c058832807f7414d596.shtml（Accessed Dec. 20, 2015）.

第一节 死亡的含义

自古以来，死亡就充满悬念。关于死亡，关于灵魂与肉体，这些问题一直困扰着人类，自始至终没有令每一个人都满意的答案。

死亡是生命的自然过程，任何个体都会经历产生到消亡的过程，这是不可避免的自然规律。尽管人类科技在不断进步，但对死亡这一最终结果仍无可奈何。即使医学的进步在不断延长人类的生命，但死亡仍不以人类的意志为转移，死亡是绝对客观的。

一、死亡是什么

对人类死亡认识最具影响力的莫过于柏拉图（公元前 427—公元前 347 年）。他认为：死是灵魂从肉体分离出去，而死的状态就是肉体与灵魂分开，独立存在。狄德罗在他的《精神的戏剧与苏格拉底的游戏》中说："对于把肉体的利益放在第一位而生活的人来说，死亡必定是痛苦的，因为它意味着完全的舍弃，而对于那些相信精神追求存在的人们来说，死亡可能是一件快乐的事"。[1]

宗教与哲学意义上的死亡可能代表多重含义，包括生命的消逝，灵魂的解放或分离，死亡往往涉及多重哲学信念问题，哲学关心死亡，因为死亡涉及生命的意义和价值，死亡是生命在时空中消失的时间点。宗教则认为死亡是灵与肉的分离，是人世与其他世界的界限。但究竟什么样的情况下被视为死亡，宗教与哲学并不能给出完整的定义，因为这是科学才能解决的问题，是医学诊断的问题，不应该也无法用哲学和宗教上的争议来解决。

二、死亡的意义

人的死亡是个体生命的终结。从感性上讲，死亡对个体来说是生命的消失，是时间的终止。无论你对这个世界还有多少眷恋，无论你还有多少未完成的事业，死亡标志着情感的终止与事业的停止；对亲朋而言，死亡是亲友的永久离去。尽管对死者的爱不会结束，但逝去的人再不会出现在我们生命的任何一个阶段。有学者认为："死亡是指生命力量不可逆地停止，以至于丧失了为'人'的资格，个体与社会关系不可逆地中断。"[2] 死亡之后，亲属、朋友会对亲友的遗体举行祭奠仪式，以示对亲人不

---

[1] More PE．柏拉图十讲．苏隆译［M］．北京：中国言实出版社，2003：165．
[2] 郭自力．死亡标准的法律与伦理问题［D］．政法论坛：中国政法大学学报，2001（3）：21-28．

幸的悲痛、缅怀与纪念，甚至还要祭奠、供奉死者亡灵，既是对死者一生的回顾，也是对死者逝去的送行。而死亡，就是这悲痛情感与祭奠仪式开始的界限。

生命的终结同时具有法律意义，发生法律效果。我国《民法典》第13条规定："公民从出生时起到死亡时止，具有民事权利能力，依法享有民事权利，承担民事义务。"死亡标志着作为自然人的权利义务归于消失，死亡是人身权利消失的界点。死亡一经确认，身体即变为遗体，应视为"物"。根据目前的说法认为遗体具有物的属性，在自然人生前未对自己的遗体进行预先处分时，按继承顺位由近亲属处分。① 当然，遗体不同于一般的物，在对其保管、利用、处置与保护时就有特殊规则的要求，这样才能维护遗体包含的人格利益因素，并且满足社会伦理、道德的要求，维护社会的文明秩序。

死亡还会引发婚姻法与继承法上的效果。《民法典》第13条的规定，自然人的权利，能力自其死亡时消灭。相应地，一旦配偶死亡，婚姻关系自动终止。同样地，《民法典》第1121条第1款的规定："继承从被继承人死亡时开始。"一旦被继承人死亡，就发生继承法上的效果。

死亡也会产生刑法上的效果，死亡与否影响定罪。如甲车撞倒行人丙，送到医院已经被判定为脑死亡，其后在转院过程与乙车相撞被碾压时被害人丙已脑死亡，但心肺并未死亡乃至直至案件争议时通过呼吸仍可维持。争议的焦点在于汽车碾压的究竟是遗体还是活人？死亡与否也会影响量刑，是故意伤害致人重伤或致人死亡？量刑标准存在差异。因此，死亡对于刑法来说也是重要的判断标准，是定罪量刑的界限之一。

三、死亡诊断标准的演变

死亡对个体、对家庭、对他人、对社会都可能会产生不同的效果，那么究竟什么是死亡呢？怎样判定死亡？同何谓生存在争论一样，关于何为死，同样存在分歧。

由于死亡在认定上无法由死者本人来确定，而是由他人和某些专业人员作出判定，同时需要得到家属和社会习俗的认可，这一特点决定了死亡概念的复杂性。死亡概念和判定标准会随着科学技术、伦理观念、哲学思想、法治观念等的发展而改变。事实证明也确实如此。

从死亡判定标准的演变来看，人类最开始的死亡判定方法是呼吸停止标准，一直以来，呼吸永久性不可逆停止就被当作死亡，如罗马法判断人死亡就是以呼吸是否停

---

① 申卫星.论遗体在民法教义学上的地位——兼谈民法总则相关条文之立法建议[J].法学家，2016（6）：162-164.

止作为标准的[①]。

直到英国医生哈维通过动物实验方法验证了心脏与血液循环的关系,重新界定了心脏的地位,从侧面印证了"心肺死亡",奠定了心肺死亡说的标准。在此之后的多年时间里,"心肺死亡说"代替了"呼吸停止说"成为了判定死亡的基本标准。美国1951年《布莱克法律词典》(第4版)仍是以传统的"心死"给死亡下定义,认为死亡的最主要标志就是心跳、脉搏和呼吸的停止。生命之终结,人之不存在,医生确定循环全部停止及由此导致呼吸、脉搏等动物生命活动终止之时[②]。而医学临床上也一直以心跳停止、呼吸和血压的消失及体温下降作为宣告死亡的依据。在很长一个历史时期,人们对这一标准都深信不疑。然而,随着时间的推移,这一标准在实践中开始显现出了诸多问题,因为医疗临床上经常会出现心跳停止者"死而复生"的现象。而且,随着医学的进步特别是维持生命装置的发达,传统的心肺死亡说不断受到质疑。过去,人脑特别是脑干出现重大伤害后,脑功能丧失者就会出现停止呼吸、心跳停止和瞳孔放大三种征兆。但现在脑功能完全丧失者若使用生命维持装置,呼吸和心跳都还有可能维持较长时间。如果按传统的"心肺死亡说"就不能视为其已死亡。如果撤除生命维持装置,患者的呼吸和心跳立刻就会停止。所以,这种脑死亡患者只不过是通过机械使心脏、肺等脏器还运作着,但作为个体的人已经死亡。所有这些问题,使人们不得不重新思考"生"与"死"的界限问题。伴随着现代医学技术在神经内外科领域的进展,脑死亡的概念逐渐走进学者们的视野。

第二节 脑死亡概论

一、脑死亡标准的提出与演变

1959年,法国学者莫拉雷和古隆在第23届国际神经学大会上首次提出"昏迷过度"的概念,同时报道了存在这种病理状态的23个病例。他们的报告显示:凡是被诊断为昏迷过度者,苏醒的可能性几乎为零。莫拉雷等的报告对传统的死亡判定标准提出了挑战。脑死亡的概念开始浮出水面,引起医学界的广泛关注。1966年,国际医学界以莫拉雷和古隆所使用的"昏迷过度"的概念为基础,正式提出了脑死亡的概念。然而由于受传统心肺死亡概念的影响,脑死亡概念的提出并没有获得人们的深度

---

① 周楠.罗马法原论[M].北京:商务印书馆,2014:129.
② 孙慕义.新生命伦理学.第3版[M].南京:东南大学出版社,2003:203.

认同[①]。

直到1967年南非医师克里斯坦·巴纳德成功完成了世界上首例心脏移植手术，才使得医学界对个体死亡的标准有了全新的认识。因为在进行此次移植的过程中，患者的心肺功能已经完全测不出，医师是在患者心跳和呼吸完全停止的情况下进行的手术。这足以说明，人的心脏是可以替换的，而人却并不会因为其心脏的替换而结束生命。换言之，心脏死亡并不必然意味着人生命的终结。因为在心脏移植过程中，曾有两次心脏离体的过程。一是供者心脏离体，供者死后心脏离体。能通过一定的技术保持心脏的持续性跳动，心脏仍然有规律地跳动不代表供者生命的存续。二是受者心脏离体，受者原有的心脏功能受到损坏，需要得到新的心脏，必须将原有的心脏切除，植入新的心脏，原有的心脏切除之后，新的心脏未植入之前，受者心脏停搏，自主呼吸停止，但却不能认为其死亡。此外，现代医疗实践证明，可以通过胸外按压、人工呼吸或者电击等手段对心脏停搏的患者进行心肺复苏术，心脏停搏-复苏可以多次进行。由此可见，心肺复苏、心脏移植等技术的不断发展，标志着心脏作为死亡标准的概念已经逐步过时。而经过其后的一系列科学试验及临床医学实践之后，科学家们发现，"如果人体的某个部分注定具有主宰生命的特异素质的话，那么这个器官就是大脑"。在这种前提下，"人脑作为一个人思维、情感、经验、记忆的根源，便开始成为人们确定死亡的新标向"。在此基础上，1968年，哈佛大学医学院特别研究小组第一次提出了脑死亡诊断标准（通常简称为"哈佛标准"）。这一标准指出，不仅心脏和呼吸不可逆性停止的人是死人，而且包括脑干功能在内的所有脑功能不可逆性停止的人也都是死人。脑死亡标准首次在世界上被确立，自此，以脑死亡判定标准为主的脑死亡立法行动在各国陆续展开。

二、脑死亡标准的科学性

从古至今，人们一直将心脏跳动和呼吸视为生命的本质特征，进而将心脏停止跳动和呼吸停止作为死亡的标准。这在没有心脏复苏和呼吸机的年代，基本上是正确的，因为心脏停止后几分钟自然也就脑死亡了，根本没有必要特别强调"脑死亡"这一循环呼吸停止以后更为严重的、真正致命的后果。脑死亡概念并没有提出，也没有必要提出，正是由于在那个年代，循环、呼吸在生命中长期处于不可替换和不可代替的地位，使死亡标准长期被心肺标准占据。人体死亡目前在判定上相对困难是因为：①人类有一个高度进化的脑——在判定死亡上最具争议的器官；②人类大脑所创造的呼吸

---

① 宋儒亮. 脑死亡与器官移植：关联、争议与立法［M］. 北京：法律出版社，2008：43.

机可以在没有脑的情形下维持呼吸，维持呼吸也就维持了心跳。在没有呼吸机的年代，脑死后不久，心也就很快停跳；相反，心脏停搏几分钟后脑亦会死亡，心死与脑死紧密联系在一起，前后相差最多不过几分钟到几十分钟。然而呼吸机的出现造成了脑死与心死在时间上的分离，随着科学的发展，分离时间可以拉长到几天，因此，有了死亡概念的分歧。

脑死亡作为死亡标准提出的原因在于脑的重要性及脑死亡的不可逆性。保证生命体在一定时间内具有特定功能的系统为控制系统，在人体内这个系统就是神经系统。控制神经系统的低级中枢系统统称为"脊髓"，高级中枢神经系统则称之为"脑"。高级中枢系统和功能的丧失就会导致整个机体功能的丧失，即"脑死亡 = 个体死亡"。

其次，脑细胞的不可再生性决定了脑死亡的不可逆性。医疗实践中常遇到各种不同原因引起的不可治愈的脑组织结构损害，如脑外伤、失血性休克、颅内出血等。因中枢神经系统的神经元细胞是一类高度分化的终末细胞（或称为固定型细胞），生来就固定了数目，死亡后基本上不能恢复和再生（至少不能很快、完全再生），当脑细胞死亡数量达到或超过一定极限时，其思维意识、感觉、自主性活动及主宰生命中枢的功能将永久性丧失。正是因为脑细胞损伤后的不可逆性，这种解剖学、生理学、病理学特点构成了将脑死亡作为界定人类死亡的科学基础。

而且，与心脏的可移植性不同，脑不可移植。到目前为止，几乎所有器官及其功能都能人工替代，唯独大脑的功能不能人工替代，大脑作为物质世界演化的最高产物，其属性最为复杂。

综上所述，至少在目前的科学技术条件下，脑对个体来说具有统帅性、损坏后的不可修复性、全脑功能的不可替代性、脑的不可置换性等，将其与心脏等一般人体器官区别开来，脑的特性决定了脑死亡才是真正的死亡，脑死亡比心脏死亡更直接、更精确、更权威。

脑死亡概念由首次到随后不断被修正，到目前为止有三种不同的定义，即全脑死亡、脑干死亡和大脑皮质弥漫性死亡[1]。三种定义的差别主要在大脑皮质功能是否丧失。

（1）全脑死亡即脑干死亡和大脑皮质死亡，1968 年美国哈佛大学医学院死亡定义审查委员会提出第一个脑死亡诊断标准——包括脑干在内的全脑功能不可逆地丧失即为脑死亡。这一标准采用的就是全脑死亡概念[2]。

（2）脑干是 12 对脑神经的发源地，是各种感觉纤维投射至皮质的必经之路，因

---

[1] 宋儒亮. 脑死亡与器官移植：关联、争议与立法 [M]. 北京：法律出版社，2008：67.
[2] 陈忠华. 脑死亡：现代死亡学 [M]. 北京：科学出版社，2004：80.

此，一旦脑干被破坏，自主呼吸和脑干反射将会全部消失，而且感觉和意识也会随之丧失。以英国为代表的一些国家采用脑干死亡为脑死亡判定标准，规定脑死亡的判定标准为深昏迷、自主呼吸停止和脑干反射消失。脑干死亡在时限上远离大脑皮质死亡禁区，加之在判定标准上也留有充分的保险"系数"，因此更易被公众所接受。

（3）大脑皮质主管人的思维、意识、情感、认知、学习、记忆等功能。大脑皮质功能一经丧失，上述功能就不复存在。有学者认为，人类生命活动具有生物性和社会性，即在保证机体正常生理功能的同时，还要能够保持良好的认知、思维、学习、交流等能力。一旦出现大脑皮质弥漫性死亡，人类就丧失了认知、思维、交流等能力。从社会学角度来说，个体已经死亡。如果将大脑皮质弥漫性死亡作为死亡判定标准，那么很多处于持续性植物状态的患者也就可能被列入死亡的范畴，这显然是不合理的。就目前情况来看，大脑皮质弥漫性死亡不能作为常规死亡判定的标准，是人体死亡判定的最后禁区。

现在国际上采用最多的就是脑干死亡（以英国为代表）和全脑死亡（以美国为代表）。我国目前通行的脑死亡标准是全脑死亡，即包括脑干在内的全脑功能丧失的不可逆转的状态。

三、脑死亡的伦理学争论

尽管有越来越多的人接受脑死亡的定义，但在普通人心里，传统的死亡定义一时难以消除，因为心脏被认为是爱和生命的象征已有上千年的历史，千百年来公认的心脏死亡标准一旦被推翻，其反应之强烈可以想象。反对的观点主要体现在以下几点：

（1）脑死亡定义是为器官移植而设的，具有严重的功利主义色彩，有悖于人道主义的原则。脑死亡是医师为了获取患者的器官去救治其他的患者或者是为了提高自己移植的技术和基于某种利益，而不考虑该患者的权利，提前宣布其死亡或者消极救治致其死亡。无论是为了自己的利益还是为了挽救一名患者的生命而提前宣布另一个体死亡，都是不人道且违反医学道德的。

（2）脑死亡判定标准不完善，且由于脑的复杂性，导致脑死亡的判定也较其他死亡标准的判定更难。与心肺死亡判定标准不一样，心肺死亡判定由医师对照心跳停止、呼吸停止、瞳孔散大等判定，家属甚至能自己分辨与确认，而脑死亡判定死亡的是呼吸仍在继续，仍有持续的心跳，体温正常。凭借医师的"一面之词"判定仍具有"生命表征"的人死亡，难以让公众接受。

（3）脑死亡标准在实践中也并不能解决所有情况下的死亡问题。婴儿是无意识的，只具有生物学意义上的脑，对婴儿是否要另立规范呢？对没有任何意识迹象的患者宣布死亡是没有问题的，但对于有微弱意识活动的患者能否确定为死亡呢？怎样才能在"无意识"和"有微弱意识"之间划出一个明确的界限呢？植物状态也没有意识，可是很明显不能说植物状态就是脑死亡，所以脑死亡的标准其实也并不准确。

当然，医学界、伦理学界、法学界还是有很多人在支持脑死亡。本书认为，支持脑死亡标准的原因在于：

（1）现代医学表明，人脑是决定生命本质的器官，脑死亡后，其他器官的功能也将不可逆转地相继丧失。但除脑之外的其他器官的死亡不但可以人工复苏，甚至可以在完全离体的情况下进行手术移植，因此，器官死并不能导致人死。脑的统帅性、不可逆性、不可替代性决定了脑死亡才是决定个体死亡的根本。目前，医学界已普遍接受"脑死亡＝人死亡"的论断。

（2）心脏死亡在目前已经不再是精确的判定标准。其理由有如下几方面：①随着对人身体认识的逐渐深入，可以看出虽然心脏关乎整个血液系统的循环，保证每个细胞的供养，但其只是与肾、肝一样的器官，最多也只是一个更为重要的器官，并不是曾经我们以为的爱和生命的象征；②目前的医学技术已经发展到心脏离体的存活。一是离体心脏的存活，二是离心个体的存活。二者均表明心脏的存亡并不与个体的存亡相等；③心肺死亡具有反复性。心肺复苏术的发展与成熟证明了即使是心脏停搏的患者，也可能通过胸外按压、人工呼吸、电击等多种方式使心脏重新开始自主跳动，如溺水的人在持续性的心肺复苏作用下在几十分钟后"复活"的也并不少见，而如果按照心肺死亡标准进行判断，这样的患者岂不是能起死回生？

（3）脑死亡虽然确实为器官移植开辟了广阔的前景，特别是能够提高移植器官的质量，利用这些器官能够解救更多正在死亡线上挣扎的患者，但这并不是推行脑死亡标准的根本原因。推动脑死亡标准的原因是，首先它是目前已知的最科学的死亡标准，其次才是推动脑死亡标准可能带来的好处，包括减少医疗资源的浪费、为器官移植提供更高质量的器官。一个新的事件或政策的推行肯定有其功利的地方，首先我们并不反对功利，只是反对和摒弃以个人主义为核心的功利主义，脑死亡标准所带有的功利主义色彩，立足于集体，与人道主义相适应，完全符合社会主义的人道主义和功利主义原则。反对的声音之所以存在，是因为怕为了功利，而忽略了人权。那么，应该注意的就是如何制定规则去保障人权，而不是因反对而任其灰色发展，切忌因小失大，因噎废食。

（4）植物状态不等于脑死亡，很多人在反对脑死亡时认为植物状态就是脑死亡，而很显然植物状态并不是死亡状态，所以脑死亡不能作为死亡判定标准。然而，这一论断的大前提就是错误的，植物状态不都是脑死亡。植物状态又称为去皮质综合征，主要是由于颅脑损伤和脑血管疾病所致的中枢神经系统包括脑干网状结构的损伤。植物状态的判定标准与脑死亡不同，非严格定义下的"植物状态"与"脑死亡"常相混淆，实际上"植物状态"与脑死亡不同，原因在于"植物状态"脑干功能正常，昏迷多半是由于大脑皮质受到严重损害或处于突然抑制状态，"植物状态"可以有自主呼吸、心跳和脑干反应。但目前医疗实践中，也不乏存在部分脑死亡患者被家属认为是植物状态，由于现在的医疗技术能用人工的方法，借助先进的医疗设备和技术长期维持患者的呼吸和心跳，并从体内排出废物，但这并不意味着患者还活着，也不等于死者还可以"复活"，只是凭借外力维持现有的状态而已。

（5）脑死亡标准的采用有利于节约医疗卫生资源。脑死亡后毫无意义的"抢救"措施和其他一切安慰性、仪式性医疗活动，不仅实际上造成对患者遗体的不尊重，给家庭带来不必要的经济负担，而且造成对医疗资源的浪费，在卫生资源不够的情况下，这一部分卫生资源的浪费可能造成其他地方资源的紧张，耽误其他患者的救治。因此，采取脑死亡标准，将会大幅减少卫生资源的浪费，降低家庭的经济负担，同时也是对死者的尊重。

目前，脑死亡标准难以得到认同很大程度是因为其表现出来的功利性。脑死亡标准确立的初衷是因为它相对心肺死亡标准来说，是目前最科学的死亡标准，同时带来的好处是可以获取更高质量的器官。然而，不能为了获取更高质量的器官，增加器官供应去改变死亡标准，脑死亡标准应当是科学精确的，任意扩大脑死亡的范围是不可取的，任何关于脑死亡的定义都不能违反科学、违反伦理与道德。建立于此之上的脑死亡标准的取舍是一个争论的过程，但在争论中死亡标准的错误观念能不断得到修正，从而使新的科学准则更加深入人心，随着社会的进步和观念的转变，脑死亡标准也必将逐步深入人心。

第三节 其他国家的脑死亡立法概况

自1959年法国学者首次提出脑死亡的概念以来，人类对死亡的认识发生了重大的变化，脑死亡以其无可置疑的科学性和准确性正逐步取代传统的心脏死亡标准。脑死亡立法源于西方国家，目前为止，在联合国成员国中，约有90多个国家或地区颁布了承认脑死亡标准，其中70多个国家或地区有脑死亡指南或实施法规。目前，国际上一些国家制定有关脑死亡的法律，直接以立法形式承认脑死亡为宣布死亡的依据，如美国、英国、加拿大、法国、澳大利亚、日本等；还有一些国家临床上以脑死亡作为宣布死亡的依据，但目前还没有正式的法律文件，如比利时、爱尔兰、印度、

器官捐献法律问题比较研究

韩国等；或者脑死亡的概念虽然为医学界所接受，但由于缺乏法律对脑死亡的承认，医师缺乏依据脑死亡宣布个体死亡的法律依据，这是目前世界上大多数国家的状况。

从各国脑死亡立法的实际情况来看，脑死亡法律体系与各国在脑死亡立法上采取的立法模式有着莫大的关联，主要包括两种情况：一是与器官移植法律体系混在一起而形成的脑死亡法律体系，称之为混合式脑死亡立法体系，主要代表国家为法国、澳大利亚、日本等；二是在器官移植法之外单独立法，从而形成一套自有体系，称之为分立式脑死亡法律体系，代表国家包括美国、英国等。本书重点就几个有代表性的国家和地区进行了资料搜集和研究，包括美国、澳大利亚、日本、韩国。

一、美国

在1968年召开的第22届世界医学大会上，美国哈佛大学医学院提出了以"脑功能不可逆性丧失"作为死亡标准的报告。哈佛大学脑死亡标准是世界范围内制定的第一个脑死亡标准，其具体内容是"不可逆的深度昏迷、对外界刺激无感应性、无反应；无自主呼吸和自主运动；脑干反射消失，生理反射作用消失，无对光反射；脑电波平直、脑电图平坦。以上规定内容在24小时内反复测试多次，结果无变化"。

美国是分立式脑死亡法律体系最为典型的代表。在美国，脑死亡问题尽管也是器官移植法所涉及的一个重要方面，但在立法上脑死亡法却并没有与器官移植法合并为一个法律体系。根据哈佛大学提出的脑死亡标准，美国堪萨斯州于1970年率先制定了有关脑死亡的法规，即《死亡和死亡定义法》，这是对死亡进行定义的第一部法规[1]。该法规定："根据临床医师意见，按照医疗实务上的通常标准，一个人的自然呼吸功能和心脏功能已丧失，在确定直接或间接引起这些功能停止的疾病或其他条件下，或者在这项功能停止后，因时间流逝使得挽救工作被认为徒劳时，这个人在医学上或法律上将被认为已经死亡。若根据医疗实务上的通常标准，在上述脑功能不存在时，所做的维持或恢复自然循环功能或呼吸功能的继续抢救和维持的努力也将不会成功时，那么死亡的发生是在这些条件最初符合时。在终止了辅助呼吸和循环功能的人工装置与摘除重要器官用以移植之前，其已是被宣布为死亡了"[2]。

该州是美国第一个以法律形式规定脑死亡的州，自此，美国开始了各州及联邦脑死亡的立法的过程。1978年，美国统一州法律全国委员会为了清理立法上关于死亡

---

[1] 侯峰忠. 美国器官捐献和移植管理体系简介[J]. 中华移植杂志，2011，5（4）：331-334.
[2] 宋儒亮，袁强，李玲，等. 中国"器官移植与脑死亡立法"的现状与挑战[J]. 中国循证医学杂志，2009，9（2）：187-194.

判定的争论，通过了《统一脑死亡法》（Uniform Brain Death Act，UBDA）[①]，但这部法案仅简单地确立了"不可逆转的大脑所有功能（包括脑干）的停止即死亡"，同时该法也承认传统的心肺死亡标准。由于该法仅确定了脑死亡的定义，没有对脑死亡的判定进行具体、统一的规定，各州在适用该法案时出现了较为混乱的状态。为纠正这种情况，1980年美国医学会、美国律师协会、美国统一州法律全国督查会议，以及美国医学和生物学及行为研究伦理学问题委员会正式通过了《统一死亡判定法案》（Uniform Determination of Death Act，UDDA）[②]，它的标准和表述方式是现代脑死亡立法的典范。其规定，"一个人处于下列两种情形之一时就可宣告死亡：其一，循环和呼吸功能呈现不可逆转的停止；其二，包括脑干功能在内的整个脑干的功能，呈现不可逆转的停止"。显然，在委员会正式通过的《统一死亡判定法案》中在死亡认定上采用心肺死亡与脑死亡并行的方法。该法案没有指定确切的诊断方法，只是规定在判定死亡时要依据公认的医学标准，这样做能保证诊断方法可以随着技术的发展而发展，也能确保法院在根据每个案件的具体事实对具体情况进行动态的分析，而不是死守法案中固定的概念。

1980年UDDA作为美国统一适用的死亡判定法案适用至今，并未被修正或取代。这也表明自1978年美国通过UBDA以来，美国一直采用心肺死亡与脑死亡并行的方法，至今未废除心肺死亡标准。

二、澳大利亚

澳大利亚是混合式脑死亡法律体系国家中最具有代表性的国家之一，是混合式脑死亡立法较为全面的国家。1977年，澳大利亚法律改革委员会在澳大利亚缺乏对死亡的法律定义的情况下，建议应当引入法定死亡。其定义为：不可逆转的大脑所有功能的停止；不可逆转的身体血液循环的停止。他们没有提供详细的技术标准，因为技术的创造和处方的判断应当是医学界的责任。他们的建议是即使出现在移植的背景下，即使澳大利亚各州和各领地的法律各有不同，死亡的定义也应当是通用的定义。

澳大利亚目前为止未颁布全国性的器官移植法律，因此在器官移植法律中规定的脑死亡立法也未存在全国性普遍适用的脑死亡法，而是由各州各自立法。按照澳大利亚法律改革委员会的建议，死亡为全脑死亡。自1978年首都直辖区开始制定《移植和解剖法》开始，澳大利亚各州立法均将脑死亡规定在器官移植法律中。截至目前，

[①] Uniform Brain Death Act，UBDA，1978.（已被UDDA取代。网址http://www.uniformlaws.org.）

[②] Uniform Determination of Death Act，UDDA，1980.

除西澳大利亚外，澳大利亚其他各州都以法律的形式规定了死亡的判定方式。如首都直辖区《移植与解剖法》第 45 条、新南威尔士州《人体组织法》第 33 条、维多利亚州《人体组织法》第 41 条、南澳大利亚州《死亡（判定）法》第 2 条等均规定，"在本领地（州）范围内，一个人发生以下情形的时候，可判定为死亡：不可逆转的大脑所有功能的停止；不可逆转的身体血液循环的停止"。所以，除西澳大利亚以外，脑死亡立法基本覆盖全国，其他地区对脑死亡定义相同，无地区性差异。

脑死亡供者被公认为是最佳的器官供者来源，澳大利亚允许根据"脑死亡"标准认定器官供者。但澳大利亚的"脑死亡"标准不同于其他国家脑干死亡的认定标准，澳大利亚"脑死亡"的认定标准为完全脑死。

澳大利亚为典型的一元论立法国家，在死亡立法中，定义死亡即为脑死亡，但虽无心脏死亡立法，实践中仍承认心脏死亡为死亡判定标准。由澳大利亚《心脏死亡供者器官捐献国家标准》文件即可看出[1]，无论是否在器官捐献领域，仍然承认以心脏死亡为判定的死亡。因此，澳大利亚只是立法上坚持一元论，实际操作中仍坚持的是二元立法标准。

三、日本

1958 年日本制定并颁布了《关于角膜移植的法律》，该部法律为日本的角膜移植手术提供了合法化依据，但在死亡标准的认定上只采纳了"心脏死亡标准"，"脑死亡标准"则未被立法采用。

日本脑波协会于 1974 年在"关于脑波与脑死亡委员会"会议中首次提出脑急性病变的判断基准和脑死就是不可能再恢复的脑功能丧失，脑功能不只包括大脑半球，还包括脑干功能在内。之后 1979 年重新制定的《关于角膜移植及肾脏移植的法律》仍然未将"脑死亡标准"纳入。直到 1985 年日本厚生省研究会提出将全脑死亡认定为死亡标准，一旦发生脑死状态，无论怎么对器官进行保护，心脏还是会停止跳动，而且再也不能恢复。全脑死亡的判断标准为"深昏睡、颜面疼痛刺激反应消失，自发性呼吸消失，瞳孔固定、瞳孔直径左右 4mm 以上，脑干反应消失（对光反射消失、角膜反射消失、睫状脊髓反射消失、眼心反射消失、咽头反射消失、咳嗽反射消失），平直脑电波"[2]，在符合上述条件的情况下观察 6 小时，二次性脑障碍及 6 岁以上儿童必须观察 6 小时以上。这是日本真正的脑死亡和器官移植的开端，但厚生省研究会

---

[1] National Protocol for Donation after Cardiac Death, July, 2010.

[2] 王保捷. 法医学 [M]. 3 版. 北京：人民卫生出版社，2002：11.

的脑死判断标准仅提供了脑死的判断，回避了"脑死即人死"的问题[①]。

20世纪90年代早期引起了脑死亡和器官移植首相特别委员会的关注。脑死亡和器官移植首相特别委员会颁布了最终报告：脑死亡是人类死亡的标准，但捐献者的器官捐献意愿对于器官移植是必要的。至此，"脑死亡标准"在日本的器官移植手术中开始得到了认可。

1997年，日本《器官移植法》（法律第104号）颁布实施[②]，该法界定了脏器移植、脑死亡判定等。该法第6条第2项规定："脑死亡是指脑的所有功能（包括脑干在内）不可逆转地丧失。"[③]并规定了"在患者未反对以及患者家属书面同意的情况下，可以获取脑死者的器官用于器官移植"。即人们可以在传统的心死亡或脑死亡之间作出选择，接受脑死亡的患者及家属提前填写接受脑死亡的书面承诺[④]。

随后，日本厚生省令第78号颁布实施《脏器移植相关法律实施规则》，认可患者脑死亡就是最终死亡，并且还规定："只可在脑的器质性损伤导致的深度昏迷，并且已确诊自主呼吸消失，导致器质性脑损伤的疾病亦被确诊，已采取一切手段对原有病情进行必要合适的治疗，在仍确定不能挽救的情况下，依照本法第6条（与脏器摘除有关的记录）第4项（脏器被摘除者的主要既往病史）的规定，进行与病情判断有关的同条第2项所指的脑死亡判定"[⑤]。据此，日本是以法的形式认定了脑死亡就是人的死亡，在经过死者家属书面同意后，能摘除死者的器官。至此，日本脑死亡法律体系初步形成。

---

① 足立智孝，金晓星.日本的脑死亡与器官移植[J].中国医学人文评论，2010，00（U.3）：85.

② 1997年《器官移植法》，网址 http://law.e-gov.go.jp/htmldata/H09/H09HO104.html（AccessedDec.20，2015）.

③ 前項に規定する「脳死した者の身体」とは、脳幹を含む全脳の機能が不可逆的に停止するに至ったと判定された者の身体をいう。

④ 第6条医師は、次の各号のいずれかに該当する場合には、移植術に使用されるための臓器を、死体（脳死した者の身体を含む。以下同じ。）から摘出することができる。
一死亡した者が生存中に当該臓器を移植術に使用されるために提供する意思を書面により表示している場合であって、その旨の告知を受けた遺族が当該臓器の摘出を拒まないとき又は遺族がないとき。
二死亡した者が生存中に当該臓器を移植術に使用されるために提供する意思を書面により表示している場合及び当該意思がないことを表示している場合以外の場合であって、遺族が当該臓器の摘出について書面により承諾しているとき。

⑤ 中山研一.器官移植与脑死亡：日本法的特色与背景[M].丁相顺译.北京：中国方正出版社，2003：67.

从日本脑死亡的发展与实践来看，尽管 1974 年厚生省就已提出了脑死标准，但由于其回避了"脑死即人死"的问题，未从法律上正面解决脑死亡即死亡的问题。日本的脑死亡患者器官移植并未得到发展，脑死亡在实践中仍是禁忌。直到 1999 年，日本才打破了数十年保守的医学禁忌，在完全符合法律的情况下，实施了该国第一例脑死亡患者的器官移植手术。由此可见，脑死亡立法对实践指导意义重大，若无脑死亡立法，尽管卫生部门承认脑死亡，实践操作的顾虑仍然较大。

四、韩国

韩国正式提出脑死亡问题是在 20 世纪 70 年代，韩国医学界普遍支持以脑死亡作为死亡判定标准。大韩医师协会从 20 世纪 80 年代开始致力于脑死亡的立法化，1999 年韩国器官移植法的通过与此有直接的关系。而与医学界"一边倒"不同，韩国法学界，尤其是刑法学界对以脑死亡为新的死亡判定标准产生了争议，存在否定说、肯定说和折中说。否定说认为应当维持传统的死亡判定标准，即心肺死亡标准；肯定说则主张以脑死亡作为新的死亡判定标准取代传统的心肺死亡标准；折中说即意在两者中间找到平衡，主张脑死亡不应当成为一般性的死亡标准，只有在牵涉器官移植时，才应当采纳脑死亡作为死亡判定标准。韩国器官移植法对脑死亡究竟持什么态度，是否采纳了脑死亡标准呢？

韩国《器官移植法》第 3 条第 4 项前段规定："'活人'是指人当中排除脑死者的人。"[①] 由此可知，"脑死者"不是活人，但是"人"的概念中又包括"活人"与"脑死者"，换言之，"脑死者"是"人"而非"遗体"。据此，该法似乎认为"脑死者"既不是活人也不是死人，是出于生死之间，近似于活人的人，该法第 11 条第 1、2 项及第 18 条第 3 项明确区分了"家属"和"遗族"，对死者使用遗族，而对脑死者使用家属。该法第 43 条第 3 项规定，擅自获取死者器官的，处 5 年以下惩役或 3 千万元以下罚金；第 39 条第 1 款第 9 项规定，擅自获取脑死亡者器官的，处无期惩役或 2 年以上有期惩役。该法对后者的处罚明显重于前者，由此可知，脑死亡者不同于死者。该法第 17 条规定："当脑死亡者因依据本法而实施的器官获取死亡时，视为因成为脑死亡原因的疾病或行为而死亡。"也就是说，该法条明确表明了脑死亡者死亡的原因是器官获取行为，只不过法律将导致脑死亡状态的疾病或行为视为其死亡的原因。但是，该法第 3 条第 4 项后段规定："'脑死亡者'是依据本法规定的脑死亡判定标

---

① 莫洪宪，李颖峰.韩国器官移植法对我国的启示[J].复旦学报：社会科学版，2010（6）：82-92.

准以及判定程序，被判定为全脑功能停止于不可恢复状态者。"这显然是采取了脑死亡标准中的全脑死亡标准。同时该法第 18 条第 3 项将脑死亡者与死者的器官获取条件规定在同一项中，且条件相同，这似乎又表明，在器官移植的情况下，该法认为脑死亡者就是死者。

如此看来，韩国器官移植法对于脑死亡的规定不可谓清晰。因此，法学界对于如何理解此规定，存在争议。一种观点认为，韩国《器官移植法》对脑死亡采取的是折中说，即只有在牵涉器官移植时，才承认脑死亡的概念，而在其他情况下，并不承认脑死亡是死亡的一般性判定标准。另一种观点认为，韩国《器官移植法》并没有正式采纳脑死亡，但是为了使获取脑死亡器官的行为合法化，该法吸收了脑死亡的合理内核，通过立法的方式有条件地允许获取脑死亡者的器官。也就是说，该法颁布之后，获取脑死亡者器官的行为就属于依法令的行为，对此已不存在法律上的障碍，因此没有必要明示采纳脑死亡。

综合以上条文分析可以看出，韩国《器官移植法》并没有正面回答"脑死亡者是活人还是死者"这一问题，在反映脑死亡说的同时，又倾向性地认为：脑死亡者不是死者。这对脑死亡的态度十分暧昧。本书认为这种立法方式的确有可能助于该法案的通过，但是由于对脑死亡的态度暧昧，究竟脑死亡者是否是死者不确定，脑死亡者的器官是否能够获取，应该如何获取这一系列问题仍然处于暧昧阶段，导致对法律理解的存在争议；在实践中会对究竟是否判定死亡，是否可以获取脑死亡者器官，获取脑死亡者器官之后是否要处罚，均存在争议，对于脑死亡的死亡标准仍然处于接受或不接受的天平上，这种立法方式应当摒弃。

第四节 对我国脑死亡立法问题的思考

我国医学界自 20 世纪 80 年代开始讨论建立"脑死亡"标准，但由于宗教、伦理、社会等诸方面原因，我国广大民众接受"脑死亡"概念的过程缓慢，脑死亡立法迟迟未能摆上议事日程。但随着医学的发展和社会的进步，对于脑死亡能否立法，应该如何立法，时至今日，深值详加探讨。

一、脑死亡是否应当立法

关于脑死亡的概念，以及是否应当采纳脑死亡的判定标准，我们在前文中已经有具体的论述，如果要采纳脑死亡判定标准，对脑死亡是否应当采用立法的方式予以确定呢？这一问题在一些发达国家也曾有过具体的争论。按照目前国际上立法趋势来看，大多数承认脑死亡判定标准的国家都通过法律形式对脑死亡进行了具体明确的规定，如美国的许多州，澳大利亚各州，甚至日本《器官移植法》中也对脑死亡进行了较为直接的定义；而少数国家虽然医学和法学界都普遍认可脑死亡，但并没有通过立法形式给死亡下具体的定义。

我国目前对脑死亡的争议颇多，包括对于是否将脑死亡标准纳入立法及如何采纳脑死亡标准即存有争议。在支持脑死亡的人中，又分为两种观点：一种观点是脑死亡标准不需要立法，另一种观点则认为脑死亡立法刻不容缓。前者认为死亡判定是医学问题，法律人在死亡判定方面是门外汉，最终还是依靠医学专业技能来确定脑死亡标准，而且我国法律从来没有哪一条确定了心肺死亡说，但它仍然持续适用了这么多年。因此，脑死亡标准是否由立法确定并不重要，只要医学界能够确认这一标准科学精准，由国家卫生健康委员会发布全国统一的《脑死亡判断标准》即可。另一种观点则认为，死亡标准应当由立法解决，原因在于采用新的死亡标准关乎对每一个人生命的保护问题，不能不通过立法，而仅是由医师来决定，这与人权保护不相符合。

死亡涉及诸多法律问题，最为重要的是死亡标准关乎人权，关乎一个人能否为人。死亡标准的适用最终会影响到判断人究竟是否死亡，一旦被判定为死亡，即失去了民事权利能力，"身体"转变为"遗体"，由"人"变为"物"，婚姻法上，人死即婚姻关系自动消灭；继承法上，人死即发生继承效力，死亡即标志着"人"不再为"人"。由于死亡是每一个人都会遇到的问题，如果对这一问题立法不予以规定，那新的死亡标准就缺乏国家强制性，对违反死亡标准可能存在的"恶意剥夺人权的行为"难以用国家强制力去预防，那么人权就难以得到很好的保障。

其次，脑死亡标准本质上确实应当由医学界来确定，但如何保障脑死亡判定标准很好地执行应是法律的责任，否则，医学界普遍承认并确定了脑死亡判定标准，但由于法律上不予以合法性确认，试问有几个医师敢依据医学界已承认的脑死亡标准去判定一个人死亡呢？而既然医学界普遍承认脑死亡才是真正科学精确的死亡判定标准，不进行相应的立法，法律滞后于科学，那么法律对科学的发展就是一种制约，因此法律不能一成不变，应随着科学的发展而不断修改，脑死亡的问题就是如此。目前，国际医学界已普遍承认脑死亡才是目前最科学的死亡判定方法，如果继续拖延，只会造成越来越多的问题。

再次，脑死亡不立法，将造成死亡认定与器官移植领域的混乱状态。我国目前未对脑死亡进行相关立法，法律上未承认脑死亡，但也未禁止对脑死者的器官进行获取，实践中，是否能够对脑死者器官获取最终取决于本人和家属是否同意获取器官。但目前来看，由于未对脑死亡有准确的立法态度，大多数医师仍然对获取脑死者的器官持谨慎态度。医师得不到明确的指示，实际上阻碍了医师对脑死器官捐献的推动，也妨碍了脑死亡器官捐献的发展。

无论从文化环境还是历史传统来看，我国与日本具有很大的相似性，日本的经验对我们有相当大的借鉴意义。脑死亡标准发展路径也会基本相同，首先医学界普遍认可脑死亡标准，到卫生主管部门发布脑死亡标准相关文件，最后进行脑死亡立法。日本的相关经验告诉我们，脑死亡如果不立法，即使卫生部门认可并下达相关文件，也难以在实践中推动脑死亡标准的应用。故而，如要推动脑死亡，必得首先进行脑死亡立法。

二、脑死亡标准立法模式的选择

关于死亡判定的标准，各国的立法不完全相同，主要有两种立法模式。

一是一元论的立法形式，即将脑死亡作为死亡判定的唯一基准。例如，瑞典1987年制定的《关于人死亡判定标准的法律》第1条规定，"脑的全体功能不可逆性完全丧失时，视为人已死亡"。第2条规定，"①死亡时期的判定，由有学识与经验的医师进行；②呼吸与循环已停止相当长时间，表明脑的功能已不可逆性完全丧失时，应判定为人已死亡；③呼吸与循环通过人工方法维持的场合，死亡时间的判定，以脑功能不可逆性完全丧失确实被证明时为准"[①]。

一是二元论的立法形式，即将脑死亡与心肺死亡并列作为判定死亡的标准。例如，美国总统委员会1980年提出的《统一的死亡判定法案》规定，"血液循环与呼吸功能不可逆性停止，或者包含脑干在内的全脑所有功能不可逆地停止被确认时，即视为人已死亡"[②]。

以上两种立法形式中，二元论的立法形式实际上是"二分的死亡概念"或"有差别的死亡概念"在立法上的体现。主张采用"二分的死亡概念"的学者认为，脑死亡是与中止晚期治疗及器官移植相关的问题，作为中止晚期治疗对象的患者的生命，由于有必要在尽可能地限度内维持，所以判定死亡的时间必须尽可能推迟；相反，在器官移植领域，为了救助其他的患者，应认可脑死亡标准作为公民死亡判定的标准。因此，对前者采用传统的死亡概念与判定标准，对后者则采用脑死亡的概念与判定标准。应该肯定，二元论的立法形式充分考虑了我国一般民众的传统习惯，在判定死亡的标准上，给公民以适当的选择余地。如果患者及其亲属选择传统心肺死亡的判定标准，那就尊重其意愿，脑死亡之后医院继续维持治疗，在其心跳与呼吸未停止的情况下不

---

① 郭自力. 生物医学的法律和伦理问题 [M]. 北京：北京大学出版社, 2002: 15-16.

② Uniform Determination of Death Act, UDDA, 1980.

得作为遗体处理，不能获取其器官作移植之用；如果他们选择脑死亡的判定标准，则在脑死亡之后，心跳尚未停止时医院终止治疗，在符合器官移植的条件下，可以获取其器官作移植之用。这种立法形式比较灵活，容易为社会公众所接受。

但二元论的立法形式也有明显的缺陷。因为人的死亡是一种客观事实，法律规定的死亡标准应该遵循科学规律，并且应该统一，不能因人的认识不同而有所不同，也不能因场合不同而有差别。再者，采取二元论的立法形式，还有可能出现司法上的不合理现象。例如，在一场意外事故中，丈夫已心脑死亡，而妻子则处于脑死亡但心脏仍在跳动，如何确定两者的死亡时间在继承上有着关键性的意义。根据我国《民法典》第 1121 条第 2 款的规定："相互有继承关系的几个人在同一事件中死亡，难以确定死亡时间的，推定没有继承人的先死亡。都有继承人的，辈分不同，推定长辈先死亡；辈分相同的，推定同时死亡，相互不发生继承"[①]。可以看出此时若采取脑死亡标准并且也无法确定两人死亡先后时间则夫妻双方不发生继承；另一方面若妻子的家属坚持采取传统的心肺死亡标准，则妻子也可以参与继承丈夫的遗产。由此可以发现若采取"二元论"则有可能争执双方各执一词，孰是孰非？另外，若家属对脑死亡的认定标准发生争执时，谁有优先权决定采用或不采用脑死亡标准？

尽管采用"二元论"存在以上可能的实际法律问题。但我们认为，由于我国广大民众目前对脑死亡的接受程度不够，仍建议采用二元论立法形式。为了解决二元论立法所存在的明显缺陷，在立法上可以扩大其适用范围，倾向广泛适用脑死亡标准，以心肺死亡标准为例外。由于脑死亡标准目前来说是最科学的死亡判定标准，而心肺死亡有其固有的缺陷和弊端，因此不将脑死亡标准限制在器官移植领域，如果家属有特别要求按照心肺死亡标准判定死亡则适用心肺死亡标准。当遇到如上的问题，对双方死亡时间产生争议时，一律按照脑死亡的时间先后确定死亡先后顺序。虽然这一立法从国际目前立法来看相对比较激进，但这一做法并没有舍弃心肺死亡标准，如果死者家属选择适用心肺死亡标准，仍然可以适用，只不过在死者家属无特别坚持时一律适用脑死亡标准。如此规定既在我国目前脑死亡接受程度不够的情况下实现足够的缓冲，又坚持了脑死亡标准，同时解决了二元论死亡标准在适用时可能产生的争议。

三、我国脑死亡立法体例的选择

脑死亡应当立法，但究竟怎么立法，目前世界上各国有多种立法体例可以借鉴，主要包括以下三种：

---

① 《最高人民法院关于贯彻执行〈中华人民共和国继承法〉若干问题的意见》第 2 条。

（1）单独立法形式。专门制定脑死亡法，作为一部独立的法案，在法律文本上不隶属于其他法律文件。美国堪萨斯州最早立法的《死亡和死亡定义法》就采用这种模式①。它的优点是有助于扩大死亡法的适用范围，因为立法层次较高而且独立，所以对于涉及死亡的所有法律事项均有管辖权。在我国，假如采用单独立法的形式，先通过《脑死亡法》，还有另外一个重要考虑，那就是可以避开那些认为脑死亡立法是为了器官移植目的功利主义的嫌疑。在这之后，再制定《器官移植法》，从而自然地以脑死亡标准确定死亡时间。由于《脑死亡法》实施在先，人们已经接受新的死亡标准，对后颁布的《器官移植法》无疑有推动作用。但是，此种立法体例需要得到法律界的共识，以及单独立法后面临现有整个法律体系相关内容的微调，这将是一个巨大的工程，脑死亡的法律认可将会因此而无限延期。

（2）器官移植附属法形式。一次性通过《器官移植法》，在其中建立脑死亡的标准，从而使得器官移植在脑死亡后可合法进行。日本就是采用这种模式。此模式为两个立法合二为一。它的最大优点就是与器官移植法衔接、紧密协调，因而在死亡确定的大多数时候能得到明确的法律支持和约束。它的弊端一是功利动机的反道德色彩较浓，二是适用范围受到限制。即在得到有效的司法解释或其他的立法明确指示以前，脑死亡标准不能扩大到非器官移植领域。如独立成篇的美国堪萨斯州《死亡和死亡定义法》，也只有明文指示这一标准可以适用于民事或刑事审判，它才能得到统一多领域适用的效力②。

（3）采纳传统的死亡标准，先制定《器官移植法》，以规范急需器官移植所涉及的医院和死者、死者的家属及死者和家属间的种种法律关系。待时间和条件成熟后，再制定《脑死亡法》，或者直接修改《器官移植法》，自然地导入脑死亡标准③。

以上三种立法体例是国际上目前较为通行的立法方式，但我们通过研究认为，脑死亡立法应当以条文的形式规定于《民法典》的司法解释当中，原因如下：

首先，在民法学的视角中，死亡不仅指人生命的消逝，更是指自然人的民事权利能力、民事主体资格的消灭。根据《民法典》第13条的规定，自然人的民事权利能力始于出生，终于死亡。自然人一旦死亡，权利能力便不复存在，也丧失了取得权利、履行义务的资格，自然人生前所涉及的民事法律关系也归于终结。由于死亡是社会上每个公民都不得不面对的事实问题，也是对每个公民的民事权利有着重大影响的法律

---

① Uniform Brain Death Act, UBDA, 1978（已被UDDA取代）. 网址 http://www.uniformlaws.org.
② 郭自力. 生物医学的法律和伦理问题 [M]. 北京：北京大学出版社，2002：14.
③ 王凤民. 关于扩大人体器官移植供体来源问题研究——兼论《人体器官移植系列》之配套与完善 [J]. 科技与法律，2010（3）：19-23.

问题，故而对于死亡的定义应当由我国的基本法律所规定。《民法典》已然失去了最好的机会，只能借助于司法解释对"死亡"做出权威解释，以利于法律适用。

其次，按照我们设想的脑死亡二元论立法模式，尽管目前脑死亡标准更多地适用于器官移植，但由于脑死亡标准的科学性，脑死亡本身已经作为一种事实状态可以被判断和确定下来，故而本书认为脑死亡判定标准应该被普遍适用，而并非仅在需要器官移植时才予以考虑。然而，如果我们采取脑死亡与器官移植混合立法的模式，就会将其限制在器官移植领域，显然违背立法本意，也会造成实践中脑死亡标准适用的混乱。除此之外，如果将脑死亡与器官移植混合立法，可能会让民众对脑死亡立法的初衷存在更深的误解，民众总会产生以下认知倾向：为了获取可能的供体器官进行移植手术，才对其适用脑死亡的判定标准，这不利于脑死亡甚至是器官移植事业的社会普及和发展。综上所述，我们建议采取脑死亡司法解释不仅仅是针对器官捐献，而是对"死亡"的科学的法定解释。

第五节 结语

死亡标准应当随着医学技术的发展而发展，心肺死亡标准已经延续了近千年，但脑死亡标准的科学性决定了其取代心肺死亡标准是目前医学科技发展的必然趋势。传统观念与现代医学科技产生了冲突，这是一个冲突与接受的过程，如果不予以法律的规定和调整，这一冲突的过程会尤其混乱，甚至限制医学技术的发展。因此，由法律对其进行调整无疑是最行之有效的方式。

脑死亡标准确立之所以困难，不是因为它没有坚实的生命医学的科学依据，而是因为我国民众传统的社会文化、伦理道德和思想观念的影响。心肺死亡说持续历史长久，脑死亡说提出时间较短，脑死亡判断对专业化知识要求较高，民众自身难以判断，且由于民众因为部分媒体报道不确实而引发了对脑死亡的误解，从而在脑死亡的接受上产生了较大的问题。因此，要民众接受脑死亡标准必须加强宣传教育，从多方面对脑死亡标准进行宣传与推广，保证媒体宣传的质量，确保民众对脑死亡标准的科学性认识正确。

对于此类具有革命性、根本性和广泛性的问题固然应持审慎的态度，进行必要和严密的论证，充分考虑到各种可能出现的问题与困难，考虑到社会和民众的接受程度等。但也不必因噎废食，过多顾虑，而应从推动科学技术进步、社会发展和观念更新的角度来提出与回答问题。科学的力量最终将会扫清一切障碍为实现自己的目标铺平道路，我们应更自觉地去迎接和推动它。

第十章

器官捐献与移植的法律责任

第一节 器官捐献与移植的民事责任

从器官捐献与移植事业的发展实践来看,器官捐献与移植行为所涉及的基础社会关系乃是一种民事法律关系。如本书前述之结论,器官捐献行为在法律性质上属于某种特殊的赠与行为,器官获取行为与器官植入行为也应适用或准用医疗服务合同的有关规则进行调整,因器官捐献与移植活动所产生的侵权行为亦要受到《民法典侵权责任法编》的有关规定进行规制。换言之,在器官捐献与移植过程中,参与器官捐献与移植活动的权利义务主体若违反合同约定或相关法律规定,首先应承担的是民事法律责任。我国《民法典》第1218条规定:"患者在诊疗活动中受到损害,医疗机构或者其医务人员有过错的,由医疗机构承担赔偿责任。"这是我国相关法律对医疗行为侵害患者权利造成患者损害进行救济的一般规定。而上述条文中的"患者损害"不仅包括生命健康权的损害,还包括知情同意权、隐私权,甚至是财产权的损害。

(一)侵害患者生命健康权的民事责任

生命健康权是患者最首要、最基本的民事权利,但因医疗行为本身具有侵害性、不确定性等特点,故而我国法律对造成患者身体健康遭受损害的医疗行为适用过错责任原则,即医疗机构及其医务人员因故意或过失造成就诊患者遭受损害的,应承担相应的侵权责任。

医疗机构及其医务人员故意侵害患者生命健康权的,患者有权要求医疗机构及其医务人员承担相应的民事侵权责任甚至是刑事责任,自不待言。但在医疗过程中,患者的生命健康权遭受损害更常见的原因是医疗过失。

与普通外科手术相比,器官移植手术具有实施条件苛刻、手术难度大、医疗侵害风险性高等特点,因此我国相关卫生管理规定对器官移植手术的诊疗规范要求得也更为严格。在器官移植手术的过程中,因医疗机构及其医务人员违反卫生管理法律、行政法规、部门规章和诊疗护理规范的有关规定,严重过失造成患者发生医疗损害的,患者有权请求医疗机构及其医务人员承担人身损害赔偿、精神损害赔偿等医疗侵权责任。以肝脏移植手术为例,实施肝移植手术的医疗机构及其医务人员未遵守《肝脏移植技术管理规范》的有关规定,将不符合无菌要求或未进行血型、交叉配型、组织配型和群体反应抗体检测器官植入受体体内,造成受体发生重大医疗损害,发生医疗事故的,应承担医疗损害赔偿责任。根据我国《医疗纠纷预防与处理条例》和《民法典》的有关规定,在器官移植手术过程中发生医疗过失的,患者及其近亲属可与医疗机构及其医务人员就赔偿金额、赔偿方式等方面进行协商;不愿协商或协商不成的,当事人可以向卫生主管部门提出调解申请,也可直接向人民法院提起民事诉讼。

(二)侵害患者知情同意权的民事责任

保障患者的知情同意权是医疗行为合法性的基础,也是医疗行为的本质体现,更是尊重患者基本人权的必然要求。如本书前述,患者的知情同意权可拆分为知情权与同意权。前者是指患者有权了解所患疾病类型、成因、治疗方案、医疗风险及可能的后果等相关的医疗信息,对此医师则负有对上述的信息的充分告知义务;后者是指患者医师所采取的医疗行为须经患者同意,尊重患者的意思。我国《民法典》第1219条第1款规定:"医务人员在诊疗活动中应当向患者说明病情和医疗措施。需要实施手术、特殊检查、特殊治疗的,医务人员应当及时向患者说明医疗风险、替代医疗方案等情况,并取得其书面同意;不能或者不宜向患者说明的,应当向患者的近亲属说明,并取得其明确同意。"根据上述规定,医务人员未履行充分告知义务,未经患者同意采取医疗措施,侵害患者知情同意权并造成患者发生损害的,医疗机构应承担相应的医疗侵权责任(《民法典》第1219条第2款)。同时,由于患者的知情同意权及医方的告知义务属于医疗服务合同有关内容,因此医方侵害患者知情权还有可能承担违约责任,而当医方侵害患者知情权并造成患者损害的,则发生违约责任与侵权责任的竞合。

知情同意原则是器官捐献与移植的基本原则,实施器官移植手术的医疗机构应充分告知患者关于器官移植手术的过程、风险后果、术后可能产生的并发症及康复建议等信息,在取得患者及其近亲属同意的前提下,为患者实施器官获取及植入手术。根据我国相关法律规定,实施器官移植手术的医疗机构及其医务人员若侵害患者的知情同意权,即便医疗机构及其医务人员无其他重大过失,仍有可能承担相应的民事责任。

(三)侵害患者隐私权的民事责任

隐私权作为公民的一项基本人格权利,主要是指自然人享有的私人生活安宁与私密场所、私密活动和私密信息依法受到保护,不被他人非法侵害、搜集、利用和公开的权利。生活安宁是指自然人对于自己的正常生活所享有的不受他人打扰、妨碍的权利;生活秘密是指个人的重要隐私,包括个人的生理信息、身体隐私、健康隐私、财产隐私、谈话隐私、基因隐私、情感隐私等,涵盖范围十分广泛[①]。由于医疗行为本身的特性,整个医疗过程的开展极为依赖医患双方沟通与协作,患者的诸多个人信息也完全暴露在医疗机构及其医务人员之下,因而对于患者的隐私权和个人信息保护显得尤为重要。我国《民法典》第1226条规定:"医疗机构及其医务人员应当对患者的隐私和个人信息保密。泄露患者隐私和个人信息,或者未经患者同意,公开其病历资料,造成患者损害的,应当承担侵权责任。"

在器官捐献与移植过程中,器官获取组织及其器官捐献协调员、实施器官获取及植入手术的医疗机构及其医务人员都有可能接触到大量的患者个人信息。我国《人体器官和移植条例》第33条规定:"人体器官捐献协调员、医疗机构及其工作人员应当对人体器官捐献人、接受人和申请人体器官移植手术患者的个人信息依法予以保护。"我国卫健委2019年颁布的《人体器官获取与分配管理规定》规定人体器官获取组织应履行保护捐献人、接受人和等待者的个人隐私,并保障其合法权益的职责。根据上述条文之规定,器官获取组织及器官捐献协调员、实施器官获取及植入手术的医疗机构及其医务人员对器官捐献人和器官移植受体的相关信息和隐私具有保密义务。据此,上述义务主体违反保密义务,传播、泄露患者隐私,造成患者损害的,应承担相应的侵权赔偿责任。

(四)违反必要的医学检查义务的民事责任

在普通的医疗服务合同中,医学检查并非医方的法定义务。一般而言,医方应根据患者病情及治疗的需要,在尊重患者意思的前提下,决定对患者是否采取医学检查。然而,如本书前述,由于器官移植手术需要将他人器官植入患者体内,这就涉及移植器官是否健康或能否与受体匹配的问题,同时又由于器官移植手术对活体器官捐献者及器官移植受体具有较大的侵害性及风险性,故而在器官捐献与移植过程中,医方负有对器官捐献者及受体必要的医学检查的义务。而医疗机构及其医务人员违反必要的医学检查义务的表现包括:一是医方未遵照相关的卫生管理法规规定,未对器官捐献及移植患者进行相应的医学检查;二是医方超出实际诊疗需要而采取了过度的医学检查。医方因未履行任何医学检查而给器官移植患者造成损害时,此时承担侵权责任,自不待言;医院超出实际诊疗需要为患者采取过度检查,则有可能构成过度医疗。事实上,不合理的医学检查属于过度医疗的主要表现形式。虽然器官捐献及移植所涉及

---

① 王利明.隐私权概念的再界定[J].法学家.2012,1(1):116-117.

的医学检查种类较多，有的检查项目也需要比较高端的仪器设备，但是医方仍有可能对患者采取重复检查、"升级"检查，徒增患者的财政负担，甚至给患者健康造成不必要的损害。据此，患者因过度检查而遭受不必要的财产损失、人身损害的，有权请求医方返还检查费用，承担相应的人身侵权责任。

（五）违反恢复遗体外观义务的民事责任

尊重死者是我国传统伦理文化的基本要求，对遗体应持有某种虔敬之情也是社会善良风俗的体现，而遗体器官捐献行为更反映出捐献者崇高的道德情操和人道主义精神。我国《人体器官捐献和移植条例》第19条第3款规定："从事人体器官获取的医疗机构及其医务人员应当维护遗体器官捐献人的尊严；获取器官后，应当对遗体进行符合伦理原则的医学处理，除用于移植的器官以外，应当恢复遗体外观。"据此，无论出于社会伦理规范的要求，还是基于法律法规的规定，实施遗体器官移植手术的医疗机构及其医务人员有义务妥善处理遗体器官捐献者的遗体。而实施器官移植手术的医疗机构及其医务人员违反上述规定，在获取完遗体器官后未对遗体进行妥善处理恢复遗体外观的，遗体所有权人有权请求上述主体继续履行该义务。医疗机构及其医务人员未履行恢复遗体外观的义务，造成遗体所有权精神遭受损害的，遗体所有权人有权请求精神损害赔偿。

（六）侵害遗体所有权的民事责任

如本书前述之结论，遗体属于民法意义上的"物"，在其之上得成立所有权。遗体所有权一般归属死者法定近亲属所有。在遗体器官移植过程中，实施器官移植手术的医疗机构及其医务人员侵害死者近亲属对遗体所有权的，应承担侵权责任。具体而言，医疗机构及其医务人员侵害遗体所有权的有三种表现：①非法占有遗体。医疗机构及其医务人员在获取遗体器官后，拒不返还死者遗体，遗体所有权人有权请求返还。②破坏遗体完整性。医疗机构及其医务人员获取遗体器官后，未履行恢复原状的义务，或蓄意或过失破坏遗体完整性的，遗体所有权人有权请求医疗机构及其医务人员恢复遗体外观并承担相应的赔偿责任。③非法处分遗体。医疗机构及其医务人员未经遗体所有权人同意，擅自获取遗体其他器官用于实施器官移植手术，或非法出卖遗体及其遗体器官的，遗体所有权人有权请求返还遗体或遗体器官（遗体器官已经被植入受体内的除外），承担相应的侵权责任。

第二节　器官捐献与移植的行政责任

医疗机构及其医务人员身处我国器官捐献与移植事业的第一线，是推动我国器官捐献与移植事业不断发展的不可或缺的核心力量，同时也肩负着挽救众多器官移植受体生命健康的重任。2023年我国修订了《人体器官捐献和移植条例》，加之原有的《医疗机构管理条例》《医疗事故处理条例》等行政法规，共同构成了器官移植医疗机构及其医务人员承担行政责任的基本法律渊源。据此，实施器官移植手术的医疗机构及其医务人员作为行政相对人，违反相关器官移植行政管理法规、规定，破坏器官移植医疗卫生管理秩序的，应当承担行政责任。具体而言，医疗机构及其医务人员的行政违法行为包括以下几种形式。

（一）从事人体器官买卖

如本书前述，禁止器官买卖是器官捐献与移植的基本原则，也是国家和各地区的器官移植法律法规所规定的基本准则。具有器官移植资质的医疗机构及其医务人员买卖人体器官或从事器官买卖介绍、运输、协助获取植入等中介活动的，应承担相应的行政责任。我国《人体器官捐献和移植条例》第37条规定："违反本条例规定，买卖人体器官或者从事与买卖人体器官有关活动的，由县级以上地方人民政府卫生主管部门依照职责分工没收违法所得，并处交易额10倍以上20倍以下的罚款；医疗机构参与上述活动的，还应当由原登记部门吊销该医疗机构的人体器官移植诊疗科目，禁止其10年内从事人体器官获取或者申请从事人体器官移植，并对负有责任的领导人员和直接责任人员依法给予处分，情节严重的，由原执业登记部门吊销该医疗机构的执业许可证或者由原备案部门责令其停止执业活动；医务人员参与上述活动的，由原执业注册部门吊销其执业证书，终身禁止其从事医疗卫生服务；构成犯罪的，依法追究刑事责任。"

（二）未进行相应器官移植诊疗目录登记

器官移植作为一种难度较高、风险较大的手术，并非任何医院和医师都可实施。为了保障器官手术的医疗质量及患者安全，我国《人体器官捐献和移植条例》《医疗机构管理条例》对能够实施器官移植手术的医疗机构采取诊疗目录登记制度。对于未进行器官移植诊疗目录登记，未取得相应的资质医疗机构，我国《人体器官捐献和移植条例》第38条规定："医疗机构未办理人体器官移植诊疗科目登记，擅自从事人体器官移植的，由县级以上地方人民政府卫生健康部门没收违法所得，并处违法所得10倍以上20倍以下的罚款。"我国《医疗机构管理条例》第26条规定："医疗机构必须按照核准登记的诊疗科目开展诊疗活动。"我国《医疗机构管理条例》第46条规定："违反本条例第26条规定，诊疗活动超出登记范围的，由县级以上人民政府卫生行政部门予以警告、责令其改正、没收违法所得，并可以根据情节处以1万元以上10万元以下的罚款；情节严重的，吊销其《医疗机构执业许可证》。"由此可见，未取得器官移植资质的医疗机构非法实施器官移植手术的，可被施以吊销《医疗机构执业许可证》的行政处罚。

（三）在器官获取时未履行相应的义务

由于器官捐献与移植涉及公民重大权益及社会伦理风俗，为了保障整个器官捐献和移植过程中合法、合伦理，我国《人体器官捐献和移植条例》对医疗机构及其医务人员规定了告知义务、恢复遗体外观义务，同时规定在实施器官获取手术前须经人体器官移植伦理委员会的审查。对于实施器官获取手术的医务人员未履行上述义务的，《人体器官捐献和移植条例》第42条规定，医疗机构未经人体器官移植伦理委员会审查同意获取人体器官的，由县级以上地方人民政府卫生健康部门处20万元以上50万元以下的罚款，由原登记部门吊销该医疗机构的人体器官移植诊疗科目，禁止其3年内从事人体器官移植，并对负有责任的领导人员和直接责任人员依法给予处分；情节严重的，还应当由原执业登记部门吊销有关医务人员的执业证书。根据该条例第43条，获取器官后，未依照本条例第19条第3款的规定对遗体进行符合伦理原则的医学处理，恢复遗体外观的，由县级以上地方人民政府卫生健康部门处5万元以上20万元以下的罚款，对负有责任的领导人员和直接责任人员依法给予处分；情节严重的，还应当由原登记部门吊销该医疗机构的人体器官移植诊疗科目，禁止其1年内从事人体器官获取或者申请从事人体器官移植，对有关医务人员责令暂停6个月以上1年以下执业活动。

（四）实施移植手术的医务人员参与死亡判定

为了避免器官捐献行为与器官移植行为可能产生的利益冲突，遏制医务人员非法获取器官的欲望冲动，有必要将参与潜在捐献人死亡判定的医务人员与实施器官移植手术的医务人员相分离。《世界卫生组织人体细胞、组织和器官移植指导原则》第2条规定："确定潜在捐献人死亡的医生，不应直接参与从捐献人身上获取细胞、组织或器官，或参与随后的移植步骤；这些医生也不应负责照料此捐献人的细胞、组织和器官的任何预期接受人"[①]。我国《人体器官捐献和移植条例》第19条第1款规定："获取遗体器官，应当在依法判定遗体器官捐献人死亡后进行。从事人体器官获取、移植的医务人员不得参与遗体器官捐献人的死亡判定。"而对于从事人体器官移植的医务人员参与遗体器官捐献人的死亡判定的，我国《人体器官捐献和移植条例》第40条规定，由县级以上地方人民政府卫生健康部门依照职责责令暂停其6个月以上1年以

---

① WHO人体细胞、组织和器官移植指导原则[J]．中华移植杂志：电子版，2010，4（2）：152-155.

下执业活动；情节严重的，由原执业注册部门吊销其执业证书。

第三节 器官捐献与移植的刑事责任

由于整个人体器官捐献和移植工作是一个极为复杂的系统，其中包含器官捐献者、器官受赠者、医疗机构、红十字会、卫生监管部门等诸多主体，涵盖器官捐献、器官获取、器官分配、器官移植等各种不同类型的行为，牵涉公民生命健康、社会医疗秩序及社会善良风俗等各类法益，因而刑法分则很难为器官捐献与移植行为设置独立的犯罪罪名。据此，对于涉及器官捐献与移植行为的刑法规定往往散见于刑法分则的各个章节之中的其他犯罪类型之内。限于本书篇幅和笔力之所及，我们拟在此部分以列举的方式对几种常见典型的涉及器官捐献与移植的犯罪予以重点探讨，期待为器官捐献与移植犯罪勾勒出大致的轮廓。

（一）医疗事故罪

关于医疗事故罪的定义及处罚，《中华人民共和国刑法》第335条规定："医务人员由于严重不负责任，造成就诊人死亡或者严重损害就诊人身体健康的，处三年以下有期徒刑或者拘役。"就医疗事故罪的违法性来说，本罪的行为主体为医务人员，即在医疗机构从事对患者救治、护理工作的医生、护士；本罪的行为表现为，医务人员在诊疗护理过程中严重疏于职守实施了违反诊疗护理规章制度及诊疗护理技术规范的行为；本罪的危害结果是，因医务人员的严重不负责任，造成了就诊人员死亡或者严重损害就诊人身健康的事实，即就诊人员的生命健康权受到了严重侵害；就医疗事故罪的有责性来说，根据《中华人民共和国刑法》第335条的表述，医疗事故罪是医务人员处于严重不负责任的心理状态下成立的，因此本罪应为过失犯罪。根据《中华人民共和国刑法》关于过失犯罪的规定，过失一般包括过于自信的过失及疏忽大意的过失。在本罪中，医疗人员由于过分相信自己的诊疗护理能力和技术，虽然预见到就诊人员可能发生死亡或身体健康遭受重大损害的结果，但是轻信能够避免上述结果的发生，此为过于自信的过失。而疏忽大意的过失是指医务人员由于严重的疏忽大意，未履行正确的诊疗护理职责，对本可能预见到损害结果而没有预见到，最终造成了损害结果的发生。

根据本书前述之结论，活体器官获取行为及器官植入行为均属于广义上的医疗行为，涉及患者重大的生命健康权益，因此具有适用本罪的可能性。在活体器官获取及器官植入的过程中，无论是负责获取活体器官的医务人员，还是负责器官移植手术的医务人员，均有可能因严重不负责任，造成捐献人和器官移植受体的死亡及身体健康的重大损害。对于遗体器官获取及植入行为来说,由于器官捐献人已经死亡,不可能再对其造成生命及身体健康重大侵害的结果,因此医疗事故罪主要适用于因医务人员严重不负责导致器官被污染或有重大损伤未被检测出,进而导致受体感染艾滋毒等难以治愈的疾病等行为。

(二)非法行医罪

非法行医罪是指未取得医生执业资格的人非法从事医疗活动,情节严重的行为。《中华人民共和国刑法》第336条规定:"未取得医生执业资格的人非法行医,情节严重的,处三年以下有期徒刑、拘役或者管制,并处或者单处罚金;严重损害就诊人身体健康的,处三年以上十年以下有期徒刑,并处罚金;造成就诊人死亡的,处十年以上有期徒刑,并处罚金。"

就本罪的违法性而言,本罪的犯罪主体为未取得医师执业资格的人,无论该人员属于某医疗机构还是个体从医都可能成立本罪。需要注意的是,即便行为人取得了医师执业资格,但是未按注册的执业类别从事医疗活动,仍有可能成立本罪;本罪的行为表现是非法行医,行医可以理解为从事医疗行为。对于医疗行为,如本书前述,应在广义的范畴中予以理解。医疗行为的目的应不局限于治疗、护理、保健、预防疾病等方面,医疗美容、变性手术、非治疗性堕胎手术等都应属于医疗行为,故而未取得医师执业资格的人为他人从事整容手术,同样可能构成本罪;《中华人民共和国刑法》第336条对本罪基础犯的成立并未明确规定侵害结果,但是对本罪的成立规定了情节严重这一要件。我国《最高人民法院关于审理非法行医刑事案件具体应用法律若干问题的解释》第2条规定,"具有下列情形之一的,应认定为《中华人民共和国刑法》第336条第1款规定的'情节严重':①造成就诊人轻度残疾、器官组织损伤导致一般功能障碍的;②造成甲类传染病传播、流行或者有传播、流行危险的;③使用假药、劣药或不符合国家规定标准的卫生材料、医疗器械,足以严重危害人体健康的;④非法行医被卫生行政部门行政处罚两次以后,再次非法行医的;⑤其他情节严重的情形"。而就本罪的有责性而言,本罪的责任形式为故意,即行为人明知自己未取得医师执业资格而从事非法行医活动。

就器官捐献与移植和本罪的关系来看,未取得医生资格的人非法实施活体器官获取手术、器官植入手术,情节严重的,应认定为非法行医罪。与医疗事故罪的行为表现类似,严格意义上讲,由于遗体器官获取手术本身不属于医疗行为,同时未侵害任何生命健康权益,故而未取得医师执业资格的人单纯实施遗体器官获取手术的行为,不构成本罪。需要注意的是,由于人体器官移植手术属于风险系数高、难度较大的医学技术,同时涉及公民重大的生命健康权益,故而为了规范器官移植医疗秩序,充分保障患者健康权益，我国《医疗机构管理条例》《人体器官捐献和移植条例》均对实施器官移植手术的医疗机构设立了诊疗科目登记制度。这里需要研究的是，从事器官移植手术的医务人员虽然具有医师执业资格，但是其所在医疗机构未进行相关器官移植的诊疗科目登记，此种情形能否成立本罪？本书认为，从《中华人民共和国刑法》第336条的表述来看，非法行医罪的成立不仅需要"非法行医"，还须符合"情节严重"的要求。换言之，本罪所侵害的法益不仅是我国的医疗管理秩序，还包括公民的生命健康权益。从这个意义上讲，只要医师所实施的器官移植手术未造成"情节严重"的后果，即便医师所在的医疗机构未进行器官移植诊疗目录登记，医师也不成立本罪，但其所在的医疗机构可能会承担相应的行政责任。反之，倘若医师所实施的器官移植手术符合"情节严重"之情形，即便医师已经取得执业资格，但其所在医疗机构不具备实施器官移植手术的资质，实施器官移植手术的医师仍然属于非法行医，能够成立本罪。

（三）故意杀人罪与过失致人死亡罪

故意杀人罪是指故意非法剥夺他人生命的行为。《中华人民共和国刑法》第232条规定："故意杀人的，处死刑、无期徒刑或者十年以上有期徒刑；情节较轻的，处三年以上十年以下有期徒刑。"由此可见，故意杀人罪的成立，须行为人基于杀人的故意，同时实施了足以致他人死亡或者对他人生命造成严重危险的杀人行为。

过失致人死亡罪是指过失造成他人死亡的行为。《中华人民共和国刑法》第233条规定："过失致人死亡的，处三年以上七年以下有期徒刑；情节较轻的，处三年以下有期徒刑。本法另有规定的，依照规定。"过失致人死亡罪属于过失犯罪，过失犯罪的成立往往要求侵害结果的发生，因而未造成他人死亡结果的过失行为不成立本罪。

就器官捐献与移植行为和故意杀人罪的关系来看，医务人员基于杀人的故意实施活体器官获取手术（直接或放任的间接故意）最终造成活体器官捐献人死亡或者生命健康遭受严重危害的，应成立本罪。同时，根据《中华人民共和国刑法》第234条之一的有关规定，未经本人同意获取其器官，或者获取不满十八周岁的人的器官，或者强迫、欺骗他人捐献器官的，造成他人死亡结果或者具有致人死亡危险的，同样认定为故意杀人罪。

就器官捐献与移植行为和过失致人死亡罪的关系而言，医务人员或未取得医师执业资格的人因过失造成活体器官获取患者及受体死亡的，成立过失致人死亡罪。同时符合医疗事故罪构成要件的，根据《中华人民共和国刑法》第233条和第335条的有关规定构成过失致人死亡罪和医疗事故罪竞合，因法定刑相同，应认定医疗事故罪。

（四）故意伤害罪与过失致人重伤罪

故意伤害罪是指行为人基于伤害的故意，实施侵害他人身体健康的行为，造成他人身体健康遭受损害的结果。《中华人民共和国刑法》第234条规定："故意伤害他人身体的，处三年以下有期徒刑、拘役或者管制。犯前款罪，致人重伤的，处三年以上十年以下有期徒刑；致人死亡或者以特别残忍手段致人重伤造成严重残疾的，处十年以上有期徒刑、无期徒刑或者死刑。本法另有规定的，依照规定。"虽然故意伤害罪与故意杀人罪在行为表现上来看有时难以区分，特别是故意重伤他人的行为与故意杀人的行为，有时从外观上来看具有极大的相似性，但是行为人对上述两罪的主观心态具有显著区别。故意伤害罪的成立是基于行为人伤害的故意而非杀人的故意，而故意杀人罪则是基于行为人非法剥夺他人生命的故意。据此，实施故意伤害的行为人对《中华人民共和国刑法》第234条第2款规定的"致人死亡的结果"应是持过失的态度，即行为人对伤害行为造成他人死亡的结果并不希望或者放任，否则应认定为故意杀人罪。

过失致人重伤罪是指行为因过失行为，造成了他人身体健康遭受重大损害的结果。《中华人民共和国刑法》第235条规定："过失伤害他人致人重伤的，处三年以下有期徒刑或者拘役。本法另有规定的，依照规定。"从《中华人民共和国刑法》第235条的条文表述来看，本罪的成立需要造成他人重伤的结果，故而过失致人轻伤的，不成立本罪。

实施活体器官获取手术及器官植入手术的医务人员，均有可能以手术为手段、不以救治器官衰竭患者为目的而故意伤害患者，并造成患者的身体健康遭受损害，因而器官捐献与移植过程中当然存在成立故意伤害罪的空间。同时，根据《中华人民共和国刑法》第234条的有关规定，未经本人同意获取其器官，或者获取不满十八周岁的人的器官，或者强迫、欺骗他人捐献器官的，造成他人身体健康遭受损害的，也应认定为故意伤害罪。

与过失致人死亡罪类似，在器官捐献和移植过程中，因医务人员的重大医疗过失行为导致患者重伤的，同样存在医疗事故罪与过失致人重伤罪构成竞合的情形，应认定医疗事故罪。

（五）组织出卖人体器官罪

组织出卖人体器官罪是指组织他人出卖人体器官的行为。《中华人民共和国刑法》第234条之一的规定："组织他人出卖人体器官的，处五年以下有期徒刑，并处罚金；情节严重的，处五年以上有期徒刑，并处罚金或者没收财产。"

本罪的犯罪构成是：①本罪的行为主体为组织他人出卖人体器官的自然人。②本罪的行为表现为，组织、经营人体器官的出卖及招募、雇佣、介绍、引诱他人出卖人体器官的行为，组织他人强迫、骗取、盗取他人人体器官后出卖的，同时符合故意杀人罪及故意伤害罪的构成要件，从一重罪论处，但是未实施所谓的组织行为而单纯强迫、盗取他人器官并予以出卖的，仅成立故意杀人罪或故意伤害罪。③本罪的行为对象为人体器官，主要侵害的法益是国家人体器官移植管理制度和人的身体健康，故而本罪所指的人体器官应属于具有维持人体生理功能正常运转功能的活体器官。而组织出卖遗体器官的，虽然破坏我国器官移植的医疗管理秩序，但是由于未侵害公民的健康权益，因而不成立本罪，行为主体可能会承担相应的行政责任。需要研究的问题是，人体组织、细胞是否属于本罪的行为对象？本书认为，根据我国《人体器官捐献和移植条例》有关规定及器官的医学定义来看，人体组织、细胞与人体器官是完全不同的概念，而就人体器官与人体组织、细胞对人身体健康的重要性来说，两者也无法相提并论。我们不能认为，立法者在创设组织出卖人体器官罪遗漏了对人体组织、细胞的规制，而立法者之所以仅设置了组织出卖人体器官罪而未设置组织出卖人体器官、组织、细胞罪，乃在于组织出卖人体器官的行为与组织出卖人体组织、细胞的行为不具有等价性。换言之，组织出卖人体组织、细胞的行为虽然违法，但不至于上升到刑法的层面予以规制。据此，本书认为，一般而言，组织出卖人体组织、细胞的行为，不应成立本罪。但上述结论并非绝对，当组织出卖人体组织行为与组织出卖人体器官产生具有同质性的侵害后果，两者行为具有相当程度的等价性时，应对"人体器官"作适当的扩大解释。例如，组织出卖他人角膜的行为，应认定为组织出卖人体器官罪，但组织他人出卖血液、骨髓、细胞的行为，不应成立本罪。④本罪的危害结果是，组织出卖人体器官造成他人健康权益受到重大损害，同时破坏了我国正常的器官捐献与移植的医疗秩序。⑤本罪的责任形式为故意，即行为人明知自己组织贩卖他人器官，会侵害他人身体健康权益，破坏社会医疗秩序，仍然希望或放任这种结果的发生，至于行为人是否具有营利目的，在所不问。

（六）盗窃、侮辱尸体罪

盗窃、侮辱尸体罪是指盗取和侮辱尸体的行为。《中华人民共和国刑法》第302条规定："盗窃、侮辱、故意毁坏尸体、尸骨、骨灰的，处三年以下有期徒刑、拘役或者管制。"《中华人民共和国刑法》将本罪置于妨害社会管理秩序罪中，突出保护的法益是社会公众对遗体的缅怀尊敬的感情及由此产生的社会伦理道德秩序和善良风俗。

本罪的犯罪构成是：①本罪的行为主体，就盗窃遗体罪而言，本罪的行为主体为遗体所有权人以外的自然人；就侮辱尸体罪而言，本罪的行为主体既可是对尸体没有所有权的自然人，也可是有尸体所有权的自然人。②本罪的行为对象为人的尸体，即已经死亡的自然人的躯体或躯体的一部分。③本罪的行为表现主要是盗取、侮辱、故意毁坏尸体的全部或者一部分。盗取遗体，主要是指行为人以非法占有为目的，未经遗体所有权人的同意，转移遗体的占有；侮辱遗体，主要是指行为人违背相关的管理规定及社会善良风俗，对遗体进行破坏、遗弃、采取侮辱性举动的行为，如鞭笞、分割遗体，不按相关管理规定及当地风俗习惯抛尸，向遗体泼洒异物、奸污遗体等。故意毁坏，主要是指对尸体进行物理上或化学性的损害，如砸毁、肢解、非法解剖等。④本罪的危害结果是侵害社会公众对尸体的感情、社会善良风俗及社会对尸体的相关管理制度等。⑤本罪的责任形式为故意，行为人因过失行为侵害尸体所有权人的所有权，侮辱、故意毁坏尸体的，不成立本罪。

根据《中华人民共和国刑法》第234条的有关条款规定，在尸体器官捐献与移植的过程中，负责获取尸体器官的医疗机构及相关责任主体违背本人生前意愿获取其尸体器官，或者本人生前未表示同意，违反国家规定，违背其近亲属意愿获取其尸体器官的，成立盗窃、侮辱、故意毁坏尸体罪。根据我国《人体器官捐献和移植条例》第19条第3款的规定，"从事遗体器官移植的医疗机构及其医务人员应当维护遗体器官捐献人的尊严；获取器官后，应当对遗体进行符合伦理原则的医学处理，除用于移植的器官外，应当恢复遗体外观"。由此可见，我国相关法规对获取遗体器官的医疗机构及其医务人员同样规定了尊重遗体的义务。但需要注意的是，上述主体违反行政法规，未恢复遗体原貌或者未对遗体进行符合伦理准则的医学处理的，并不必然构成侮辱尸体罪，是否构成侮辱尸体罪仍须具体考察行为的性质及社会意义。

后 记

本书的撰写是完成一个心愿，这个心愿由来已久。

我个人的学术背景，主要在民法学领域。一个偶然的机会让我开始关注器官捐献，2003 年深圳起草《人体器官捐献与移植》，起草者征求我对器官乃至遗体法律属性的看法，器官到底是人体组成部分，还是"物"？这既涉及对器官这一客体的法律定性，也涉及器官捐献这一法律行为的性质及其法律适用。而这些都是典型的民法学问题，却为传统民法学理论所忽视，且因其具有很强的伦理性而难以回答，让我第一次感受到了学理对实践中鲜活问题回应的乏力，由此开启了我对器官捐献法律问题的研究。

2004 年暑期，我到美国进行为期一个月的卫生法学培训，结业时我的报告题目就是器官获取的法律问题，并以此形成文章编入我与 Scott Burris 教授共同主编的《中国卫生法前沿问题研究》一书。从美国学习卫生法回来后，2004 年 12 月 21 日我在清华大学法学院创立了卫生法研究中心，并开设了中国卫生法专题研究课程，旨在培养医学与法学的交叉学科人才，同时致力于推动卫生法学教育进法学院。可以说，"器官之问"激发了我研究的兴趣，并逐步踏上卫生法学研究之路。

因为器官法律问题的研究是我研究卫生法的起点，所以我对器官捐献问题始终保有极大的兴趣。通过对器官捐献法律问题的研究，我除了运用传统民法法教义学进行研究之外，还学会了以访谈和数据为基础的实证研究；还学会了从实践中发现问题，并进行相应的理论归属和提炼，再由此提升、拓展既有的理论。我深度参与了中国红十字会的公民逝世后器官捐献工作试点，到访了中国很多地方，接触到了国内诸多顶尖的器官移植专家，也在培训器官协调员的过程中与这个特殊的群体进行了充分的交流，这些都对我的研究内容和研究方法产生了深刻的影响，让我充分意识到了法学作为一门社会科学的使命和追求。而如何通过法律上权利义务的配置来推动器官捐献事业的发展，始终是萦绕我心头的一份责任。

2013 年，清华大学深圳研究生院成立医院管理研究院，我因参与研究院创立初期的工作，后来在第一期学生招生时分到四位硕士研究生。第一届医管院的学生非常优秀，他们好学上进，我带着他们承担了深圳市人民代表大会常务委员会的立法调研

器官捐献法律问题比较研究

项目,最终形成了《深圳经济特区医疗条例》专家建议稿,并推动该条例在深圳出台。我深感这一培养模式的成功,于是2014年我又指导了三位医管院的硕士研究生,他们分别是清华大学医院管理研究院2014级的向旭明、刘嘉诚、杨琪儿,这次我布置的任务是让他们对世界各国关于器官捐献的法律与政策进行收集整理,他们非常认真投入,研究形成了高质量的研究报告,文献系统全面而且都是最新的一手信息,这大大超出了我的预期。同时,他们也给了我与第一届医管院学生同样的感受。为了让这些研究成果可以发挥更大地作用,也为了记录我们师生合作的情谊,我希望在此基础上撰写一本书,这便是本书的由来。

写书的想法确立下来了,但实施起来却是非常不易,每一个资料都要细致地核实。当时要整理文献,要在这众多繁杂的文献中梳理出清晰的思路来,并提炼整理其中的理论问题,最后据此形成对中国器官捐献工作有价值的建议。说做就做,三位同学一如既往地认真、投入、细致地展开工作,在原来的基础上,统一体例,补充缺失的内容,发掘理论问题,反复斟酌、充分比较,讨论乃至争论,逐一求证,略成初稿。当时的初稿还未达出版的程度,接下来的优化工作进展并不顺利,主要原因是初稿形成时三位同学已经毕业,各赴不同岗位。我也因2016年7月起担任法学院院长,行政事务日渐增多。所以对初稿的打磨,时断时续,进展缓慢。其中向旭明同学非常耐心地协助我做了大量的协调、整理工作,有些部分几乎是重新编写,特别是其中的理论部分,有些问题争议非常大,难以定论,写作常常陷入停滞,时间一长,心气就大不如从前,一度都丧失了出版的兴趣。但是,在我心中一直觉得可惜,一是这些文献确实非常有参考价值和借鉴意义,若能面世一定会助推我国的器官捐献事业的发展;二是我至今无法忘怀当初带领这三位同学做研究的壮志豪情,怎可有始无终呢?

为此,我心中一直有着一个心愿,一定要把这本深具我们师生心血的作品呈现出来。所以,不管多忙,我坚持有空就对这本书修订,真是应了那句老话,"不怕慢就怕停"。虽然修订工作比较慢,但是总是在不断地负重前行。其间清华大学法学院博士生傅雪婷、李卓凡、清华大学医管院硕士生玄立杰,作为助研协助我做了不少工作,薪火相传,终成正果。所以,这本书的出版,对我意义重大,不仅了了一桩心愿,满足了自己有始有终的"强迫症",最主要的是给我最钟爱的器官捐献事业作出自己的贡献,期待这本书的出版可以有所影响,以宽慰吾心。

本书由"清华大学精准医学科研项目资助""supported by Tsinghua University Initiative Scientific Research Program of Precision Medicine",同时得到了器官移植界各位专家的指导,他们从移植医学角度提供了建设性的建议,使本书更具有专业性和学术性。在此由衷地向中国人民解放军南部战区总医院首席专家霍枫教授和中国器官

后　记

移植发展基金会副理事长、COTRS 质控中心负责人王海波教授表示感谢，也同时向二位教授以及为器官移植捐献事业作出不懈努力和贡献的医学专家们表达深刻的敬意。

　　本书的出版是为了记述曾经合作的师生情谊，尽管向旭明、刘嘉诚、杨琪儿三位同学已经都不再从事这方面的工作了，但当时倾心投入的工作态度会是我对他们永久的印象，也希望他们可以永葆上进心和严谨认真的工作作风。

　　本书出版之即，恰逢 2023 年底新修订的《人体器官捐献和移植条例》开始实施之时，谨以此书祝贺我国人体器官捐献和移植的法治化迈上新台阶，并祝愿我国人体器官捐献和移植事业健康发展。

　　一本书，一个心愿，一份美好的记忆！

申卫星
2024 年 4 月